Ein Herd und eine Seele

Tobias Sudhoff

Ein kulinarischer Schmöker für fortgeschrittene Lebensliebhaber/innen – Sudhoffs zweites unverschämt geiles Kochbuch

Ein Herd und eine Seele

Sudhoffs Philosophie kochender Leidenschaft - erzählt am Beispiel von 10 Protagonisten und 36 „Das-kannst-Du-auch"-Rezepten zeitgemäßer Küche

Mit dabei: Harald Rüssel, Stephan Hentschel, Philipp Kauffmann, Johan Bülow, Jean-Marie Dumaines, Peter van Nahmen, Maria Büning, Jan Meyer, die Stadt Alba und Ponzio Trüffel und Prof. Dr. Falko Jüßen

Vorwort

„Ein Herd und eine Seele"

Wer Tobias Sudhoff nicht kennt, muss sich den Autor dieses Buches als leidenschaftlichen Menschen vorstellen. Und wer das Buch genossen hat, weiß, dass diese Vorstellung richtig ist. Die Leidenschaft gilt nicht nur gutem Essen und guten Getränken. Sie gilt der Qualität, der Reinheit, der Kompromisslosigkeit und vor allem – dem Menschen. Zehn Persönlichkeiten aus der kulinarischen Welt stehen im Mittelpunkt dieses Buches. Zehn höchst unterschiedliche Menschen und ihre Geschichten. Aber egal, ob es um Lakritz oder Apfelsaft geht, um Schokolade oder Wildkräuter – die Geschichten handeln alle von derselben Leidenschaft. Und von der Freude. An der Natur und ihren Schätzen. Am Sehen, Riechen, Fühlen und Schmecken. Der Freude am Genuss und daran, ihn mit anderen zu teilen.

Der Autor ist in Wirklichkeit gar keiner. Er ist auch kein Pianist, Sänger, Kabarettist, Koch, Mediziner, Pilzexperte, Arachnologe oder Orchideenzüchter. Obwohl er auf jedem dieser Felder genug Kenntnisse, Fähigkeiten und Talente hat, um professionell darauf bestehen zu können. Wie ein Renaissance-Mensch, der sich jeder bürgerlichen Kategorisierung entzieht. Der die Lust zu leben mit dem Streben nach umfassender Erkenntnis und ästhetischer Perfektion vereint. Deshalb hat er auch kein Hobby. Renaissance und Hobbys passen einfach nicht zusammen. Feste Tisch- und Arbeitszeiten haben in dieser Welt auch nichts zu suchen. So kann es passieren, bei Tobias Sudhoff zum Frühstück eingeladen zu sein und sich vom Marmeladenbrötchen nahtlos in einem viergängigen Menü mit Schweinebäckchen oder Kalbsnieren wiederzufinden. Morgens um elf in Greven-Aldrup. In einer winzigen Küche, die so gar keinen professionellen Glamour hat. Einer Küche, die mehr an Tante Frieda als an Joachim Wissler oder Thomas Bühner erinnert. Von der Renaissance ganz zu schweigen. Wer in einer solchen Küche mit leichter Hand Genüsse der oberen Kategorie hinbekommt, der hat Dreierlei: das richtige Produkt, die richtige Technik und die Zunge zum Abschmecken. Mehr braucht es nicht. Deshalb sind die ungeschminkten Photos von Hermann Willers so ermutigend. Um glücklich machende Gerichte hinzukriegen, braucht es keine Brigade und keinen Pacojet. Es braucht nur ein wenig Leidenschaft. Dieses Buch hilft sie zu wecken.

Stefan Quante, Heiligenhaus am 1. November 2015

Manual

Bedienungsanleitung für dieses Buch (bitte unbedingt vor dem Einschalten aufmerksam durchlesen, da wir ansonsten keine Haftung übernehmen...)

Lieber Leser,

Du hast mit „Ein Herd und eine Seele" nicht einfach ein Kochbuch erworben. Davon gibt es ja schon genug. Dies hier ist vielmehr als kulinarischer Schmöker zu verstehen, ein launiges Lesebuch, das Dir Appetit auf mehr machen soll. Und wenn beim Lesen und Photosschauen der Appetit zu groß wird, dann kannst Du das Buch gerne mit in die Küche nehmen und loslegen, denn, gleichermaßen praktisch wie auch nicht völlig überraschend für diese Art von Büchern: es sind ja auch noch jede Menge im wahrsten Sinne des Wortes „dufte" Rezepte drin! Und um Dir auch gleich ordentlich Mut zu machen: Alle Photos im Rezeptteil sind LIVE und ohne Foodstylisten (die haben bei mir Hausverbot) oder sonstwelchen artifiziellen Heckmeck geschossen worden. Wie an einem ganz normalen Dinner-Abend saßen draußen am Tisch die Gäste, ich habe in der Küche gekocht oder mit meinen Gästen gegessen und geplaudert und Hermann hat dabei photographiert. Auch ist meine Küche eine völlig normale Hobbyküche, meine Geräte schnöder Durchschnitt fernab vom Combidampfverwurstungsthermodehydrier-Geschnuddel mit zweifacher Verspritzmampfung und Microespumafunktion... und ich bin wahrlich kein Profi – im richtigen Leben bin ich Musiker und Kabarettist! Wenn also ausgerechnet so jemand wie ich die Rezepte so hinbekommt, dass es anschließend appetitlich und schick aussieht und auch noch so schmeckt, dann darfst Du getrost davon ausgehen: Du kannst das auch!

Zugegeben, eigentlich ist dies zunächst mal kein Buch für Anfänger. Ich habe zum Beispiel oft auf Mengenangaben verzichtet, um Dich, lieber Leser eher zum Experimentieren und zum Nutzen Deiner Sinne anzuregen denn stumpf abzulesen. (Außerdem hängen Mengenangaben ganz entscheidend vom Produkt ab: Wie sauer bzw. frisch ist die Zitrone, oder: habe ich holländisches Wasser in roter Pelle oder richtige Tomaten mit Geschmack?) Trotzdem habe ich, wo nötig, genaue Angaben gemacht und außerdem, vor allem im Anhang, noch einmal ganz viele Basics mit hineingenommen, die ich ausführlich erkläre.
So können auch diejenigen unter Euch, die zwar lesen aber NOCH nicht kochen können, vielleicht doch verführt werden, mit diesem etwas bekloppten aber wunderbaren Hobby anzufangen. Und damit Teil einer immer größer werdenden Gruppe von Menschen zu werden, die sich dem „Geiz-is-immer-noch-geil"-Trend entgegenstellt.

Man ist, was man isst. Und essen, übrigens die Urform des Konsumierens (!), ist viel mehr als das Vertilgen von Speisen mittels Kauen und Schlucken. Es ist Philosophie, Politik und Psychologie, ja, es ist eine Art Basiswissenschaft der Ethik. Denn sämtliche gesellschaftlichen Spannungsfelder finden wir in der Auseinandersetzung mit Essen wieder. Ob von der Perversion industriell hergestellten Fleisches, insektizid- und pestizidverseuchten Gemüses oder von Schleppnetzen, die ganze Biotope zerstören können, über Zwiebeln, die wir von tausenden Kilometern Entfernung mit Kerosinbombern aus Gegenden importieren lassen, in denen Kindersklaven heute noch auf Kakaoplantagen arbeiten bis hin zum kranken Essverhalten der Knabbermampfi-Glutamatjunkies – soll ich noch weitermachen? Es ist leider wahr – die Nahrungsmittelindustrie ist voll von Mafiosi mit antisozialer Persönlichkeitsstörung und einer enormen kriminellen Energie. Diesen Themen widme ich mein Pamphlet „Die Lebensmittelwende". Es gelingt diesen Individuen uns Verbraucher mit ihren Billigbilligbillig-Angeboten so gut zu bestechen, dass wir das Maul, das uns da gestopft wird, gar nicht mehr aufreißen können. Was sehe ich da vorne: Da heben die ersten betuchten

¼ Zitrone
174

Microplane

kritischen Verbraucher auch gleich den moralinsauren Zeigefinger und recken ihn empört in den ozonlöchrigen Himmel. Aber na klar, bitteschön, was lehrt uns denn die Geschichte der Menschheit bezüglich moralischer Entwicklung? Frag mal den Frustbeutel Schopenhauer, der müsste es wissen: Genau dieser Zeigefinger schmeckt derart säuerlich (in den Primäraromen, der Abgang wird dann ganz lange sehr bitter…), dass einem ganz hurtig der Appetit vergeht. Keine Sorge, das hier wird sicher kein Rosa-Brille-mit-Weichspüler-Landliebe-Werbeprospekt: Für die Faktenchecks habe ich am Ende des Buches eine kurze Zusammenfassung zum aktuellen Stand der Dinge zu verschiedenen Themen gemacht und auch in den übrigen Texten findet Ihr immer wieder interessante und kritische Informationen. Diese Daten habe ich intensiv recherchiert – da ist ein Lehrauftrag an einer Hochschule sehr praktisch, man kommt besser an wissenschaftlich valide Daten! – und in den Quellenangaben findet jeder interessierte Leser zahlreiche Anregungen, um sich in die Themen zu vertiefen.

Aber um ein Vielfaches besser, oder um in einem ökonomischen Jargon zu bleiben, effektiver ist es, statt den Ist-Zustand zu beklagen, die positiven Beispiele zu zeigen (mit dem anderen, übriggebliebenen Zeigefinger…) und deren Handeln so zum Allgemeingut zu erheben, dass sie auf einmal sozusagen sexy werden. Denn davon bin ich überzeugt: diese „Sexyness" ist es, die irgendwann eine kritische Masse erkennen und begreifen wird. Nur so können wir die Lebensmittelwende schaffen. Wenn bei genügend Menschen in ihren standardisierten Hirnen die Erkenntnis aufleuchtet, dass neben dem erfreulichen moralischen Wert guter, sauberer Produkte diese auch schlichtweg besser schmecken und auf so simple Art und Weise unser Leben schöner und genießenswerter machen – dann haben wir Kants kategorisches Pferdchen doch endlich mal von der richtigen Seite aufgezäumt und sparen uns dabei gleich den Imperativ!

Darum haben Hermann Willers und ich mit diesem Buch eine Idee in Bild und Wort zum Leben erweckt: Wir haben uns auf unseren Reisen durch halb Europa 10 Menschen herausgesucht, die zeigen, dass es längst gute Alternativen auf dem Markt gibt und dass hervorragende Qualität richtig Lust machen kann und sogar, dass ihre Art ethischen Handelns nicht Verzicht, sondern sehr wohl das Gegenteil davon bedeuten kann. Jeder auf seine eigene Weise, ohne den schmerzverzerrten Muskelkrampf einer Ideologiestarre zu erleiden. Und so lade ich Dich, lieber Leser, ein, uns auf diesem kulinarischen Trip zu begleiten, von den italienischen Alpen bis an die dänische Küste; unterwegs erzählen wir Dir von Köchen, die für Regionalität oder für CO_2-neutrale Küche stehen, von Unternehmern, die ihre Angestellten als Partner sehen oder in der dritten Welt Bäume pflanzen, von ökologischen und/oder nachhaltigen Produzenten bis hin zum kritischen Konsumenten. Allen diesen „Typen" (und „Typen" sind sie wirklich alle!) ist eines gemein: Sie machen etwas anders, etwas Neues und ermöglichen damit qualitative Quantensprünge.

Eines muss ich zum Ende unbedingt noch loswerden, damit Du dieses Buch richtig verstehen kannst: Ich habe jeden Einzelnen unserer Protagonisten selber ausgesucht und von keinem von ihnen auch nur einen Cent Geld angenommen – sie haben mich mit nichts anderem als ihrer Qualität überzeugt. (Hermann und ich sind unbestechlich, uns ist Geld einfach nicht wichtig genug.)

Also, auf geht's, wir besuchen jetzt zusammen zehn irre Typen und, wer Lust hat, der kehrt dazwischen immer mal an den heimischen Herd zurück, um die neu gewonnenen Erkenntnissen gleich umzusetzen. Ich mach währenddessen mit hedonistisch-fröhlichem Grinsen schon mal eine Flasche Wein für uns auf.

Fffumph…

Viel Spaß beim Lesen, guten Appetit und Prost.

Wie/was ist Deutschland. Wie? Was? Isst Deutschland?

Ein Pamphlet für die „Lebensmittelwende“

Tobias Sudhoff

A] Grundirrtümer

...Kühe sind lila. Bifi ist lecker. Schokolade wächst tafelweise am Schokoladenbaum. Kellogg's Corn Flakes sind gesund („Zäriaiän unnsoo, steht doch auffe Packung!"). In Fischstäbchen ist feiner Fisch und in Buletten und Würstchen ist gutes Fleisch. Auf dem Wiesenhof laufen die Hühner gackernd vor einem großen Fachwerkhaus herum und außerdem hat Käpt'n Iglo eine Angel und die Erde ist eine Scheibe...

Die Menschen scheinen diesen groben Unfug mit der Nahrung in ihr Hirn aufzunehmen. (Obwohl sie kein Hirn essen, nicht mal das vom Kalb. Da sind sie dann plötzlich fies für.)

Keine Frage, die Menschheit hat den Geschmackssinn verloren. Und daran verdienen sich ein paar unter ihnen dumm und dämlich. Dabei waren genau die doch schon vorher dumm und dämlich genug. Wozu also das Ganze?

...Ach, das war doch alles schon immer so, wir wurden doch immer schon verarscht, früher war das nicht anders, von der Industrie und „denen da oben"...

Viele von denen, die immerhin mit einem Hauch Aufklärung beleckt wurden, sehen sich als Opfer einer Entwicklung, die scheinbar in vielen fantasievollen Geistern kurz nach dem Urknall ihren Anfang nahm. Doch dem ist mitnichten so. Die Nahrungsmittelproduktion ist bis in die 60er hinein etwas völlig anderes gewesen – Kühe liefen auf Weiden, fraßen echtes Gras und ein Mastbetrieb hatte selten mehr als 100 Einheiten Vieh. Fleisch wie Fisch waren keine tägliche Massenware, sondern für die meisten etwas Besonderes. Wenn wir jedoch heute nicht bereit sind, den Preis zu zahlen, den unser Essen wert ist, dann müssen andere diesen Preis zahlen – die Währung heißt zerstörte Umwelt, „Zivilisationskrankheiten", ethisch unhaltbare Zustände in der Massentierhaltung, Missbrauch oder sogar Versklavung von Arbeitskräften.

...Ja, aber das Essen vor hundert Jahren war viel schlechter und erst die Hygienemaßnahmen der Industrie haben zu einer immer geringeren Sterblichkeit geführt! Vorher war doch alles dreckig und verkeimt...

Richtig ist: Wir haben heutzutage weniger akute Vergiftungsfälle als vor hundert Jahren. Doch ebenso richtig ist: 1. Der wirklich große Durchbruch ist vor allem der medizinischen Forschung zu verdanken und nahezu ausschließlich ein Erfolg der Wissenschaft – wir sind sauberer, unsere Küchen sind sauberer, die Krankenhäuser sind sauberer und die Medikamente und Behandlungstechniken sind um ein Vielfaches besser als vor 100 Jahren. Für unsere Nahrung gilt das aber nur sehr eingeschränkt. Dabei gibt es eigentlich keinen Grund, sich nicht hygienisch und trotzdem von vernünftigem Essen zu ernähren...

2. Die Lebensmittelindustrie rechnet sich ihre Welt widewidewie-sie-ihr-gefällt: Nicht mit eingerechnet werden dabei nämlich die Abermillionen Toten, die langfristig durch unzählige Produkte subtil „vergiftet" werden – mit Fett und anderem Hochkalorischen, mit Rückständen und über Umweltbelastungen, die diese Industrie hervorruft: Herz-Kreislauf-Patienten, Multiresistenzen-Opfer und Krebsfälle sind die Konsequenz. Wir sollten diese Zahlen für ein umfassendes Urteil berücksichtigen, denn dann wird sehr bald klar: Wir brauchen die Nahrungsmittelindustrie in der jetzigen Form nicht.

Ich habe darum in diesem Buch 10 positive Beispiele porträtiert – Menschen, deren Ambitionen und Liebe zu dem, was sie machen, uns eine sinnvolle Alternative bieten. Wenn alle so arbeiten würden, dann hätten wir kein Problem mit unserem Essen. Und solche Menschen könnt Ihr überall finden.

In diesem Pamphlet fordere ich hiermit nichts weniger als die große Revolution unserer Ernährung. Die „Lebensmittelwende"

B] Probleme und Maßnahmen für die Lebensmittelwende

1] Die Großen der Nahrungsmittelindustrie:

Wir haben Zungen und Nasen. Das hat einen Grund – für diejenigen, die es vergessen haben, zur Erinnerung: Wir sollen damit schmecken und riechen! Das hat die Evolution sich klug ausgedacht: So sollen wir erkennen, was nahrhaft und gut für uns ist und damit was uns Freude und Lebensqualität bringt. Die Großindustrie hat keinerlei Interesse daran, dass wir mittels unserer Sinne in der Lage sind, die Qualität und damit den Wert unserer Nahrung zu beurteilen. Im Gegenteil: Sie ist wie der Dealer, der seinen Junkies billigen, möglichst gestreckten Stoff verkaufen will. Profitmaximierung nennen die das. Wir sollen nicht merken, was wir da essen, es wird bis zur Unkenntlichkeit camoufliert, letztlich besteht ein Großteil der Produkte aus hochkalorischem (Einheits-)Brei unterschiedlich angedickt und/oder aus irgendwelchem glutamatüberwürztem und totgesüßtem Knusperkrams. Das suggeriert unserem in der Evolution auf Mangel gepolten Hirn: Friss! So viel Du kannst! Friss! Übersetzt für die, die uns diesen Dreck verkaufen: Gib dem Dealer Geld. So viel Du kannst. Gib ihm noch mehr Geld. Und die Sache mit dem Dealer ist wörtlich zu nehmen – die aktuelle Forschung zeigt, dass diese Art Essen die Konsumenten abhängig macht. Nicht so ein bisschen, sondern so abhängig wie Crack und Kokain.

Ich fordere darum: Geschmacksunterricht an den Schulen. Kochen und Kenntnisse über Lebensmittel müssen Unterrichtsfach werden und sind genauso wichtig wie Mathematik, Sport oder Englisch. (Meinetwegen schmeißt Religion raus dafür, gibt eh immer nur Mord und Totschlag...) Lehrt die Menschen, Qualität zu erkennen. Lehrt sie, den Wert von Nahrung zu beurteilen. Und was macht man normalerweise mit Dealern? Warum werden die Chefs der großen Lebensmittelkonzerne hofiert statt angeklagt? Ich fordere: Zieht diejenigen zur Verantwortung für den Schaden, den sie der Gesellschaft zufügen.

2] Die Politik

Aufgabe der Politik müsste es sein, für die Gesundheit des Volkes zu sorgen. Wenn sie diese Aufgabe ernst nehmen würde, landeten die Dealer im Knast. Den Politikern liegen alle Daten aus der Forschung vor. Die Zusammenhänge sind bekannt und gut untersucht. Halbherzige Programme (Fitness am Arbeitsplatz, Klimatage und Rohkost im Kindergarten) zeugen ja auch davon: Man weiß eigentlich Bescheid. Warum aber machen sich Politiker zu Handlangern einer global agierenden Industrie, die uns mehr schadet als nutzt? Sind Sie zu verflochten mit der Ernährungsmafia?

Ich fordere: Ein Ende der Brüsseler Drehtür für EU-Beamte, die von der Politik in die Wirtschaft wechseln und zurück. Mehr Transparenz, sei es bei Verhandlungen wie TTIP, sei es bei der Postenbesetzung in den EU-Gremien. Auch aus Berlin verlange ich deutliche Signale: Wenn wir die „Energiewende" schaffen, dann sollten wir die „Lebensmittelwende" allemal schaffen können. Es geht schließlich um nicht minder existenzielle Fragen.

3] Die Drogenpro enten

Die Nahrungsmittelindustrie und deren politische Handlanger sorgen für eine Politik des Preisverfalls. Für die einen (Großindustrie) macht das die verarbeitende Produktion immer billiger. Für die anderen (Politiker) gewährt dies immer weitere Gnadenfristen, da Nahrungsmittel weit unter Wert, also billig, vom Wähler gekauft werden können. Bezahlt wird letztlich hintenherum über Subventionen, die ihre wertzerstörende Wirkung durch Vermassung in der Produktion entfalten. Profitieren tun dabei vor allem die großen Produzenten – Großbauern mit Intensivwirtschaft – genau jene, die in den politischen Gremien das Sagen haben.
Ich fordere: Radikalen Abbau von Agrarsubventionen. Umverteilung durch Förderung der ökologischen Landwirtschaft und regionaler, nachhaltiger Produktion. Außerdem Gründung von Bildungschancen und -pflichten für Bauern: die Einführung der Studienpflicht für Landwirte und die Umgestaltung der Agrarstudiengänge durch größeren Anteil an wissenschaftlichen Disziplinen. Jemand, der keine Ahnung von ökologischen Zusammenhängen sowie biologischen und biochemischen Wirkmechanismen hat, der darf auf europäischen Feldern nicht wirtschaften. Es geht um das, was wir essen!

4] Die Konsumenten

Wer aber hat am Ende die größte Macht? Natürlich wir, die Konsumenten. Zum einen können wir Politiker wählen, die Veränderungen politisch durchsetzen. Viel größer ist aber noch unsere Macht, die wir durch unser Kaufverhalten ausüben. Wer nicht will, dass Kinder auf Plantagen in der Elfenbeinküste für uns billigen Kakao ernten, der kauft andere Schokolade. Wer das Leid in der Massentierhaltung ablehnt, der kauft kein Schweinekotelett für 3 Euro das Kilo. Wer aktiven Umweltschutz betreiben will, der kauft aus zertifizierter ökologischer Produktion. So einfach ist das. Und es ist keinesfalls naives „Gutmenschentum", sondern vielmehr die logische Konsequenz. Selbstverständlich ist der Preis der Ware, die nicht auf Kosten anderer produziert wird, ein ehrlicher Preis. Aber ich garantiere Euch:
Es schmeckt auch besser!
Ich fordere: Wir müssen aufgeklärte, moralisch integere Verbraucher werden. Unsere Kaufentscheidung ist mehr als eine Entscheidung zwischen zwei Bananensorten. (Und das bedeutet nicht, dass wir immer die hundert Prozent richtige Entscheidung fällen müssen. Bin ich bekloppt? Nein, ich bin Realist. Doch wer zu 50% richtig entscheidet, macht 50% mehr als derjenige, dem das alles egal ist.) Ich fordere die Verbraucher hiermit ausdrücklich zum marktwirtschaftlichen Ungehorsam auf. Kauft so oft wie möglich vernünftig statt billig. Kauft lecker, statt Fertiggerichte. Es ist so simpel: Boykottiert, was schlecht ist!

Dies ist ein Pamphlet. Ich bin mir absolut bewusst, dass erhobene Zeigefinger nur wenig zu überzeugen vermögen. Darum ist dies ja auch ein Kochbuch: Denn gutes Essen überzeugt, da bin ich mir sicher, umso mehr!

Tobias Sudhoff

Tobias Sudhoff

Tobias Sudhoff

Inhalt

6 Vorwort Stephan Quante

8 Manual/Bedienungsanleitung für dieses Buch

12 Ein Pamphlet für die „Lebensmittelwende"

24 Harald Rüssel

30 Trilogie vom Wildkaninchen

36 Kleines Wellington-Reh mit Estragon-Jus und Möhren-Konfetti

40 Roastbeef mit reziproken Wurzeltürmchen und Morcheln

48 Philipp Kauffmann

54 Rinderfilet, Maronen-Kürbis-Sandwich, Schokojus und Kakao-Kartoffelstroh

58 Schoko-Olivensorbet in einer Himbeerhippe mit eingelegten Waldbeeren

62 Dreierlei Mousse mit kleinen Schweinereien

68 Schoko-Mandel-Tiramisu mit Schokomousse und Kirschkompott

74 Maria Büning

82 Spaghetti carbonara mit Onsen-Ei

86 Presa vom Bentheimer mit Boletus und Lauch-Kartoffelpüree

90 Schweinenacken gegrillt und geschmort, mit Wirsing-Kartoffel-Stampf und Möhren

94 Peter van Nahmen

102 Holunder-Rhabarber, gebratener Golden Delicious und Lachs

106 Hähnchenleber, Braeburn und kandierte Zwiebeln

110 Apfeltarte mit Spekulatiusmousse und Parfait von Apfel und Konstantinopeler Apfelquitte

114 Johan Bülow

122 Jakobsmuscheln mit Lakritztomaten

126 Lakritzwürstchen mit lakritzkandierten Drillingen

130 Blaubeertarte und Maracujamousse mit Lakritz-Maracujasaat-Staub

134 Das Piemont und „Tartufi Ponzio"

144 Trüffeltartar – ein feuchter Vegetarieralbtraum ...

148 Spinatbällchen mit Trüffelcreme

152 Kalbsbries mit Selleriepüree und Schwarzen Trüffeln

156 Stephan Hentschel

162 Trilogie aus Avocado, Tomate und schwarzem Knofel

166 Süßkartoffel mit Kokosespuma, Rote Beete, Schwarzwurzel und Kohlrabi-Pinien-Curry-Pesto

170 Veggie-Erbsencreme mit italienischem Gemüse

174 Yin und Yang in grün und weiß: Broccoli heiratet Blumenkohl mit Kräuterseitlingen als Trauzeuge

178 Bergkäseknödel mit Veggie-Jus, Gelber Beete und Schmorzwiebeln

182 Jan Meyer

188 Trialog vom Matjes

192 Rotbarbe, Erbse, Chagall, Paul Klee, Nolde, Matisse und Schönheit auf dem Teller ...

196 Lotte de Mer mit knuspriger Kräuter-Essenz-Brioche und Matcha-Mandel-Karamell

200 Teriyaki-Gambas mit Reisknödeln

204 Pulpo mit Westfalensushi und sauer eingelegtem Bleichsellerie

208 Jean-Marie Dumaines

214 Mais-Thymiansuppe mit geräucherter Artischocke

218 Spargel, Sauce béarnaise und Rind mit reverser Sous-vide-Garmethode

222 Zweierlei vom Rotkohl an wilden Kräutern und zivilisiertem Spargeldressing

226 Falko Jüßen

230 Lachs, Birne, Rote Beete, Meerrettich und Pistazien

234 Kalbsbäckchen, Bratkartoffelpüree und Rosenkohl

238 Kurzgebratene Kalbsroulade

242 Orangenparfait mit Orangensalat

246 Küchenlogistik

254 Faktenchecks

260 Bezugsquellen

260 Quellenangaben und Literatur

262 Autoren, Danke

264 Impressum

Tobias Sudhoff

Harald Rüssel

Regional und ziemlich Wild...

Tobias Sudhoff

Tobias Sudhoff

Nehmen wir mal an, Du bist unterwegs in Trier. Es ist Nachmittag, zu früh zum Abendessen und zu spät für den Mittagstisch. Man flaniert. Porta Nigra gucken, die römischen Festungsanlagen, das Wetter ist moselschön und alles in Butter. Dann fängt aber das Kind samt Mutter an zu quengeln. Hunger. Und zwar diese Sorte Hunger, die sofort und unbedingt jetzt gestillt werden muss. Jetzt nehmen wir einmal an, Du springst in dieser Not mit dem immer nöligeren Anhang in eine Wurstbude, die – sagen wir mal – irgendein Türke betreibt. Und Du bestellst bei ihm zwei Würstchen, um wieder Ruhe zu bekommen. Und dann kommen da tatsächlich zwei Würstchen an Deinen Plastiktisch (ich meine jetzt keine Typen, sondern so richtige Würstchen-Würstchen), deren Duft irgendwie auffällig lecker ist. So lecker, dass Du in diesen brutal verführten „Darf-ich-mal-abbeißen"-Modus verfällst. Haps. Wenn dann die Wurst auch noch nach hoher Metzgers-Kunst schmeckt, Du Dir stante pede selber so ein Ding bestellst und Du kauend den türkischen Mitbürger fragst, was denn bitte das für eine Wurst sei, sensationell, und der antwortet mit breitem Grinsen: „Hab isch hier von Schlachter, is von hier in Trier, kost in Einkauf was mehr, aber lecker, ne?!" – dann verstehst Du zum ersten Mal, dass hier an der Mosel etwas anders ist. Egal woher, egal was für Menschen, ob Christ, Moslem, Buddhist oder Atheist, hier an der Mosel sind die Menschen stolz auf ihre Region und stolz auf die Dinge, die sie hervorbringt. (Na gut, nicht auf alles – nicht sooo stolz ist man z.B. auf die bei der Geburt nicht ganz vollbetankten Hirnis von der NPD, die hier in Trier ihr legendäres „444"-Video drehten! Wie würde mein Freund Jörn sagen? „Bis zur Kenntlichkeit entstellt!" Mein Kabarettistenherz wünscht sich ja schon lange, dass man diese rechten Würstchen einfach totlacht... Aber sehen wir jetzt mal von solchen Peinlichkeiten ab und kehren wir zu den schönen Seiten der Mosel zurück...)

Es gibt jemanden, der dieser Entwicklung zu Regionalität mit hohem Anspruch an Qualität seit vielen Jahren seinen sympathischen Stempel aufdrückt und der wie kein Zweiter für diese Art Verbundenheit zu seinem Landstrich steht, weit bevor ein Redzepi aus Kopenhagens Wäldern Moos und Birkenzweige holte, ja man könnte sogar behaupten, dass die

nordische Küchenrevolution eigentlich eine lediglich gut vermarktete Kopie seiner Idee ist: Ich spreche von Harald Rüssel und dem Landhaus St. Urban.
Dabei kommt Rüssel ganz ohne Seegras-Sphärenchichi oder intellektuell kandiertem Rentierpups aus. Sein Netzwerk besteht aus einfachen Landwirten und Winzern aus der Region, die nichts anderes tun, als ihrem Job mit aufrichtiger Leidenschaft und entsprechender Fachkompetenz nachzugehen. Rüssel braucht keine bewusstseinsphilosophische Abhandlung über Lebensqualität von Mastschweinen, denn das Fleisch auf seinem Teller kommt von stressfreien, glücklichen Tieren, die bis zum letzten Atemzug gar nicht mitbekommen haben, dass sie bald Filet, Steak oder Terrine werden. Schlichtweg, weil er diese Art von Respekt vor der Natur intrinsisch lebt. Und das Gemüse, das er verarbeitet, muss nicht extra von irgendwelchen Brüsseler Sesselpfurzern ein Biosiegel bekommen haben, um nachhaltig und ohne künstliche Dünger und Pestizide zu gedeihen und um dank der Frische, kurzer Transportwege und Liebe zum Produkt so zu schmecken, wie Platon sich wohl das Gemüse-Ideios gedacht haben mag. Wo Rüssels Kollegen aus der Sterneliga den Hummer aus Maines oder wenigstens der Bretagne einfliegen lassen, nimmt er einfach kurzerhand Flusskrebse, seine Dorade wird vom Süßwasserfisch ersetzt, den der Angler aus der Mosel zieht, und das Dry-Age-US-Prime-Beef kommt bei Rüssel sowieso nicht in die Schüssel – stattdessen schießt der Herdmeister höchstpersönlich das Reh vom nahegelegenen Hochsitz aus. Dafür hat er vor ein paar Jahren schließlich den Jagdschein gemacht, und um auch das gleich zu sagen: Rüssel ist ein vernünftiger Jäger – ja, die gibt es auch und die werden gerne bei der Kritik am deutschen Jagdwesen übersehen. Es kann bei solchen Jägern etwas geradezu Spitzweg-Romantisches haben: Ein paar Rehe äsen auf der Lichtung, ein Schuss, eines der Rehe fällt um und die anderen – zu meinem Erstaunen – äsen völlig gelassen weiter. Unterwegs mit ihm spüre ich bei Harald Rüssel den Respekt vor dem Wesen und wann immer wir zu diesem Thema miteinander sprechen, gilt sein Augenmerk dem Tierwohl, wie es gelebt hat und auch wie es stirbt.

In seinem Restaurant „Landhaus St. Urban" kommen all die Mosel-Zaubereien in perfekter Komposition auf den Teller. Handwerklich ist diese Küche ohnehin über jeden Zweifel erhaben, das hat ihm trotz seines regionalen Ansatzes sogar den Michelin-Stern eingebracht, den die Tester nur sehr ungern vergeben, wenn sie nicht Kaviar&Co auf der Karte finden. Beim etwas treffsichereren Gault Millau wird Rüssel dank seiner Kreativität seit langem ganz weit oben unter den Spitzenköchen geführt. Und im Gegensatz zu den vielen TV-Sternchen steht er trotz seiner liebenswerten Fernsehsendung „Zwei Mann für alle Gänge" (gemeinsam mit Manuel Andrack) selber in seinem Restaurant am Herd und kocht mit seinem Team mit einer beeindruckenden Ruhe und Leichtigkeit gegen den Mainstream. Rüssel ist kein Typ der lauten Töne. Er setzt entspannt und zu hundert Prozent auf Qualität. Die Qualität der Produkte und seiner Kochkunst. Viel zu selten wird er dann doch mal laut – und auch dann spürt man, dass seine Kreativität sich immer einen Weg bahnen wird: Dann sitzt er an seinem Schlagzeug und swingt, dass die Schwarte kracht. Natürlich nur die Schwarte eines regionalen Schweines. Dann ist Harald Rüssel ganz bei sich: Regional und doch ziemlich Wild...

Trilogie vom Wildkaninchen

Ursprünglich waren Kaninchen eher auf der Iberischen Halbinsel zu finden, doch schon im alten Rom hatte man die ersten Kaninchenställe. Die Auswilderung in Italien allerdings war keine ganz so einfache Sache – was bei der sagenumwobenen Vermehrungsrate seltsam klingt. Damit sind wir dann bei den Italienern angekommen, und entgegen der weit verbreiteten Vorstellung, dass die hohe europäische Küchentradition – ohlala, bon appétit – in Frankreich ihren Ursprung hatte, ist die historische Wahrheit eine gänzlich andere. Solltest Du also einen Abend mit einem Franzmann an der Tafel sitzen, der ein paar Boshaftigkeiten über die blöden Nachbarn im Osten ablässt, dann kannst Du Dich sehr genüsslich zurücklehnen und ihm folgende Geschichte erzählen: Es war nämlich die gute Caterina aus dem Florentiner Hause der Medici, die durch die Heirat mit Heinrich II. Herrscherin über Frankreich wurde und welche die gallisch-fränkische Küche derart barbarisch fand, dass sie ihre eigenen Köche aus Italien extra einreisen lassen musste, um es fern von ihrer küchenkultivierten Heimat überhaupt auszuhalten. Und die italienischen Köche mussten den geschmackstumben Franzosen erst mal „savoir-vivre" am Herd beibringen... ja, ohne diese kleine – von Franzosen gerne überhörte – Koinzidenz wäre ein Bocuse wohl jenseits der Alpen geboren worden. (Wobei jene Caterina historisch eher ob ihrer Barbarei den Hugenotten denn als Heilsbringerin den Kulinarikern im Gedächtnis bleiben sollte). Merke: Man kann einem Franzosen mit diesem kleinen, unbedeutenden Ausflug in die Geschichte einen ganzen Abend ziemlich versauen – er wird dann zwar schweigend, aber doch mit Genuss, den nächsten Gang mit Dreierlei vom Wildkaninchen kauen – denn egal was passiert, den Essensgenuss lässt der Franzmann sich dann doch nicht nehmen.

Tobias Sudhoff

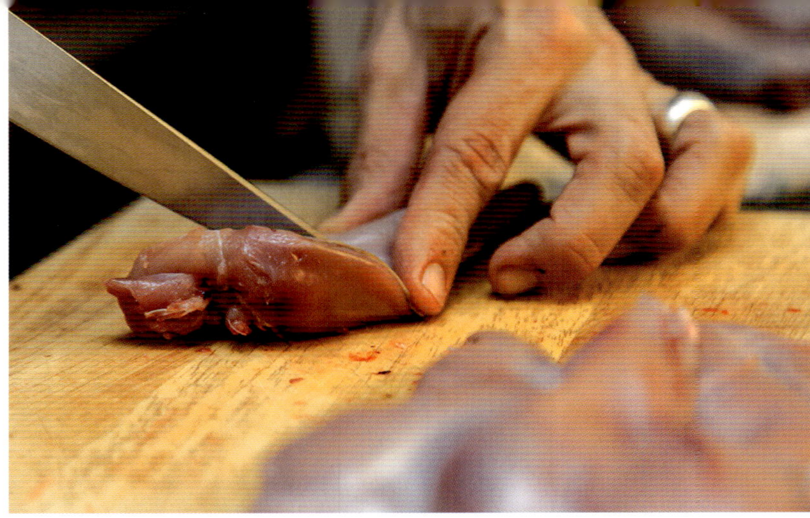

No. 1: Vom Kaninchen habe ich drei Stücke, die ich verwende: Keule, Rücken und Leber. Die Keule löse ich zunächst aus. Dort wo der Oberschenkelknochen entlanglief, will ich nämlich eine herrliche Füllung aus Leber, Fleischschnittresten und Pistazien machen. Für diese Füllung muss ich zunächst eine Leberpaté herstellen. Für ca. 200 g der Paté: 120 g Hähnchenleber von allen Sehnen befreien und mit einem Mixer sehr sehr fein pürieren. Ein Eigelb schaumig aufschlagen, 70 g Butter schmelzen und 3–4 ml Armagnac sowie etwas Salz, Pfeffer und einen halben Teelöffel Pökelsalz (Kaliumnitrat) hinzufügen. Alles zusammenmischen und im vorgeheizten Backofen in einem Wasserbad ca. 60 Minuten bei ca. 100 °C stocken lassen. Anschließend abkühlen lassen, obere Schicht entfernen und die rosa Paté ausheben. Die Paté mische ich im Verhältnis 2:1 mit einer Fleischfarce, die ich wie folgt zubereite: Champignons zu gleichen Teilen mit den fleischigen Schnittresten (also keine Sehnen und dergleichen) des Kaninchens ins Eisfach. Erst wenn dies leicht gefroren ist, mit einem Teil Sahne aufgießen und mit einem Stabmixer sehr fein pürieren (wenn man das nicht frieren lässt, dann wird die Farcemasse vom Pürieren zu heiß und das Fleisch verkocht – genau das wollen wir nicht, wir wollen eine rosafarbene Farce!). Farce und Paté anschließend kalt zusammengeben und mit Knethaken vermixen. Zu diesem Gemisch aus Paté und Fleischfarce gebe ich abschließend noch ein paar geröstete Pistazien und schmecke alles mit Salz, etwas Zitronensaft und Pfeffer ab. Die ausgelösten Keulen brate ich scharf in Aceto balsamico von allen Seiten an und lasse sie wieder abkühlen. Dann fülle ich die Keulen mit dieser Masse, umhülle das ganze mit durchwachsenem Bentheimer Speck und fixiere alles mit einem Bindfaden. Vor dem Anrichten bei 180 °C im Backofen etwa 20 Minuten garen. Die Keule sollte eine Kerntemperatur von 60 °C–62 °C haben.

No. 4: Den Kaninchenrücken auslösen, mit etwas Aceto und Salz einreiben und braten. Kerntemperatur auf unter 60 °C halten!

No. 5: Die Kaninchenleber mit etwas Aceto einreiben und braten. Die Leber soll innen noch rosa sein.

Anrichten: Es muss schnell gehen – zentral im Stellring die Birnenwürfel einfüllen und die Topinambur als Rosette darüberlegen. Um dieses Türmchen herum ordne ich Rücken, Leber und Speck-Keule an – von der Keule entferne ich natürlich vorher die Fäden und schneide sie in der Mitte auf. Ich nappiere die Salbeibutter und verteile ein paar Acetotropfen und noch ein paar Salbeischnipsel. Hoffentlich waren die Teller gut vorgewärmt, bei so vielen Handgriffen, also flott an den Tisch!

No. 2: Turm aus Topinambur und Birne. Eine Birne schälen und enthäusen. Dann schneide ich aus dem Fruchtfleisch kleine Würfel. Die Würfel mit Aceto in Butter anbraten – und mit ein bisschen Fleur de Sel abschmecken und warm stellen. Topinambur schälen und in sehr dünne Scheiben schneiden. Mit einem hochwertigen weißen Aceto marinieren.

No. 3: Salbeibutter – Reichlich Salbei kleinrebeln. Butter schmelzen, den Salbei hinzufügen und warm (nicht heiß werden lassen, die Butter soll nichts braten – 70 °C ist gut) ziehen lassen. Dann noch etwas dunklen Balsamico dazu, Salz, Pfeffer, etwas Knoblauch und frisch gepressten Zitronensaft. Ggf. nachzuckern. Dann reibe ich Zitronenzeste (Microplane!) dazu. Warm stellen.

Ich brauche:

Keule:
120 g Hähnchenleber
1 Eigelb
70 g Butter
3–4 ml Armagnac
Salz, Pfeffer
½ TL Pökelsalz
Champignons
Schnittreste Fleisch
Sahne
geröstete Pistazien
Zitronensaft
Aceto balsamico
Bentheimer Speck oder durchwachsenen Schinken (luftgetrocknet!)

Türmchen aus Birne und Topinambur:
Birne
Aceto balsamico
Fleur de Sel
Topinambur (roh!!!)
weißer Balsamico

Salbeibutter:
Salbeiblätter
geschmolzene Butter
Aceto balsamico
Salz, Pfeffer
Knoblauch
Zitronensaft
Zitronenzeste
ggf. Zucker

Rücken:
ausgelöstes Rückenfleisch
Aceto balsamico
Salz

Leber:
Kaninchenleber
Aceto balsamico

Da stand das kleine Bambi, alleine und zurückgelassen auf der Lichtung. Unsereins rang als Kind derweil mit den Tränen und bangte um das Schicksal dieses kulleräugigen Protagonisten. Seltsam, dass ich trotzdem ohne Gewissensbisse schon damals sonntags liebend gerne einen Rehrücken verdrückte. Ich hatte früh in meiner Kindheit im Emsland schon dank des Vaters meines alten Schulfreundes Andreas Pack – der örtlicher Förster und somit zuständig für den Wald war, durch den mein Schulweg führte – mit ein paar vernünftigen Jägern zu tun bekommen, also nicht den SUV-fahrenden Hobby-Ballermännern, die ihre Erektionsprobleme mit einem möglichst teuren Gewehr kompensieren, sondern mit Jägern, die ökologischen Sachverstand hatten. Das ist in Deutschland leider immer noch eine Minderheit...
Seit ich Harald Rüssel kenne, weiß ich fast aus dem ganzen Reh was Schmackhaftes zu zaubern – von Schmorstücken wie Schulter und Waden über die klassischen Bratenstücke in den Keulen und natürlich Filet und Rückensteaks bis zu den Innereien. Rehleber, Herz und Nieren sind äußerst feine Tischnachbarn. Hätte ich das als Kind schon gewusst, ich hätte bestimmt die Wälder des Emslandes damals leergefuttert.
Bei diesem Rezept habe ich eine „wilde Variation" eines Klassikers entwickelt, dem Filet Wellington – das ist folglich dem Namen nach jemandem gewidmet, der wohl heute SUV fahren würde und fröhlich mit dem Schießeisen rumballerte, einem gewissen Arthur Wellesley, der zusammen mit Blücher Napoleon bei Waterloo plattmachte. (Ich meine natürlich vielmehr Napoleons Soldaten, Napoleon selber kriegte danach ja zur Strafe langen Urlaub verordnet... da hat sich irgendwie bis heut nix dran geändert: Im Krieg sterben – wenn es sie überhaupt erwischt – erst zuletzt die, die ihn angezettelt haben...) Daraufhin verlieh man diesem Wellesley als Erstem den Titel „Duke of Wellington". Angeblich speiste er gleich nach der Schlacht ein exquisit zubereitetes Filet im Teigmantel und so war der Name für ein Gericht geboren... Und die Preußen dagegen? Keine kultivierte gesellschaftsfähige Ehrung... Blücher hat ja nur gesoffen und gespielt, und ich kenne nicht mal einen Blücher-Schnaps geschweige denn ein schnödes Kartenspiel seines Namens...

Kleines Wellington-Reh mit Estragon-Jus und Möhren-Konfetti

No. 1: Estragon-Jus stelle ich aus Rinderjus und Wildjus her. Der Rücken bietet mir, falls ich keine Wildjus habe, reichlich Gelegenheit, diese nach dem Rezept aus dem Anhang herzustellen. Die beiden Jus zu gleichen Teilen aufkochen, mit Cognac und Armagnac versetzen und reichlich feingerebelte Estragonblätter hinzugeben. Die Sauce sollte wieder zur Jus reduziert werden und Zeit haben, zu ziehen, damit die Estragonaromen sich schön ausbreiten können.

No. 2: Aus den Estragonstrünken mache ich auch noch was: Im Backofen lasse ich sie bei 160 °C so lange liegen, bis sie dunkel und knusprig geworden sind. Dazu sollte man nicht zu bodennahe Strünke verwenden, die werden hart …

No. 3: Eine kleine Menge heller Estragonsahne stelle ich aus saurer Sahne, weißem Aceto, reichlich Estragon gerebelt und etwas Salz her. Die kann auch gut etwas Pfeffer und Zitronenzeste haben und soll einen kleinen Kontrapunkt zur schweren Sauce und dem gediegenen Wildaroma bieten.

Ich brauche:

Jus:
Wild – und Rinderjus zu gleichen Teilen
Estragon
Cognac und Armagnac

Estragonstrünke:
Ja, genau, Estragonstrünke macht man aus Estragonstrünken …

Saure Estragonsahne:
Estragon
saure Sahne
weißen Balsamico
Salz

Reh im Mantel:
Rehrückenfleisch
Rotwein
Aceto balsamico
Murray River Salt

Blätterteigpasteten
Estragonblätter
Champignons, Butter
Madeira
Salz

Karotten-Konfetti:
verschiedene bunte Karottensorten
Butter
Salz und Pfeffer

No. 4: Den Rehrücken brate ich von allen Seiten kräftig an, lösche ihn mit Rotwein und Aceto balsamico ab, würze ihn mit Murray River Salt und lasse ihn dann im Ofen oder sous vide auf 50 °C Kerntemperatur garen. Dann halte ich das Fleisch warm. Eine Viertelstunde vor dem Servieren schneide ich das Fleisch in Stücke, die von der Höhe genau in Blätterteigpasteten passen. (Bitte nicht die mit dem dicken Rand kaufen, gebt einfach ein paar Euro mehr aus, kein Mensch will sich durch meterdicke Wände aus Knusper-Kalorien kämpfen müssen...) In diese Blätterteigpasteten gebe ich in den Boden erst ein paar feingeschnittene Estragonblätter und passe nun das Fleisch genau in die Form. Als Gleitmittel verwende ich eine Duxelles aus Champignons, Butter, ordentlich Salz und Madeira, die ich mit dem Stabmixer zu einem feinen Brei verarbeitet habe. Die Pasteten kommen bei 50 °C für 10 Minuten in den Ofen.

No. 5: Während das Fleisch seiner Kerntemperatur entgegengart, nehme ich bunte Karotten zur Hand, schäle sie und schneide daraus überaus bunte Chips, unser Karotten-Konfetti. Wer sie im Garten nicht angebaut hat, kann sie trotzdem auf dem Markt oder beim gut sortierten Händler finden: Karotten in gelb, rot, lila bis hin zu fast blau oder gar nahezu weiß. Das Karotten-Konfetti brate ich in Butter an und würze mit Salz, Pfeffer und gerebeltem Estragon.

Anrichten: Die warmen Wellington-Pasteten auf den Teller, Sauce schön daran nappieren, das Karotten-Konfetti verteilen und ein paar Tropfen der Estragonsahne dazugeben. Zum Schluss lege ich die Estragonstrünke noch dazu und dann ab auf den Tisch – dort will man ja wild essen... äh, ich meinte Wild essen...

Roastbeef mit reziproken Wurzeltürmchen und Morcheln

Wenn ich mich durch das westfälische Unterholz zwänge, um der heimischen Krume ein paar Pilze abzuluchsen, dann begegnet mir dort ein mykologisches Allerlei, doch nur äußerst selten wagt es mal ein Speisemorchel, den Kopf aus dem Boden zu heben. Ich war überzeugt, dass es diese Spezerei nur südlich der Donau in sammeltauglicher Menge gibt – bis mein Freund Fred Packwitz – einer der talentiertesten Köche des Landes – mir eine SMS geschickt hatte mit Bildern seines „ungewöhnlichen Fanges beim morgendlichen Spaziergang." – Eigentlich wollte er ja direkt bei mir um die Ecke nur ein paar Wildkräuter sammeln... Ich bin kein besonders neidischer Typ, aber als er dort rund 4 kg feinster Speisemorcheln präsentierte, empfand ich das Leben doch mal kurz als ungerecht. Aber bei Fred weiß ich ja, dass er was Leckeres draus macht, insofern ging es für mich dann doch in Ordnung. Außerdem – und das meine ich durchaus nicht im Sinne des Fabelfuchses, der die Trauben, die hoch oben hängen, mit beleidigt gerümpfter Nase als „viel zu sauer" abtut – sind getrocknete Morcheln den frischen in Sachen Aroma überlegen. Blöderweise nicht in der Textur... Sei's drum, mit Cognac zusammen sind sie schlichtweg unschlagbar!

No. 1: Die Morchelsauce von getrockneten Morcheln ist recht einfach herzustellen. Ich gebe die Trockenmorcheln in warmes Wasser, so dass sie gerade bedeckt sind und lasse sie ein paar Stunden langsam ziehen. Die Morcheln nehmen wieder reichlich Feuchtigkeit auf, vor allem aber geben sie ihre vorwiegend wasserlöslichen Aromen ab. Darum halte ich später beim Abgießen der Morcheln diesen Sud zurück. Diese weichen Morcheln brate ich kurz vorm Anrichten in Butter an und würze nur mit Pfeffer und Salz. Für die Sauce verwende ich jetzt mein Morchelwasser und eine Rinderjus. Damit lösche ich Zwiebeln, die ich in Butter anschwitze, ab. Ein Schuss Balsamico dazu. Und dann kommt das berühmte Spiel „Sahne und Cognac draufgießen, einkochen lassen, Sahne und Cognac draufgießen, einkochen lassen, Sahne und Cognac draufgießen ..." usw. usw. Es entsteht eine weichcremige, hellbraune Sauce, die ich abschmecke mit allem, was mir Spaß macht, ganz sicher aber mit Salz. Wer Spaß hat, gibt aber auch noch Zuckerrübensirup, den Sud aus dem Sous-vide-Beutel, in dem ich das Roastbeef gegart habe (siehe No. 4), etwas Wurzelgemüse, gerne auch Knochenmark vom Rind und Sherry oder andere Suffeskapadeletten hinein. Immer feste druff, soll ja nach was schmecken – und die Morchel, die vorwiegend retronasal den ganzen Wald in die Mundhöhle trägt, stört das keineswegs. Kurz vor dem Anrichten der Sauce übrigens gebe ich noch mal einen kleinen Schuss Cognac in die Sauce, weil ich genau dieses alkoholische Aroma haben will – und der flüchtige Kollege ist ja in der Zwischenzeit längst heimlich aus dem Topf gekrochen, leise an der Küchenwand entlanggeschlichen und durch den Türspalt abgehauen...

No. 2: Für die reziproken Türmchen aus Wurzelgemüse nehme ich orange Karotten und weiße Pastinaken. Mit einem Käsehobel oder Kartoffelschäler schneide ich von rechteckig vorbereiteten Stücken sehr dünne Streifen von etwa 3–5 cm Höhe und ca. 10 cm Länge. Diese lege ich bei etwas über 80 °C in Wasser, bis sie leicht formbar werden. So kann ich aus diesen Schnitten kleine Röllchen formen, die ich mit einem kleinen Schlitz, den ich schneide, zusammenfüge. Wesentlichen Klebehalt bekommen meine Röllchen vor allem über die eigene Stärke aus dem Wurzelgemüse. Jetzt koche ich ausreichend Karotten und sogar doppelt (!) so viel Pastinake, um die Türmchen genau umgekehrt zu füllen. Dabei müssen beide Gemüsesorten ziemlich weich gekocht werden und anschließend mit etwas Sahne, Salz, ggf. Zucker mithilfe des Zauberstabes zu einer feinen Creme verarbeitet werden, die ich anschließend noch einmal durch ein Haarsieb drücke, damit es wirklich maximal cremig ist. Für die Konsistenz arbeite ich ggf. mit Frischkäse oder Sahne nach. Warm stellen.

No. 3: Gemüsechips. Kann man selber herstellen – muss man aber nicht. Es gibt hervorragende Produkte auf dem Markt von gesalzenen Gemüsechips mit Roter Beete, Pastinake, Karotte, Sellerie und vielem mehr. Wer sie selber herstellen will, nehme (wenn er keinen Trockenturm besitzt) einen Ofen, den er über viele Stunden auf ca. 150 °C erhitzt und die dünnen Scheiben der verschiedenen Gemüsearten darin trocknet. Anschließend in einer Pfanne oder der Friteuse bei niedrigen Temperaturen knusprig backen und zum Schluss etwas salzen. Kann man machen …

No. 4: Das Roastbeef zusammen mit den Schnittresten von Pastinaken und Karotten und gerne noch ein paar anderen Geschmackslieferanten wie Zwiebeln oder Kräutern in einer Pfanne mit Butter scharf anbraten. Mit Cognac ablöschen, etwas salzen und alles zusammen in einem Sous-vide-Beutel vakuumieren und bei 54 °C ca. 2 Stunden garen.

Anrichten: Auf den möglichst sehr warmen Teller (viele Handgriffe, viel Zeit, bei kalten Tellern kaltes Essen und beleidigte Gäste, is klar, ne?...) stelle ich die Wurzelgemüse-Ringe schön auf. Die umgekehrten Wurzelcremes fülle ich heiß (!) mit Spritzgebäcktüten oder entsprechenden Spritzen in die Türmchen. Fleisch aufschneiden und anlegen, Sauce drübernappieren. Mit einem Teigschaber eine schöne Welle aus der übrigen Pastinakencreme auf den Teller streichen und aufrecht darin die Gemüsechips stellen. Die gebratenen Morcheln auf dem Teller verteilen – und flux auf den Tisch (sagt mal, gibt es das Wort flux eigentlich??). Sieht geil aus und schmeckt auch so.

Anmerkung: Gemüsechips sind eine dufte Alternative zu der überwürzten Funierholzplatte namens Pringles, und wenn sie mal ein bisschen ihren Knusper verloren haben, einfach ab in den Backofen damit, bei 160 °C ein paar Minuten, schon sind sie wieder wie neu...

Ich brauche:

Morchelsauce:
getrocknete Morcheln
Rinderjus
Zwiebeln
Butter
Aceto balsamico
Sahne
Cognac
ggf. Zuckerrübensirup, diverse Alkoholika

Reziproke Gemüsetürme:
Karotten (relativ große)
Pastinaken
Sahne
Salz und Zucker
ggf. Frischkäse

Gemüsechips:
wahlweise:
guten Händler in der Gegend oder
Gemüse (Pastinaken, Rote Beeten, Sellerie, Karotten etc.)
Salz

Roastbeef:
Roastbeef
Zwiebeln
Kräuter
Cognac
Fleur de Sel

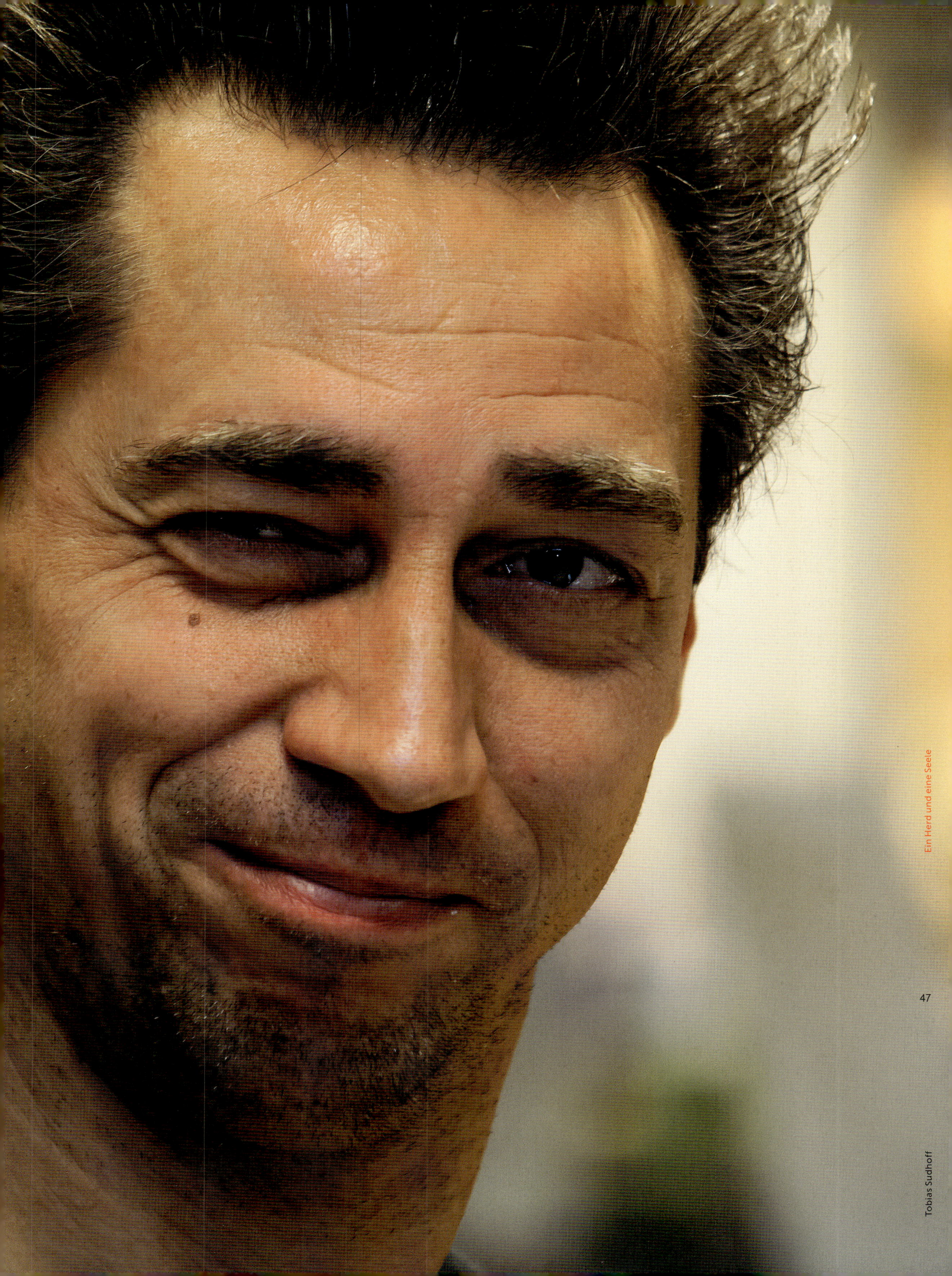

Philipp Kauffmann

Der moderne Willy Wonka und seine Schokoladen-fabrik

Tobias Sudhoff

Amsterdam. Das ist für mich persönlich ein Stück weit „zu Hause". Alles zusammen gerechnet habe ich etliche Jahre mit dieser Stadt in meinen jüngeren Jahren verlebt und ich bekomme noch heute ein tiefes Gefühl von „da bin ich wieder", wenn ich an den Grachten und den windschiefen ehemaligen Packhäusern des goldenen Zeitalters entlangspaziere. Amsterdam ist noch immer ein bisschen die liberale Bastion in einem immer weniger liberalen Holland und wer abends in den kleinen alten Kneipen mit Freunden op't terasje met een pilsje in der Hand den Sommer genießt, der erlebt am eigenen Leib, warum die Niederländer zu allem und jedem immer wieder „gezellig!" sagen. Ganz ehrlich – Amsterdam ist so eine schöne Stadt, dass man gar nicht begreifen will, warum die Holländer zum Sommer hin ihr Wohnzimmer immer in einen Karavan packen, ans Auto hängen und nach Norditalien, in die Ardèche oder nach Spanien karren. Aber soll mir recht sein, hab ich während der Sommerferien mehr Platz für mich im Vondelpark...

Doch Amsterdam hatte noch bessere Zeiten gesehen. „Het gouden eeuw", das goldene Jahrhundert, war die barocke Hochzeit der Niederlande im frühen 17. Jahrhundert. Die Kriege mit Spanien waren beendet, die Achse nach Deutschland (in der Nationalhymne, Der Wilhelmus, heisst es darum auch „Wilhelmus van Nassouwe ben ik van Duitse bloed") war gelegt und Handelsflotte, koloniale Macht und der bis heute ungebrochene Geschäftssinn der Holländer ließen das kleine Land zu einer Weltmacht wachsen. Geschäfte machen, Effektivität und die calvinistische Sparsamkeit (im übrigen Europa nennt man es Geiz...) waren und sind bei den Niederländern Tugenden, die sie bei aller Liberalität und Geselligkeit niemals aus dem Auge verlieren würden. Kleines Beispiel: Schon im 16. Jahrhundert erntete der niederländische Bauer etwa achtmal mehr Korn als sein deutscher Nachbar auf der gleichen Fläche – und entgegen dem Sprichwort waren die deutschen Bauern im Vergleich wohl trotz kleinerer Kartoffeln die dümmeren...

Im Grachtengürtel rund um den Damrak, Amsterdams älteste Straße, führt die Keizersgracht an einer Gruppe hochbarocker, herrschaftlicher Häuser in einer sanften Kurve entlang, die früher „gouden bocht" genannt wurde. Hier waren die erfolgreichsten Handelshäuser vertreten. Heute wird diese Kurve zeitgemäß umbenannt: „de groene bocht", denn heute sind in den städtischen Palästen die zukunftsweisenden Start-ups untergebracht, Unternehmen, die „eco, sustainable und klimaneutral" produzieren und arbeiten. Dort befindet sich auch das Headquarter eines wirklich schmackhaften Unternehmers, des jungen und visionsreichen Philipp Kauffmann. Der gebürtige Münchener leitet als eine Art moderner Willy Wonka seine Schokoladenfabrik „Original Beans". Nur dass ihm Wonkas kleiner Wurf, unter ein paar verwöhnten Kindern jenes mit einem goldenen Herzen zu finden und reich

zu machen, nicht genügt. Kauffmann will den großen Wurf. Er will an einem der Räder drehen, die die ganze Welt ein bisschen besser machen sollen. Wer seine Vita liest, bekommt schnell den Eindruck, dass tatsächlich wohl die Gene auf wunderliche Weise durchschlagen: Einer seiner Vorfahren war der berühmte Forstwissenschaftler Georg Ludwig Hartig, der als einer der ersten Nachhaltigkeit für die Waldbewirtschaftung postulierte. Man dürfe nur so viel aus dem Wald ziehen, wie alle folgenden Generationen es ebenfalls können sollen. So sein Credo. Eine Art sehr langfristiger kategorischer Imperativ, den man heute unter dem Begriff Nachhaltigkeit zusammenfasst. Und so wundert es nicht, dass Pilipp Kauffmann erst beim WWF und beim UNDP arbeitete, um dann schließlich seinen „eigenen Laden" zu starten: Es muss doch möglich sein, wirtschaftlichen Erfolg mit Ethik, Naturschutz und Nachhaltigkeit zu verbinden. Da war die Schokolade natürlich ein ideales Terrain: Jeder liebt Schokolade, und doch gibt es kaum ein Produkt, dass aus ethischer Sicht mehr Dreck am Stecken hat. Und so sitzen Philipp und ich dort in Amsterdam an der „groene Bocht" und ich lausche einem begeisterten Verfechter dessen, was die Abgeschmacktesten unserer Gesellschaft als „Gutmenschen" diskreditieren. Ich kann in seinen hellblauen Augen und an seinem geradezu jugendlichen Elan erkennen, dass hier etwas anderes passiert, als dass jemand mit einer Idee Geld verdient. Ob man es glauben will oder nicht: Philipp Kauffmann verdient das Geld für seine Sache. Geld ist für ihn persönlich unwichtig – aber der Effekt von Geld in der Dritten Welt, bei den Ärmsten der Armen, ist seine Mission, sein Antrieb. Auf diese altruistische

Tobias Sudhoff

Weise macht Geld ihn glücklich, ohne dass er sich dabei zwei goldene Eier verdienen muss. So zeigt er mir stolz Bilder von Dörfern in Südamerika oder Afrika, mit denen er zusammenarbeitet und die dank der Kooperation endlich selbstständig Infrastrukturen aufbauen können. Philipp Kauffmann sagt solche Adorno-Sätze wie „es gibt kein richtiges Leben im falschen," ohne dass man davon die Erhobene-Zeigefinger-Allergie bekommt. Es sind moralische Selbstverständlichkeiten und seine Hände sprechen mit, wenn er loslegt – und ja wirklich, ich sehe keinen Zeigefinger, sondern in fast allen Gesten eine einladende Körpersprache, als wolle er sein Gegenüber motivieren: Komm, mach doch mit, wir verändern kurz mal die Welt, okay? Mit dieser Art kann er begeistern und schnell bekommt man einen Eindruck davon, wie er dieses kleine Unternehmen in wenigen Jahren zu einem ernstzunehmenden Player auf dem Markt der Edelmarken vorangetrieben hat.

Wie ich es in allen meinen Begegnungen mit Menschen erlebt habe, die sich dem Trend eines in jeder Hinsicht gnadenlosen Food-Marktes stellen, so sind die wesentlichen Stellschrauben Leidenschaft, Liebe und bedingungslose Qualität. Original Beans Schokoladen werden aus originären Kakaobäumen der jeweiligen Region gewonnen. Für jede Tafel Schokolade wird ein Baum in dem Wald gepflanzt, wo geerntet wurde, in der Zwischenzeit sind das mehr als eine Million Bäume weltweit! Es wird mit lokalen Kooperationspartnern direkt zusammengearbeitet, so dass Original Beans bereits vor Ort die Qualität optimieren kann. Um den Fermentationsprozess von Kakaobohnen scheinen sich die übrigen Großproduzenten sowieso einen Dreck zu scheren, Hauptsache die Kasse klingelt – Kauffmann aber untersucht diesen Prozess zusammen mit Hochschulen und anderen Partnern, um bereits hier den Geschmack zu beeinflussen. „Über Wein und die alkoholische Gärung wissen wir extrem viel, es gibt extra Weinhochschulen wie Geisenheim – aber beim Kakao stehen wir im mikrobiologischen Niemandsland! Warum?" Wo doch noch mehr Menschen Schokolade mögen als Wein! Ich ganz persönlich kann meine Erfahrung mit Original Beans nur als meine kleine ganz individuelle Schoko-Revolution bezeichnen: Die Welt der Schokoschnabulierer teilt sich – angeblich genetisch – in „Lutscher" und „Beißer" ein. Beißer sind diejenigen, die

ihre Schoki am liebsten in den Kühlschrank legen und dann den Schmelz im Mund zersplittern lassen, es sind die Gierigen und Ungeduldigen, wie die Sensoriker gerne behaupten. Lutscher dagegen lassen die Schokolade langsam im Mund zerschmelzen. Natürlich ist Zweiteres die sensorisch ungleich effektivere Vorgehensweise. Trotzdem war ich bis dato Beißer. Bis – ja bis ich die erste Original Beans im Mund hatte. Hopla! War bis dahin an meinem beschränkten Kakao-Horizont ganz oben auf den Gipfeln nicht die Valrhona angesiedelt? Fand ich nicht Lindt-Schoki total mampfischnabbel-lecker? Ich hatte wohl echt Tomaten auf der Zunge gehabt! Die Original Beans schmolz sofort noch bevor ich das große Zerbeißen beginnen konnte, und dieser Schmelz schmiegte sich auf die Hintergaumenplatten und dann geschieht eine Art gustatorisches Wunder: Geschmäcker von bitter, Frucht, Säuren, sogar Salz, begleitet von einer unbeschreiblich komplexen Vielzahl von retronasalen Aromen. Ganz klar, dass war Schokolade, aber es war viel mehr als das. Es war wie ein Grand Cru, den jemand schmeckt, der bis dahin schlecht gewordenen Traubensaft gewohnt war. Nach dieser sinnlichen Erfahrung mampfte ich mich systematisch durch Kauffmanns Schoko-Dschungel und entdeckte zum ersten Mal die großen Unterschiede verschiedener Kakaobohnensorten, merkte, was es bedeutet, wenn die Fermentation viel weiter getrieben wurde in einer säurereichen Bitterschokolade, die ich heute gerne für Saucen einsetze oder einer geradezu fruchtigen Variante eines Kakaos aus Papua – der in Anklängen helle Frucht im dunklen Schmelz versteckt. Und bevor Brigitte von der Für-Sie-Magerfraktion und ihre Burda-Freundin Petra jetzt den Kaliorienschieber rausholen und laut aufschreien – hier die zweite Sensation: Man schafft gar keine ganze Tafel. Der Nachhall im Mund bleibt Stunden erhalten. Man ist nach zwei Riegeln rundum pudelschokoladennudeldickzufrieden. Und behält dabei ein gutes Gewissen.

Schokolade essen für eine bessere Welt – bei Willy Wonka war das nur eine Utopie. Philipp Kauffmann aber gibt es wirklich. Und das ist sehr gut so.

Rinderfilet, Maronen-Kürbis-Sandwich, Schokojus und Kakao-Kartoffelstroh

Mutti kannte Schokolade nur als Grundlage magenverschließender Nachspeisen. Das hat sich sehr geändert. Zum Glück – und gerade dank solcher Protagonisten wie Philipp Kauffmann – wird Schoki wieder so benutzt, wie es historisch eigentlich begonnen hatte. Als die ersten fermentierten Kakaobohnen nach Europa kamen, waren es die Bitter-Aromen, die die Aristokraten begeisterten. Im Gegensatz zu diesem „Louis-Quatorze-der-15. (sic!)-Siecle" ist Schokolade heute allen zugänglich. Wenn ich eine Jus mit Schokolade verfeinere, breche ich mir dafür am liebsten ein paar Stücke der säurelastigen, kaum süßen „Grand Cru blend No. 1" von Original Beans ab. Zusammen mit den Maillard-Aromen einer Rinderjus gehen hier ein Rinderfilet, ein Kürbis und ein paar Maronen auf Gustations-Reise...

Tobias Sudhoff

No. 1: Rinderjus mit Schokoladenbruch und etwas Rotwein aufkochen. Die Jus sollte in der Konsistenz noch nicht sirupartig sein, man kann das ganz gut an den Blasen erkennen, die sie beim Einkochen wirft. Warm stellen. (Und wer keine Jus im Eisfach auf Vorrat hat, der darf sich jetzt einmal kräftig in den Popo treten und diese nach dem Grundrezept im Anhang zubereiten...)

No. 2: Festkochende Kartoffeln mit einer Reibe in sehr dünne Streifen reiben. In einem Küchentuch einschlagen, so dass die Kartoffelstreifen durch Drehen am offenen oberen Endes des Tuches kräftig unter Druck geraten und überschüssiges Wasser aus ihnen herausgequetscht wird. Am Ende ist das Küchentuch nass und das Kartoffelstroh ziemlich entfeuchtet. So kommt es dann in eine Schüssel mit stark entöltem, feinem Kakaopulver und wird darin immer wieder gewendet. Am besten innerhalb der nächsten 20 Minuten ein paarmal erneut im Kakao wenden. Dieses Kartoffelstroh wird nachher kurz vor dem Anrichten fritiert bei ca. 180 °C und auf einem Küchenpapier abgetropft.

No. 3: Maronen kochen (gibt es auch schon vorgekocht im Handel), mit etwas Sahne aufgießen und nochmal aufkochen. Dann mit dem Kartoffelstampfer oder einer Gabel zu einem Püree zerdrücken, anschließend kurz mit dem Pürierstab pürieren und durch ein Haarsieb drücken (genügend Sahne verwenden und nicht zu lange pürieren – sonst passiert mit dem Zauberstab wegen der Stärke das Gleiche wie bei Kartoffeln und Du kannst mit der Masse wunderbar Deine komplette Wohnung tapezieren – hält ewig!). Die Masse sollte wirklich eine stabile Creme sein. Würzen mit Salz, Pfeffer, Muskat und ein paar Tropfen Amaretto (der hat die äußerst nervige Eigenschaft, bei Überdosierung alles zu dominieren) und was einem bei der Küchenschlacht sonst noch so in die Finger kommt... Warm stellen und Kürbis schälen und in gleichmäßige, ca. 0,5 cm dünne Rechtecke schneiden, die man bei ca. 80 °C in Salzwasser pochiert, so dass sie nicht zu weich werden.

No. 4: Rinderfilet portionieren und dünn mit Aceto balsamico einreiben und sanft salzen (Maillard!). Logistisch brät man das Fleisch am besten während man das Kartoffelstroh fritiert: In einer Pfanne Olivenöl heiß werden lassen und das Fleisch von beiden Seiten scharf anbraten. Ich brauche weder Sous-Vide-Gerät noch einen Backofen: Hier wird das Fleisch wie in den guten alten Zeiten einfach in die (guss- oder schmiede-eiserne) Pfanne gehauen. Wer eine vernünftige Pfanne hat, die Restwärme speichert, kann das Fleisch nach dem Anbraten dort ziehen lassen bis die Kerntemperatur 52 °C erreicht hat – dann ist es perfekt.

Anrichten: Ein Stück Kürbis auf die Teller, mit der Teigspritze eine Schicht Maronencreme dazwischen und wieder den Kürbis als Deckel oben drauf – Sauce nappieren, Fleisch darauflegen. Kartoffelstroh dazu und mit Finishing-Salz ähhhh... finishen? Oder wie sagt man? Ab auf den Tisch.

Ich brauche:

Schokojus:
dunkle Schokolade
Rinderjus
Rotwein

Kakao-Kartoffelstroh:
Kartoffeln
Kakaopulver, stark entölt

Maronen-Kürbis-Sandwich:
Maronen
Sahne
Salz und Pfeffer
Muskat
Amaretto
Hokkaido-Kürbis

Filet:
Rincerfilet
Aceto baldsamico
Fleur de Sel

Schoko-Olivensorbet in einer Himbeerhippe mit eingelegten Waldbeeren und Bülow Love-Lakritz

Ohhh… Oohhhh… Ooohhhhh-liveeeee! Du meine kleine schwarze Liebeeeee… Dunkel gereift wird mit Dir falsches Spiel getriebeeee… Ach, wüsste meine kleine schmackhafte mediterrane Freundin davon, welch Brüsseler Schindluder mit ihr getrieben wird! Sie würde schamesrot vom Baum fallen. Denn wenn wir in den Supermarktregalen schwarze Oliven in den Warenkorb legen, wer kommt schon darauf, dass etliche (vor allem die günstigeren) von ihnen grün geerntet wurden? Ja, aber wieso sind die dann schwarz…? Weil die Brüsseler Sesselpfurzer Farbstoffe erlaubt haben, schwärzende Eisensalze! So fehlt diesen Oliven genau das, warum ich schwarze Oliven kaufe: das am Baum entwickelte reife Olivenaroma. Warum verkaufen die nicht gleich schwarze Flummis, der Geschmack ist dann der gleiche, aber mit denen können wenigstens die Blagen noch bei Tisch ein bisschen spielen. Meine Empfehlung: Bio-Produkte nehmen, und zwar nicht die von den Geizhälsen Albrecht und Konsorten, sonder richtig welche aus dem Bio-Handel. Ich benutze z. B. sehr gerne Vita Verde Oliven mit Stein im Vakuumbeutel. Die kosten zwar ein bisschen mehr, schmecken aber dafür auch nach Olive statt nach Pirelli-Reifen und wurden tatsächlich so lange am Baum gelassen, dass sie ihr ganzes Wasser in der Sonne des Mittelmeeres verloren haben – für den Rohkostfetischisten auch eine interessante Info, denn Oliven dieser Qualität und Machart muss man nicht mal mehr pasteurisieren!! Übrigens hab ich mich für dieses Rezept von dem wunderbaren Norbert Niederkofler inspirieren lassen, der in Südtirol zeigt, was mit Slow F ood gemeint ist… danke dafür!

No. 1: Schokoladensorbet mit Oliven. Um das gleich noch mal zu betonen: Wir stellen hier kein Schoko-Eis her sondern Sorbet! Das hat auch den V orteil, dass ich mir dafür keine Eismaschine vom Nachbarn leihen muss... 200 g Schokolade (Original Beans Papua Kerafat), ca. 40 g entölten Kakao und 20 ml Olivenöl (möglichst ein intensiv fruchtiges!!) zusammen schmelzen. Dann eine ordentliche Handvoll Rohrohrzucker mit 400 ml Wasser zum Kochen bringen. Zur Schokoschmelze gießen und mit einem Stabmixer sehr gut durchmixen. Die Oliven entsteinen und vierteln und unter die Schokolade heben. Im Eisfach gefrieren lassen, dabei im Frierprozess noch zwischendurch mal umrühren, damit die Oliven nicht zu Boden sinken.

No. 2: Das Eis möchte ich nachher in einer Himbeerhippe servieren. Dazu einfach einen Teil Mehl, etwas mehr als 2 Teile Puderzucker, einen Teil Himbeerpüree (einfach Himbeeren durch ein Sieb streichen) und einen Teil geschmolzene Butter zusammenrühren, kneten und dann dünn auf einem Backpapier aufstreichen. Minimal eine Stunde ruhen lassen und bei max. 160 °C im Umluftherd ein paar Minuten kross backen lassen. Dieser noch warme Teig lässt sich mühelos zu einer runden Hippe formen und wird herrlich knusprig, wenn er abgekühlt ist!

Ich brauche:

<u>Sorbet:</u>
200 g dunkle Schokolade (Papua Kerafat von Original Beans ist mein Favorit hier)
40 g stark entölten Kakao
20 ml Olivenöl, das auch wirklich nach was schmeckt
1 Handvoll Rohrohrzucker
400 ml Wasser

<u>Himbeerhippe</u>
2 Teile Puderzucker
1 Teil Weizenmehl
1 Teil Himbeerpüree (entsteint)
1 Teil geschmolzene Butter

<u>Waldbeeren</u>
Waldbeeren (Blaubeere, Brombeere, Himbeere etc.)
Zucker
Armagnac
Johan Bülow Sweet Liquorice Syrup sowie, falls möglich, Johan Bülow LOVE Liquorice Drops mit getrocknetem Erdbeermantel

No. 3: Waldbeeren mit Zucker und Johan Bülow Sweet Liquorice Syrup in Armagnac ziehen lassen.

No. 4: Zum Schluss eine besonders anspruchsvolle Aufgabe: Johan Bülow LOVE Liquorice quer durchschneiden. Du denkst, dass ist einfach? Probier das mal, ohne die Dose vorher leer zu naschen...

Anrichten: Hippe aufrecht stellen, Schokosorbet einfüllen. Waldbeeren und Lakritzkugelhälften dazu – und, na klar, ab an den Tisch damit.

Dreierlei Mousse mit kleinen Schweinereien: Muskatvanille+Tomate, Kürbiskern+Speck, Schoko+Sauerampfer

Viele vegetarische Hauptspeisen in meinem Buch zu präsentieren fällt mir nicht schwer. Und der Zahlenfuchs hat wohl schon bemerkt: Ziemlich genau ein Drittel der Rezepte in diesem Buch ist rein vegetarisch, allerdings auch dank der Desserts, die naturgemäß allenfalls Gelatine enthalten (darauf hab ich aus lauter Veggie-Philie extra verzichtet!)... Damit ich nicht den Verdacht dogmatischer CO_2-Neutralität erwecke, hab ich mir am Ende noch mal richtig Mühe gegeben, denn eine Nachspeise zu bedenken, die ohne Gelatine trotzdem Fleisch enthält – na, das ist doch mal was! Okay, Heston Blumenthal hatte ja schon vor mehr als 10 Jahren mit Speck-Eis herumexperimentiert, doch ich bin ja auch nur Hobbykoch und erfinde das Geschmacks-Rad nicht neu. Also, Trommelwirbel, Vorhang auf für eine süße Leckerei, die man nur am Weltklimatag nicht unbedingt servieren sollte...

Tobias Sudhoff

No. 1: Dreierlei Mousse – ganz ohne Gelatine… Das ist so eine Sache für sich, denn die unterschiedlichen Aromageber verhalten sich sehr unterschiedlich in unserer Grundlage für Mousse, nämlich Sahne und Eischaum. Darum hier für Euch, ganz kostenfrei, eine „kleine, leicht verständliche Einführung in die Lebensmittelchemie und Physik der Mousse und das Erreichen einer Standfestigkeit bei gleichzeitigem Erhalt einer sanften Cremigkeit" (im Ernst, genau sowas lehre ich als Dozent für Geschmack an meiner Hochschule in Münster – obwohl ich mittlerweile den Verdacht hege, dass meine Studenten in Wirklichkeit nur meine Rezepte haben wollen, denn sobald ich denen ein paar Polymere an die Tafel male, verdrehen die meisten die Augen…): Dunkle Schokolade ist einfach zu verwenden, da muss man allenfalls erpicht sein, dass die Mousse nicht zu fest wird. Muskat-Vanille ist ebenfalls recht unproblematisch, auch wenn ich ein wenig weiße Schokolade verwende, um zu süßen statt schnöden Zucker – weiße Schokolade besteht normalerweise im Wesentlichen aus Kakaobutter (mit überwiegend gesättigten Fettsäuren), Milchpulver (also wieder viel Fett) und noch mehr Palmfett für die Konsistenz… das geht ganz gut qua Konsistenz vorwiegend mit Sahne und weniger von den aufgeschäumten Eiern. Das für die Kürbiskernmousse verwendete Kürbiskernöl enthält allerdings, wie die meisten hochwertigen Nussöle, viele ungesättigte Fettsäuren – da neigen manche Eiweiß-Strukturen, die eigentlich Halt geben sollten, dazu, die Segel zu streichen. Sahne stockt anders als Eiweiße, die einfach grenzflächenaktiv sind – also sich am Wasser im Ei ausrichten und so Luftbläschen einschließen können. In der Sahne ist es das Wechselspiel aus Proteinen, Fetten und der sogenannten Phasenumkehr: Sahne ist eine Fett-in-Wasser-Emulsion, beim Schlagen der Sahne hebe ich Luft dort unter und die Fette verbinden sich um die Proteine herum (darum muss Sahne auch kalt sein, weil sonst das Verhältnis kristallinen und flüssigen Fettes für die Gitterbildung nicht passt!). Durch die Vergrößerung der Fettoberfläche bildet sich quasi beim Schlagen eine „Wasser-in-Fett-Emulsion". Man sollte beim Kürbiskernöl als Moussearomat mehr Sahne nutzen, bei den gesättigten Fettsäuren von Schokolade hingegen kann man den Eiweißanteil für die Geschmeidigkeit in der Mousse erhöhen. Das hat Konsequenzen für das Mischungsverhältnis von Ei und Sahne. Hier meine Vorgehensweise für ca. 6 normale Personen (bzw. 4 US-Amerikaner):

Ich schlage 400 ml Sahne sehr steif, aber bitte keinesfalls so weit, dass sie in die „Butterflockung" gerät. Dann nehme ich 4 komplette Eier, gebe etwas Vanillezucker dazu, (den Ihr bitte gefälligst selber macht als irgendwelchen Industriedreck zu kaufen: einfach Rohrohrzucker und aufgeschnittene Vanilleschoten, deren Inhalt ich in den Zucker gekratzt und intensiv vermischt habe, zusammen in ein Glas legen; nach zwei Tagen schon besser als alles, was Euch Dr. Oetker versucht als Vanillezucker unterzujubeln!, siehe auch im Anhang) und schlage es lange und intensiv auf, es soll eine relativ standfeste Creme entstehen (falls man zu wenig Festigkeit bekommt, kann man es im Bain-Marie unter Wärme weiter schlagen und anschließend beim Abkühlen weiter schlagen).

Ich brauche:

Grundcreme:
400 ml Sahne
4 komplette Eier
Vanillezucker

Schwarze Schoko:
150 g dunkle Schokolade (Beni Wild Harvest)
1–2 kleine Tassen Espresso
Fleur de Sel
Sauerampferblätter

Weiße Muskatcreme:
50 g weiße Schokolade
Vanilleschote
Zucker
Muskatnuss
Cocktailtomate

Kürbiskerncreme:
zusätzlich 200 ml Sahne
20 ml Kürbiskernöl
Zucker
Speck

Das sind meine beiden vegetarischen Grundkomponenten aus denen ich die ersten beiden der drei unterschiedlichen Mousses herstelle:

a) Schokomousse:
150 g dunkle Schokolade mit mindestens 60% Kakao schmelzen – Beni Wild Harvest aus Bolivien ist, glaub ich, von Gottes Hand extra erschaffen worden, um Mousse au Chocolat zu werden – schmeckt zumindest göttlich .. Etwas mehr als 1/3 der Sahne und 2/3 des aufgeschlagenen Eis mische ich in einer Schüssel und hebe nun unter vorsichtigem Rühren die Schokolade unter. Sehr lecker: 10 ml Espresso mit etwas Fleur de Sel zusätzlich unterrühren. Die Konsistenz sollte fluffig weich sein. Wird die Mousse zu fest, noch mehr vom Ei oder flüssige Sahne oder noch etwas Kaffee einrühren. In ein schönes Gefäß portionieren (Likörglas o.ä.) und kalt stellen.

b) Vanille-Muskatmousse:
50 g weiße Schokolade schmelzen. Den Rest der Sahne und – bis auf einen Esslöffel – den Rest vom Eischaum zusammengeben. Weiße Schokolade unterheben und mit nicht zu wenig geriebener Muskatnuss und dem Inhalt einer ausgekratzten Vanilleschote würzen und abschmecken. Für die Süßmäuler in der Küche kann auch noch etwas Zucker dazu. Die Mousse sollte etwa die gleiche Cremigkeit haben, wie die Schokomousse bei minimal weniger Steifheit. Ebenfalls in ein schönes Gefäß portionieren und kalt stellen.

c) Für das Kürbiskernmousse muss ich anders vorgehen:
Ich nehme 200 ml flüssige Sahne und ca. 20 ml Kürbiskernöl sowie etwas Rohrohrzucker und schlage dies zusammen in einem hohen Gefäß auf niedriger Stufe auf. Hier gilt es, besonders aufmerksam den Moment des Ausflockens zu vermeiden – die Konsistenz soll einer locker geschlagenen eher cremigen aber nicht standfesten Sahne gleichen. Darunter hebe ich den zurückbehaltenen Esslöffel vom Eischaum und fülle sie wie auch die andere Mousse in entsprechende Gläser.

Alle drei Mousses ziehen nun noch einmal in ihrem Glas im Kühlschrank in den nächsten Stunden an. Bei der Kürbiskernmousse kann es vorkommen, dass ich zwischendurch noch mal umrühren muss, ich persönlich stelle sie anfangs auch gern erst mal ins Eisfach und hole sie erst kurz bevor sie friert wieder heraus. In jedem Falle hab ich jetzt Zeit genug, mich jetzt um ein paar geile gustatorische Gimmicks zu kümmern: Im Backofen lasse ich pro Person eine halbe Cocktailtomate, deren Kerne und Wasser ich herausgekratzt habe, bei ca. 120 °C trocknen. Nicht zu lange, weil die sonst zäh werden – da hilft es immer ein paar Referenztomaten im Bratenrohr zu haben, an denen ich den aktuellen Zustand kontrollieren kann. Die Tomate anschließend auskühlen lassen. Aus dem Garten oder von der Wiese nebenan hole ich Sauerampferblätter, die ich in neutralem Öl hurtig fritiere – die behalten dabei freundlicherweise ihre grüne Farbe, wenn ich die Temperatur nicht zu hoch (>180 °C) und die Dauer nicht zu lang wähle. Zu guter Letzt nehme ich für jeden Gast jeweils eine sehr dünne Scheibe durchwachsenen Speck und lasse diesen bei niedriger Temperatur aus. Kurz bevor der knusprig gebraten ist, streue ich in die Pfanne etwas Rohrohrzucker und wende im entstehenden Karamell den Speck bis er kross ist – aufpassen, dass der Zucker nicht schwarz wird! Auf Küchenkrepp trockenlegen und auskühlen lassen.

Anrichten: Die drei Gläser stelle ich nebeneinander auf einen Teller (da meine Gäste, ausgenommen ein paar Asiaten, von links nach rechts lesen, beginne ich von links hell nach rechts dunkel…) und stecke – jeweils aufrecht – in die Muskatvanille eine meiner Tomaten, in die Kürbismousse eine Scheibe Speck und in die Schokophase abschließend meinen knusprigen Sauerampfer sowie etwas Fleur de Sel (was sich optisch da super macht und den Schokoladengeschmack noch mal anhebt). Ab auf den Tisch und die erstaunten Ohs und Ahs der Gäste entgegennehmen.

Meine Tochter ist sehr wählerisch, wenn es um Nachspeisen und Süßigkeiten geht. Wenn sie in einem Geschäft von einer Verkäuferin geködert werden soll mit „hier, mein Schatz, für Dich ein Lolli" (ersatzweise auch ein Bonbon, ein Keks), dann schüttelt sie sofort den Kopf – „das mag ich nicht"... Damit treibt sie die Verkäuferinnen und später bestimmt auch den Zahnarzt zur Weißglut. Auch bei Schokolade ist sie mit ihren 6 Jahren ein echter Experte: Milka und dergleichen lehnt sie ab. Nicht weil sie eine verzogene, verwöhnte Göre sei, sondern einfach, weil sie ihre Zunge nutzt und den Unterschied zwischen Plastikaromen und echtem Kakao schmeckt. Und das ist gut so – ich kenne schließlich ein Mittel, mit dem man sie immer kriegt: eine Schokomousse. Da ist sie wehrlos – und wenn man nicht hinschaut, bleibt für die Gäste wieder zu wenig übrig...

Schoko-Mandel-Tiramisu mit Schokomousse und Kirschkompott

No. 1: Am Vortag: Backofen auf 150° vorheizen, Ober-Unterhitze (keine Umluft). Zwei Eiweiß zu Schnee schlagen, 250 g Mandelmehl mit 150 g Puderzucker mischen und das Eiweiß vorsichtig unterheben. Den Teig in drei Portionen teilen und zwischen Klarsichtfolie jeweils dünn ausrollen. Einfacher geht das, wenn man auf eine Teigportion ein Stück Backpapier legt und mit einem schweren, idealerweise runden Holzbrett von oben drückt, so dass aus dem Teigklumpen ein dünner Boden entsteht. Die drei Böden nacheinander im Backofen 10–15 Minuten backen und auskühlen lassen. Bis zum nächsten Tag locker in saubere Trockentücher einschlagen.

No. 2: Für die Füllung drei Eier trennen. Die Eiweiße zu Schnee schlagen. 200 g weiche Butter, die Eigelbe und 50 g Puderzucker mit dem Handrührer schaumig rühren und danach den Eischnee vorsichtig unterheben.

No. 3: Zwei mittlere Tassen Espresso oder anderen starken Kaffee kochen, erkalten lassen und nach Geschmack mit Hochprozentigem mischen, z.B. Amaretto, Weinbrand oder Cognac. Einen der Böden auf eine runde Springform legen und mit einem Drittel der Espresso-Alkohol-Mischung tränken, mit einem Küchenspachtel ein Drittel der Eiercreme auftragen und glatt streichen. Schokolade darüberraspeln. Als Schokolade nehme ich gerne eine Original Beans Papua Kerafat 68 %, einfach grob rüber raspeln. Darauf wieder einen Boden legen, tränken, Eiercreme auftragen und Schokoladenspäne drüber. Ebenso mit dem dritten Mandelboden verfahren. Als oberste Schicht schließe ich mit einer Schicht Schokoladenspäne ab. Die Torte mindestens vier Stunden im Kühlschrank durchziehen lassen. Ich serviere die Tiramisu-mäßige Torte direkt aus dem Kühlschrank.

No. 4: Für das Kirschkompott ein Glas Kirschen abgießen und den Kirschsaft auffangen (in der Saison geht natürlich nichts über frische Kirschen). Zucker in einem Topf karamellisieren und mit Portwein ablöschen. Zusammen mit dem Kirschsaft etwas einkochen lassen. Ich aromatisiere mit Vanille, Zimt und Sternanis. Je nach gewünschter Konsistenz mit etwas in Kirschsaft oder Wasser angerührter Speisstärke abbinden, aber nicht zu fest werden lassen. Nach dem Abbinden den Topf noch etwas auf dem Herd lassen, aber nicht mehr stark kochen. Zuletzt die Kirschen in den Sud geben und ziehen lassen.

No. 5: Unter den unzähligen Rezepten für eine Schokomousse nutze ich hier in Anlehnung an Dieter Müller ein Rezept meines Freundes Falko Jüßen: Dazu rührt man ein Ei und zusätzlich ein Eigelb in einer Schüssel auf dem Wasserbad schaumig. Genau wie bei einem Parfait (siehe Orangenparfait S. 242) muss die cremig gewordene Masse dann im kalten Wasserbad kalt geschlagen werden. Ungefähr 180 g dunkle Schokolade lauwarm schmelzen und zugeben. Mit Rum, Crème de Cacao, Nussbrand, Cognac oder anderen Alkoholika abschmecken und schnell verrühren. Dann 300 ml steif geschlagene Sahne mit dem Schneebesen unterheben und im Kühlschrank zugedeckt (nicht neben dem Knoblauch) mindestens zwei Stunden durchkühlen.

Anrichten: Das schön durchtränkte Schoko-Mandel-Tiramisu in Scheiben schneiden. Die Schokomousse in Gläsern anrichten und mit dem Kirschkompott nappieren. Mit etwas Glück bleibt auch genug nach dem Naschen übrig, dass man noch etwas an den Tisch bringen kann…

Ich brauche:

Teigplatten:
2 Eiweiß
250 g feines Mandelmehl
150 g Puderzucker

Creme-Füllung:
3 Eiweiß
3 Eigelb
200 g weiche Butter
50 g Puderzucker

Feuchte Phase des Tiramisus:
2 Espressi
Amaretto
Cognac
dunkle Schokolade (Original Beans Papua Kerafat)

Kirschkompott:
Kirschen im Glas
Zucker
Portwein
Vanille
Zimt
Sternanis
Speisestärke

Schokomousse:
1 Ei
1 Eigelb
180 g dunkle Schokolade
Rum
Crème Cacao
Nussbrand
Cognac
300 ml Sahne

Maria Büning

Fleischeslust? Saugut!...

Tobias Sudhoff

Nein, ich gehöre nicht zu jenen Vertretern, die fröhlich vegan auf Tofu-Substitutions-Imitaten mit Walnussparmesan rumkauen (ja, solche entsetzlichen Ersatzprodukte muss man wohl essen, wenn man vegan leben will...). Menschen, die total glücklich sind – weil es ihnen ja „sowas von total gut geht, seit sie ihre Ernährung umgestellt haben" – und die von irgendwie sehr weit oben herab den ethischen Versager gegenüber anglotzen wie einst die Missionare die hübschen Frauen des Stammesfürsten... (Falls einer der Leser ihn noch nicht kennt, hier mein Lieblingswitz zu dieser Fraktion: Woran erkennt man einen Veganer? Er sagt es Dir!)
Ich esse gerne authentisch und ich stehe dazu: Ich esse halt einfach gerne auch ein schönes Stück Fleisch. So richtig echt von einem Tier. Das mal gelebt hat. Ich bin mir der ethischen Problematik des Fleischkonsums sehr bewusst. Wenn ich mir also Fleisch zubereite, dann gilt für mich vor allem eines: Wenn ein Tier für meinen Genuss gestorben ist (statt von einer Krankheit dahingerafft oder vom Fressfeind gerissen zu werden... man sieht: auch die natürlichen Möglichkeiten des Ablebens sind nicht besonders sexy – wie man es auch dreht: der Tod will einfach nicht sexy werden...), dann sollte dieses Wesen vorher ein richtig duftes Leben gehabt haben.
Und wie kann der Konsument da sicher-gehen? Er sollte vorher mal mit dem Tier gesprochen haben! Ich für meinen Teil mache das recht häufig. Ich kenne meine Bauern, denen ich vertraue. Jaja, klar, das sind nur sehr, sehr wenige. Aber es gibt sie, diese Menschen, die ihrem „Nutzvieh" ein Leben ermöglichen, das würdig ist (man will ja schließlich würdig essen!) und ein Leben, das offensichtlich richtig Spaß macht. So etwas kann man nur erfahren, wenn man vor Ort Schwein, Huhn, Kaninchen, Gans oder Rind auch wirklich mal gesehen hat. Mein Lieblingsbauer ist eine Bäuerin. Sie heißt Maria Büning und ihr Neuland-zertifizierter Hof liegt im Münsterland bei Laer. Es ist ein Naturlandhof auf dem man getrost neue Folgen der Kinder von Bullerbü drehen könnte. Es riecht nach Bauernhof. Und ich meine damit jetzt nicht den Gestank aus vergülltem Schweinescheiß. Vielmehr riecht es nach Tieren. Nach Erde. Nach Natur. Nach Arbeit. Zwei quirlige Hunde springen zwischen alten Nutztierrassen umher: Vorwerkhühner, Kühe und Rinder („Rotes Höhenvieh") und ganz oben an die einst fast ausgestorbenen bunten Bentheimer Schweine. Hier entsteht keine Gülle, sondern richtiger Mist, der wieder auf die Felder kommt, auf denen das Futter für sie wächst. Kreislaufwirtschaft nennt man das – für unsere Hühner- und Schweine-KZ-Wärter der Massentier-vernichtungsanlagen ein unaussprech-liches Fremdwort. Wen man hier in diese idyllische Welt eintaucht, bekommt man feuchte, neugierige Schweinerüssel entgegengestreckt. In den Gattern suhlen hunderte davon, liegen glücklich und faul in der Sonne, kebbeln sich mit den Hunden oder spielen untereinander. Schweine sind sehr intelligente Tiere, mitunter intelligenter als diejenigen, auf deren Teller sie dann landen.

Tobias Sudhoff

Dazwischen die zufriedene Chefin, tiefblaue Augen wie der westfälische Himmel (gut, nur zwei, dreimal im Jahr), ihre weißen Haare zum Pferdeschwanz gebunden und mit einem zupackenden Gemüt. Es gibt nichts Gutes außer man tut es. Das merkt man schon beim Händedruck, der Stolz und Kraft hat. Maria Büning setzt nicht auf die Supermärkte, auch nicht auf die regionalen Vertreter. Sie vermarktet ihre Tiere selbst. Und das ist wörtlich zu nehmen – mit ihrem kleinen weißen Fiat-Transporter steht sie selber auf den Märkten der Region – auf dem Münsteraner Wochenmarkt oder im nahegelegenen Nottuln. Die Kunden wissen die Qualität, die glückliche Tiere liefern, zu schätzen, und so braucht Maria Büning keine große Werbung zu machen. Das ist auch nicht ihr Ding. Wer gut essen will, findet den Weg von alleine zu ihr. Maria ist klug, nicht akademisch, eine fleißige Arbeiterin an der Front der guten Ernährung. Im Gespräch merkt man schnell: Sie ist dabei eine Frau, die fragt und hinterfragt, ein Mensch, der sich die Neugierde bewahrt hat. Wie scheinbar auch ihre Tiere – und Neugierde ist ein untrügliches Zeichen für deren glückliches Gemüt, ganz im Hier und Jetzt.
Wenn ich auf Marias Hof meine Nase in den westfälischen Wind recke und dem Grunzen und Gackern und Muhen lausche, dann kommt in mir sofort die Lust auf, einen Grill aufzustellen. So ein Bentheimer Nackensteak ist unvergleichlich schmackhaft, da reicht einfaches Fleur de Sel zum Finishing und alles ist gut... Oder ein Roastbeef – erst sous vide auf 52 °C Kerntemperatur gebracht und dann für die Röstaromen noch mal auf den Rost über die heißen Kohlen gelegt – was will der Fleischeslüstige mehr!

Von der Weide über die Gatter und Ställe geht es dann weiter in die Schatzkammer des Hauses. Keine vergänglichen Werte wie Gold und Diamanten locken dort. Nein, in den Reifekammern hängen die Schinken zur Lufttrocknung ab, genauer gesagt: sie ruhen. Zufrieden baumeln sie von der Decke herab und so bleiben sie mindestens ein Jahr auch hängen, denn nur so bekommt der Bentheimer Schinken sein wunderbar nussiges Aroma. Bentheimer Schweine haben viel Speck, das Fett wird zwischen den Faszien eingelagert und sorgt für einen herrlichen Schmelz, der die Fitness-Studio-DiätantInnen in Panikattacken treibt. (Gut so, denn die sollen meiner Tafel sowieso fernbleiben. Die können sich

Tobias Sudhoff

meinetwegen von einem missionarischen Veganer einladen und es dann mit Volvic oder Evian mal so richtig krachen lassen …). Der Schinken hat nach dem Anschnitt eine glänzende und würzige Oberfläche und das Fleisch schmilzt beinahe im Mund. Fast hätten es die Einheitsgenetiker der Schweinezucht geschafft und uns wäre dieser Genuss für immer verwahrt geblieben – doch zum Glück gibt es Menschen wie Maria Büning, die nicht auf unnatürlich schnelles Wachstum, sondern auf Qualität aus sind. Und so dürfen sich die Bentheimer Schweine auf dem Arche-Naturhof Büning weiter suhlen und langsam, dem natürlichen Tempo guter Qualität, sich auf Schlachtgewicht schnabbeln (ich sage nur „Slow Food", hihi). Und in dieser völlig natürlichen Umgebung stellt sich bei mir ein seltsames Gefühl ein: Ein gutes Gewissen beim Fleischessen. Wer das einmal erfahren hat, wird nie wieder im Supermarkt ein abgepacktes Stück Elend kaufen. Wer diese Luft geatmet hat, der wird diesem Charme und dieser Idylle für immer erlegen sein. Ich wünschte mir viel mehr Maria Bünings für diese Welt …

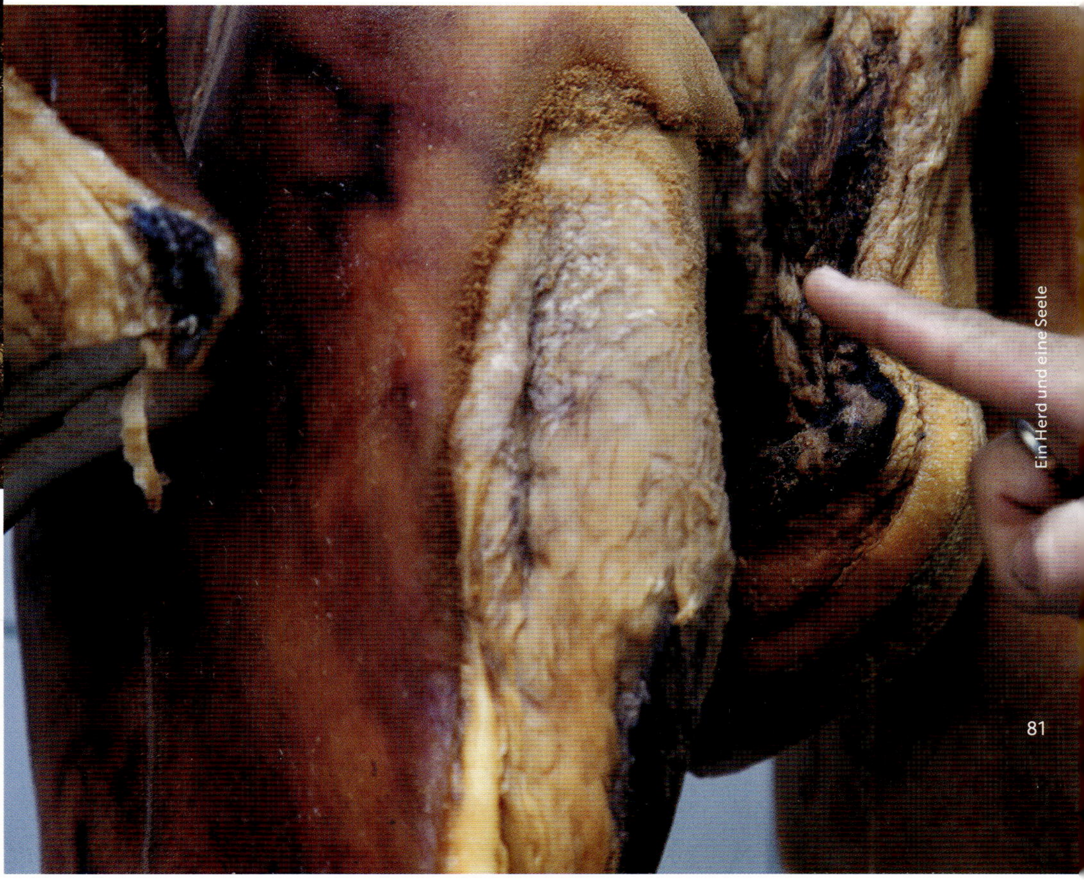

„Amaretto is'n geiles Zeug… ich bin schon lull und lall…" Die ehemalige Begleitband von Nina Hagen „Spliff" widmete ihren wohl größten Hit einer italienischen Spezialität, die dem reisefiebrigen, italophilen Deutschen der Kohl-Ära (für die jüngeren Leser unter Euch an dieser Stelle: Es ging nicht um den Kreuzblütler Kohl, sondern um den gleichnamigen Kanzler, der zwar Kohl hieß, aber wie „Birne" aussah und von dem wir als Kinder dachten, der wäre schon immer da gewesen, noch vor dem lieben Gott…) feuchte Träume bereitete: der Spaghetti carbonara. Im Prinzip einfach Spaghetti mit Ei und einer Pancetta- also Specksauce. Nun sind Kohl und fette Saucen (und umgekehrt) thank god lange passé. Die traumhafte Kombination von Speck, Ei, Sahne und Spaghetti aber blieb uns erhalten, hier in der Pimp-Version mit einem Onsen-Ei. Wass'n das? Onsen sind warme Wasserquellen in Japan, die zufälligerweise genau 64,2 °C haben. Bei genau dieser Temperatur stockt Eiweiß, bleibt aber das Eigelb wunderbar flüssig, weshalb man in diesen Quellen traditionell auch Eier gart, währen man badet… Ich verwende nicht das ganze Ei, sondern puhle zum Schluss vorsichtig nur das Eigelb heraus, das auf diese Weise eine hauchdünne Schicht um sich als Verpackung bewahrt und innen herrlich cremig-flüssig bleibt. Ein einfacher Effekt aus der Molekularküche, der aber genau hier ungeahnte Tiefenwirkung entfaltet! Und wer dann noch ein Trüffelei (siehe Anhang ab S. 250) verwendet, der wird mit dieser Version der Spaghetti carbonara auch ganz ohne Amaretto lull und lall…

Spaghetti carbonara mit Onsen-Ei

No. 1: Los geht's mit der Sauce: Durchwachsenen Speck anbraten, wenn genug Fett ausgelassen ist, Zwiebeln dazu. Rühren. Rühren. Rühren. Wenn der Speck ein wenig beginnt, Rauch zu werfen, mit Sahne, Weißwein und Noilly Prat ablöschen. Einköcheln lassen und dann durch ein Sieb die Sahnesauce mit ihrer rauchig-speckigen Note umfüllen und würzen. Mit Salz, Muskat, gerne auch etwas Zitronenzeste. Eckart Witzigmann schmeisst auch noch etwas blanchierten Porree in den Saucentopf. Wem Süße fehlt, der kann ein bisschen Aceto balsamico zufügen. Ich persönlich reibe in der Saison auch immer Weißen Trüffel in die Sauce! Einkochen und warm halten.

No. 2: Onsen-Ei: Ei komplett in der Schale in den Sous-vide-Kocher, bei 64 °C rund 40 Minuten garen. Dann aufschlagen und vorsichtig mit einem Löffel das Eigelb vom Eiweiß befreien. Bei ca. 40 °C warm stellen.

Ich brauche:

Specksauce:
Speck
Zwiebeln
Sahne
Weißwein, Noilly Prat
Salz, Muskat, Zitronenzeste
Aceto
Falls zufällig zur Hand: Weißen Trüffel...

Onsen-Ei:
Eier...

Speck:
gut durchwachsenen, abgehangenen Speck oder Schinken

Spaghetti:
Na was wohl....
Zum Schluss: Noch mal, falls zur Hand, reichlich Trüffel...

No. 3: Während das Onsen-Ei gart, Speckscheiben (durchwachsen) sehr dünn schneiden und unter ständigem Wenden kross braten. Es darf nirgendwo zu dunkel werden (bitter!). Alternativ kann man auch sehr dufte fetten Schinken – gerne den süßlichen Parma oder einen luftgetrockneten Bentheimer – verwenden. Schmeckt noch edler.

No. 4: Jetzt die Spaghetti kochen. Das schafft Ihr ganz ohne Anleitung! Sepiaspaghetti mit den einfachen hellen zusammen sehen extrem dufte aus!

Anrichten: Spaghetti zu einem kleinen Nest formen, Specksauce drübergießen, gebratenes Speckstück aufrecht in die Nudeln stecken, Onsen-Eigelb daneben, wer noch Trüffel über hat, hobelt ein paar Scheiben davon zusätzlich drüber und ab auf den Tisch.
Der Gast soll das Eigelb aufstechen, so dass es schön über die Spaghetti fließt und sich beim weiteren „Einnudeln" mit der Specksauce mischt. Ehrlich: Ziemlicher Zungenporno.

Anmerkung: Optisch nicht ganz so schick, aber state of the italian art: Die Nudeln erst 5 Minuten ankochen und anschließend in der fertigen Specksauce fertig garen. Tatsächlich ist dies eine Technik, mit der man die ansonsten ja faden Nudeln mit Geschmack geradezu flutet und darum üblich in den besseren Küchen der Azzurros… Übrigens verwendet man im Original der Carbonara mitnichten Sahne – aber die Tradition kann mich gerne mal, wenn es denn so doch viel leckerer schmeckt!

Presa vom Bentheimer mit Boletus und Lauch-Kartoffelpüree

Der einzige Vorteil, den das herbstliche Kackwetter in Westfalen einem bietet, sind die nassfeuchten Eichen- und Kiefernwälder. Dort nämlich gedeiht genau dann, wenn man sich ohne Antidepressivum eigentlich nur noch zum Winterschlaf ins Bett einrollen mag, der *Boletus edulis*, auf Deutsch Eichen- oder Königssteinpilz genannt. Er motiviert uns Hobby-Herd-Helden mitsamt Körbchen und Messerchen in den Wald zu gehen und durchs Unterholz zu kriechen. Nun bin ich als Kabarettist und Musiker ja einer von denen, die sich weltoffen und linksliberal gerieren. Ich freue mich ehrlich über alle positiven Einflüsse, die Ausländer und andere Kulturen nach Deutschland bringen. Und in Westfalen wie auch in etlichen anderen ländlichen Gegenden der Republik wünscht sich ja schon der Evolutionsbiologe in mir nach zehntausenden Jahren unveränderten Genpools (wie sagt der Kollege von Hirschhausen – dort verlaufen einige Stammbäume im Kreis?) neues genetisches Material – Stichwort Variabilität... Aber ich gebe es hier an dieser Stelle zu: Der Pilzsammler in mir ist ein ganz mieser Nationalist – einfach weil die Deutschen selber keine Ahnung von Pilzen haben. So bleibt mehr für mich im Wald stehen. Was soll unsereins als Künstler denn auch machen – von manch einem Auftritt komme ich doch erst nach Hause, wenn Weißrussen und Polen mitsamt ihrer zehnköpfigen Familienarmee schon längst wieder mit Taschenlampen den kompletten Wald okkupieren und komplett leer räumen... Die sind nämlich leider echte Pilzprofis. Das gehört zu deren Kultur. Pech für mich. Und ich komme dann müde am frühen Mittag in den Wald und finde nur noch die abgeernteten Stümpfe und geradezu gehässige Steinpilzschnipsel, die verwurmt waren und die man mir, dem etwas weniger ehrgeizigen Konkurrenten aus Deutschland, hingeworfen hat, als wolle man mir sagen: „Hier, das ist für Dich Langschläfer gut genug."
Ihr, liebe Leser, habt längst durchschaut, was in Wirklichkeit da mit mir los ist – ich bin schlichtweg neidisch...
Hier darf der Pilz heute mal ein Tänzchen wagen mit einem seltenen Schnitt aus der Schweineschulter – dem Presa. Ja, das wird in etwa so ausgesprochen wie die Verhüterlis, ist aber in Wirklichkeit spanisch. Es gibt dank der Iberer nämlich beim Schwein großartige Cuts wie Presa, Secreto und dergleichen mehr, die sich auch hier wachsender Beliebtheit erfreuen. Wer das einmal probiert hat, braucht kein Schweinefilet mehr. Presa ist durchzogen mit winzigen Fettadern, die sich beim Braten auflösen und es hat kaum Bindegewebe. Für mich – ehrlich – das leckerste Stück am Schwein!

Tobias Sudhoff

No. 1: Lauch-Kartoffelpüree – mit einem ziemlich geilen, kleinen Trick aus Sudhoffs privatem Zauberkasten: Kartoffeln in Salzwasser weich kochen (ich bevorzuge auch beim Püree festkochende Sorten) und mit reichlich Butter stampfen. Lauch oder Lauchzwiebeln schneide ich in dünne Ringe und blanchiere sie kurz. Die kommen dann auch in das heiße Kartoffelpüree, ziehen darin. Dann nehme ich meinen Trüffelhobel und hoble hauchdünn möglichst kleine, kompakte, noch junge Steinpilze in das Püree. Der Effekt ist so verblüffend, dass ein befreundeter Gastronom (Bernd Ahlert), der eines der besten Häuser Westfalens sein Eigen nennt, mir nicht glauben wollte, dass ich keinen Weißen Trüffel in das Püree gegeben hätte. Tatsächlich ist frischer, roher Steinpilz genausogut geeignet, gehobelt zu werden und er verbreitet ein beinahe ebenso feines, waldiges Aroma. Unser Püree hat jetzt richtig Flügel bekommen – bevor es wegfliegt, schnell noch mit Salz abschmecken und Deckel drauf. Warm stellen.

No. 2: Presa salzen und in der Pfanne von allen Seiten gleichmäßig braun anbraten. Bei 120 °C kommt es dann in den Backofen und bleibt dort, bis die Kerntemperatur 65 °C erreicht hat. Ihr merkt es schon: Das Fleisch wird möglichst pur gelassen, kurz vor dem Servieren, wie man Neudeutsch sagt, gecuttet und Finishing-Salz drüber, gut is. Alles andere bedeutet nur „verschlimmbessern".

No. 3: Für die Pilzsauce schneide ich ausreichend Steinpilze in schmale Scheiben, reibe sie dünn mit Aceto balsamico ein und brate sie in Butter zusammen mit ein paar feingehackten Schalotten an. Sobald die Pilze braune Farbe annehmen, mit etwas Weißwein und Noilly Prat ablöschen und einkochen lassen. Dann Sahne drübergießen, noch mal Noilly Prat und Weißwein und etwas Aceto balsamico sowie ein wenig Zuckerrübensirup dazugießen. Dann reibe ich reichlich Parmigiano reggiano durch eine dünne Microplane in hauchdünne Späne und lasse diese in der Sauce schmelzen. Abschmecken und ggf. mit weiterem Noilly Prat aufgießen. Ihr könnt auch alles andere, was Ihr gerne in Pilzsaucen habt, dazugießen – Cognac oder Sherry, Muskatnuss oder Pfeffer, Rosmarin oder Oregano – macht doch einfach, was Ihr wollt. Hauptsache es schmeckt.

No. 4: Ich stelle selber einen Jus-Sirup her – dazu einfach Rinderjus mit Aceto balsamico auf Sirupkonsistenz einkochen. Warm stellen

No. 5: Weitere Steinpilze in Scheiben schneiden und mit Aceto und Schalottenwürfelchen in Butter schwenken. Wenn sie schön bräunen, mit Fleur de Sel würzen, ggf. etwas bunten Pfeffer und warm halten.

Anrichten: Im Metallring einen Kartoffelpüreeturm auf die eine Seite des Tellers bauen. Weiteren hauchdünnen Boletus großzügig darüberhobeln.
Dann das Fleisch gegen die Fasern in fingerdicke Scheiben schneiden, mit Fleur de Sel würzen und auf den Teller legen. An und etwas über das Fleisch die Sauce nappieren. Zusätzlich den gebratenen Pilz unregelmäßig über den Teller verteilen. Zum Schluss in dünnen Fäden etwas von dem Jus-Sirup darübergießen.
Und dann nix wie ab auf den Tisch. Ach ja – vorher in der Küche noch schnell heimlich die Schnittreste vom Presa schnabulieren…

Ich brauche:

Boletus-Kartoffelpüree:
Kartoffeln
Salz
Butter
Lauch
sehr junge Steinpilze
Fleur de Sel

Presa:
Presa
Fleur de Sel/Salz

Pilzsauce:
Steinpilze
Aceto balsamico
Schalotten
Weißwein, Noilly Prat
ggf. Zuckerrübensirup
Parmesan
ggf. Kräuter und mehr

Jus-Sirup:
Aceto balsamico
Rinder- oder Kalbsjus

Steinpilze:
Steinpilze
Aceto balsamico
Schalotten
Fleur de Sel

Schweinenacken gegrillt und geschmort, mit Wirsing-Kartoffel-Stampf und Möhren im eigenen Saft

Auf den Wiesen riecht es wieder sehr nach Glut und Fauna. Auf den Balkonen zischt es nitrosaminig, die Nachbarn verschwinden in einem herrlich nach Marinade duftenden Nebel und zünden dabei gleich noch mit Brennspiritus sich selber oder wahlweise ihr Haus an… Keine Frage: Die Grillsaison ist eröffnet. Und ja, liebe Vegetarier, Ihr habt ja recht, auch Gemüse auf dem Grillrost schmeckt lecker, ich mach mir ja selber gerne mal ein Früchte-Teriyaki. Aber wenn alles um mich rum bei über 20 °C halbnackt rumläuft, der Spargel wächst und die Glut unter dem Grillrost fackelt, dann packt mich die pure Fleischeslust. Und wie das Eichhörnchen denke ich dann schon an den Wintervorrat – denn ich grille mir da im Sommer schon ein paar Schweinenackensteaks, schön mit gekreuzten Streifen vom Rost und frier mir die ein. Dann, mitten im Winter, serviere ich mit diesem Rezept den Gästen ein Stück Fleisch, bei dem man noch die schönen Streifen vom Grillrost sehen und die fernsommerlichen Grillaromen riechen kann.
Übrigens: Die Möhren wirken vielleicht zunächst etwas unscheinbar, sind aber dank dieser simplen Zubereitung (so gut wie ohne Kochflüssigkeit) geschmacklich ein echter Gustations-Hammer. Die Zubereitung funktioniert auch für viele andere Gemüse, z.B. Fenchel, Rüben oder Rettich.

No. 1: Dieses Gericht sollte man am besten in einer großen Menge vorkochen. Daher so viel Schweinenacken verwenden wie in ein möglichst tiefes Backblech oder in eine große Backofenform passen. Den Schweinenacken in dicke Scheiben schneiden und auf dem Holzkohlegrill bei direkter Hitze von beiden Seiten ordentlich anbraten. Der Gag: Das Ganze wandert später auch noch in den Backofen. Die angegrillten Stücke vom Schweinenacken schräg nebeneinander in ein möglichst tiefes Backblech legen (oder in eine große Backofenform). Für die Schmorflüssigkeit weiche ich getrocknete Steinpilze in Wasser ein, gebe sehr viel angedrückte Wacholderbeeren hinzu (nicht ein oder zwei wie immer in den Rezepten steht, sondern wirklich etliche) und ebenfalls ordentlich Lorbeerblätter, sowie Pfeffer und Salz. Ich schwitze Zwiebeln in einem Topf an und gebe die Einweichflüssigeit mit den Steinpilzen hinzu, sowie ein paar beherzte Schlucke roten Balsamico. Je nach Laune gebe ich auch noch stückige Tomaten oder sogar Tomatenmark dazu (das Tomatenmark dann auch mit anbraten), das verbessert die Konsistenz der späteren Sauce und rundet den erdigen Geschmack gut ab. Alles aufkochen lassen und vom Herd nehmen.

No. 2: Die Schmorflüssigkeit über den Schweinenacken gießen. Aber mengenmäßig nicht übertreiben, das Fleisch sollte nicht komplett schwimmen, es gibt ja auch selbst noch Flüssigkeit ab. Kräftig mit Salz und Pfeffer würzen, mit Alufolie bzw. einem Deckel abdecken und im Backofen bei mittlerer Temperatur (z.B. 120–160°) langsam durchschmoren lassen. Bei der relativ geringen Temperatur dürfen es dann schon zwei bis drei Stunden sein; zwischendurch mal mit einer Gabel einstechen, ob das Fleisch weich ist. Man sollte sich nicht zu viele Sorgen machen, dass man das Fleisch zu lange drinlässt, dank des Fettgehaltes trocknet Nacken nicht schnell aus. Man will hier vor allem nicht das Kurzbrat-Mundgefühl haben, wie man es von der gegrillten Variante her kennt, sondern wirklich sehr weich geschmorte Steaks haben. Wenn alles klappt, braucht man am Ende kein Messer für das Fleisch...

No. 3: Das fertige Fleisch aus dem Schmorsud heben und diesen bei starker Hitze reduzieren. Das Fleisch mit dem abgeschmeckten Sud übergießen und später in tiefen Tellern servieren. Ähnlich wie bei den geschmorten Kalbsbäckchen (siehe S. 234) streue ich gerne noch Gremolata (Knoblauch, Petersilie kleinhacken und Zitronenzeste dazureiben) über das Fleisch.

No. 4: Für den Wirsing-Kartoffel-Stampf koche ich wenige Kartoffeln (der Wirsing soll klar dominieren) und zerdrücke sie mit einer Gabel, ggf. mit etwas Butter. Inzwischen den Wirsing in feine Streifen schneiden (den Strunk nicht verwenden), in kochendem Salzwasser blanchieren, und in Eiswasser abschrecken und abtropfen lassen. Nun in einem Topf in Butter eine große Menge Salbei erhitzen und ordentlich frischen Knoblauch durchpressen und zugeben. Mit dem Wirsing und den Kartoffeln vermengen und mit Salz und Pfeffer abschmecken. Wie gesagt, es sollte ein Wirsing-Kartoffel-Stampf sein und kein Kartoffel-Wirsing-Stampf...

Ich brauche:

Schweinenacken:
Schweinenacken
getrocknete Steinpilze
Wacholderbeeren
Lorbeerblätter
Salz, Pfeffer
Zwiebeln
Aceto balsamico
Tomaten (Mark)

Gremolata:
wie bei den Kalbsbäckchen
Petersilie, Knoblauch, Zitronenzeste

Wirsing-Kartoffel-Stampf:
Wirsing
Kartoffeln
Salbei
Butter
Knoblauch
Salz, Pfeffer

Möhren:
Möhren
Butter
Olivenöl
weißen Balsamico
Pernod
Salz, Pfeffer
ggf. Zucker
Basilikum
Parmesan

No. 5: Die Möhren bereite ich sozusagen im eigenen Saft zu, statt sie wie sonst in Wasser zu kochen. Wichtig ist ein nicht zu hoher Topf mit Deckel, damit schöner Dampf im Topf entstehen kann. Ich schneide die Möhren in nicht zu kleine Rauten bzw. lasse kleine Möhren sogar ganz, denn am Ende möchte ich bei den Möhren noch einen schönen Biss haben, als Kontrast zu dem weichgeschmorten Fleisch und dem Wirsing-Kartoffel-Stampf. In dem Topf erhitze ich einen Stich Butter mit einem ordentlichen Schluck Olivenöl. Zusätzlich gebe ich noch etwas weißen Balsamico zu und evtl. eine Winzigkeit Pernod. Insgesamt sollte man aber nur eine kleine Menge Flüssigkeit im Topf haben. Die Möhren zugeben, mit Salz, Pfeffer und mehreren Prisen Zucker würzen. Zugedeckt bei mittlerer Hitze (es sollte Dampf entstehen) langsam bissfest garen. Dabei zwischendurch die Festigkeit der Möhren prüfen, aber den Deckel nicht zu oft auf- und zumachen. Die fertigen Möhren mit klein geschnittenem Basilikum und mit etwas von der sirupartigen Garflüssigkeit vermischen und mit Parmesan und schwarzem Pfeffer servieren.

Anrichten: Fleisch zentral am Wirsing-Stampf, Sauce nappieren und Karotten dazu – also eigentlich so klassisch, dass man es gar nicht erklären muss ... ab an den Tisch, mit Keyboard und Trompete servieren und hinterher bei Tisch gemeinsam „All of me" singen.

Peter van Nahmen

Der sortenreine Saftladen

Tobias Sudhoff

Tief im Westööön, dort wo eine eigene Variation der Spezies *Homo sapiens* untereinander munter sprachflatulierend, traditionsverbunden und dem Fremden sehr skeptisch gegenüber haust, dicht an den flachen, niederen Auen des Rheins gedeiht zwischen Wesel und Bocholt eine, nun, wie soll ich sagen, eine Art Stadt. Flächenmäßig sehr groß, geradezu riesig. Aber es wohnt dort kaum einer. Man erkennt an dieser Stadt sofort: Der Niederrheiner scheint vom Aussterben bedroht zu sein. Ich spreche von der Stadt Hamminkeln. Ja, die gibt es wirklich. Um sich mal ein Bild zu machen: Flächenmäßig ist Hamminkeln etwas mehr als halb so groß (!) wie München. Aber in München leben etwa 60 mal (!!) mehr Menschen!

Wenn der Niederrheiner etwas, oder noch schlimmer, einem Fremden begegnet, so hält er ganz entgegen seinem Naturell durchaus mal seinen Sabbel und schaut mit ernster, misstrauischer Miene irgendwohin. Ich hatte mal einen Auftritt in der Region, in einer Zeit vor den Navigationsgeräten (ja liebe Kinder, sowas gab es mal; da gab es Karten aus Papier, die man auffalten und dann lesen musste…). Ich hatte mich verfahren und wusste nicht mehr weiter, fuhr kreuz und quer durch die Stadt, Soundcheck in einer halben Stunde und es waren schon damals ab 18 h die Bürgersteige hochgeklappt und keine Menschenseele weit und breit. Endlich sah ich einen Niederrheiner am Straßenrand, fuhr zu ihm und ließ – swwsssssssst – mein Fenster runter: „Entschuldigen Sie bitte, ich muss zum Hotel Sowieso, da gibt es einen Festsaal, in der Soundsostraße – können Sie mir bitte sagen, wie ich da hinkomme?" Der Typ mustert mich gefühlt eine Minute lang von oben nach unten ohne auch nur zu atmen, um dann unvermittelt zu antworten: „Wieso, was wollen Sie denn da?".

Dort in Hamminkeln liegt etwas versteckt hinter einer kleinen Dorfkirche inmitten der beschaulichen Ruhe eine schnuckelige, klinkerverbaute Fabrik, in der fleissige Bienen, sowohl menschliche als auch im wahrsten Sinne des Wortes die Insekten, für ein Produkt sorgen, das ich ohne Umschweife als „sensationell gut" bezeichne. Einfach sehr sehr geil. Ach was – noch viel geiler.

Es ist ja nun mal so, dass manch einer auf das Glas (…die Gläser…) Wein beim Essen verzichten muss. Vielleicht tut manch einer das sogar freiwillig – obwohl, nööö, vergiss es, sowas will ich mir gar nicht vorstellen. Also bleiben wir mal bei denjenigen, die dazu gezwungen sind, sei es, weil sie schwanger geworden sind, sei es, weil sie ihr maximales Lebens-Kontingent an Alkohol für die leider nur in einer Ausführung im eigenen Körper vorhandene Leber schon weit über alle Maßen ausgeschöpft haben, oder weil sie der Fahrer des Abends für die ansonsten sich munter zuschüttenden Gäste sind, oder, hahaaa, weil ihr „lieber Gott" es Ihnen verbietet (was ist an solch einem Gott bitte lieb? Ein Grund mehr, dem Atheismus den Vorzug zu geben) – wie auch immer: Bisher bedeutete das in Restaurants fast immer: „und für Sie dann ein Wasser…?". Wasser. Au Backe. Das trinkt man nach dem Joggen. Oder morgens nach dem Aufstehen, weil es so gesund ist. Oder während des Gespräches für den Kreditantrag bei der Bank, weil die selbst für das Kaffeepulver im Wasser zu geizig sind. Liebe Leute, man verschenkt zum Geburtstag keine Flasche Wasser, schon gemerkt? Warum wohl? Weil blöde, öde, gähn, langweiliiichhh!!! Wasser schmeckt nach nix, es gibt am Esstisch an Wasser nix zu genießen – wenn es nach etwas schmeckt, dann ist was drin, was da nicht rein gehört!!! Was also bitteschön soll ich im Restaurant mit beschissenem Wasser? …gut, ich beruhige mich wieder.

Kommen wir zurück nach Hamminkeln: Dank dieser kleinen Fabrik dort geht es nun meiner Leber deutlich besser. Genauer gesagt dank der Beharrlichkeit eines Umweltpioniers, der diese kleine Fabrik in der vierten Generation führt. Peter van Nahmen ist ein bescheidener, ruhiger, ausgesprochen höflicher Mittvierziger, eher grazil in seiner Gestalt, mit klugen, wachen Augen hinter einer zeitlos modernen Brille. Im Gespräch hört er genau zu, und seine ruhige Art weicht nur manchmal der Freude und Begeisterung – nämlich immer dann, wenn er über das Thema seines Lebens spricht. Peter van Nahmen produziert nämlich in seiner kleinen Fabrik mit rund 30 Mitarbeitern Saft. Saft? Genau. Saft. Aber nicht irgendeinen Saft, sondern sortenreinen Saft von verschiedensten, mitunter bedrohten Obstarten. Und kitzelt dabei Aromen aus der Frucht, die man sonst allenfalls in sensorisch komplexen Getränken wie Wein oder Whisky verorten würde. Um Dir, dem geneigten Leser mal ein Bild zu geben, wovon ich hier spreche: Ich habe mal zum Spaß eine Flasche „van Nahmen - Konstantinopeler Apfelquitte" drei befreundeten Weinexperten, darunter einem Sommelier, eiskalt und ohne dass sie die Flasche sehen konnten, in ihre Weingläser geschenkt und einfach nix gesagt. Sofort diskutierten die drei, Südfrankreich, Süßwein, niedriger Alkohol, nein, Sauternes, Barsac, ach Unsinn, könnte ein Elsässer sein... Als ich denen anschließend die Flasche auf den Tisch stellte und meine drei Experten bemerkten, dass sie da gerade einfach nur ein Glas Apfelsaft getrunken hatten, herrschte

Tobias Sudhoff

zunächst betretenes Schweigen. Dann aber wurde diesem Getränk begeistert applaudiert – und alle drei kaufen seither freiwillig (!) Peter van Nahmens Säfte. Ich selber habe sie in meinem Weinkeller in den Regalen zwischen den Rieslingen stehen. Und wenn ich, wie ich es mir meiner Leber zuliebe angewöhnt habe, ein- bis zweimal in der Woche komplett auf Alkohol verzichte, dann gehe ich in den Keller und öffne mir eine dieser Saftflaschen. Und mache es genau wie bei einem Wein, schenke sie selbstredend in ein Weinglas ein, schwenke dieses und erkunde mit meiner Nase die komplexe Aromenstruktur eines Getränkes, das locker auf dem Niveau eines guten Weines mithalten kann – ganz ohne Alkohol!

Van Nahmens Urgroßvater hatte noch das Geschäft auf Zuckerrüben gegründet. Doch im Laufe der Zeit wandelte sich das Geschäftsfeld hin zu den sortenreinen Säften, die mit viel Liebe und Präzision heute gekeltert werden. Da ist die Presse, die mit allerlei Tricks (Temperatur, Druck und Lufteinschlussminimierung sowie schnelle Weiterverarbeitung) die ungewünschte Oxidation zu hindern sucht und dabei nur die Teile des Fruchtfleisches pressen soll, die die wichtigen Aromen enthalten. Neben sortenreinen Apfelsäften (Kaiser Wilhelm, Jonagold, Elstar und andere) kommen großartige Aprikosen, Johannisbeere, Rhabarber, Morelle, Junge und Alte Zwetschge oder auch Holunder und sogar ein rassiger Riesling und vieles mehr in die Presse. Die Früchte stammen zum Teil sogar von wurzelechten Bäumen, eine Seltenheit in diesem Genre. Wenn Peter van Nahmen über diese Dinge spricht, dann sieht man auf seinem sonst eher ernsten Gesicht ein seeliges Dauergrinsen, dann kommt er ins Schwärmen und Schwadronieren. Schnell sind wir bei der wunderbaren Geschichte, wie er auf einer Geschäftsfahrt bei Dresden eine Wiese mit Roter Sternrenette sieht – jener Sorte, die wir in all den alten Kinderbüchern in den Weihnachtsillustrationen wiederfinden, denn ihre tiefrote Farbe und ihre guten Lagereigenschaften machten sie lange Zeit scheinbar zum Lieblingsapfel des heiligen Nikolaus... Irgendwann aber verdrängte Cola den traditionellen weihnachtlichen Geist und seither starb diese Apfelsorte fast aus. Peter van Nahmen erkennt die Äpfel trotz voller Fahrt, bremst und steigt mitten im ostdeutschen Nirgendwo aus. Vor ihm stehen etliche Bäume dieser fast verschollenen Apfelart und er weiß, was zu tun ist. Schnell organisiert er sich die Rechte, um diese Früchte zu ernten. Nur wie erntet man zig Bäume 650 km entfernt? Klar – man erzählt diese Geschichte im Netz, ein paar Photos dazu und dann mit dem passenden Angebot: freiwillige Erntehelfer dürfen einen Tag mithelfen, ist ja gut für Körper und Geist und kostet sie keinen Cent! Jeder Apfelpflücker bekommt sogar ein paar Flaschen des edlen Getränkes sozusagen aus der eigenen Ernte als Lohn. Und siehe da – umgehend melden sich Manager, Zahnärzte, Tischler und Studenten. Und seit einigen Jahren pilgert diese bunte Truppe zum spätest möglichen Erntezeitpunkt dorthin und erntet einmal im Jahr die Bäume ab.

Das zählt übrigens zu den wichtigsten Qualitätsgaranten: Die Früchte müssen so spät wie nur irgend möglich geerntet werden. Darum bezahlt Peter van Nahmen seine Lieferanten gut. Sehr gut sogar. Je später die Ernte, je höher die Qualität, desto höher ist der Verdienst der Obstbauern. Sein Netzwerk ist groß und sehr vertrauenswürdig. Man weiß, dass sich die späte Ernte mit maximaler Aromendichte lohnt. Für solche Obstbauern sind Aldi und Lidl oder Edeka nicht mehr von Bedeutung, denn sie haben einen lokalen Abnehmer gefunden, der faire Preise zahlt. Und dabei ein richtig dufter Typ ist.
Van Nahmens Anliegen ist die Nachhaltigkeit: nachhaltige Beziehung zu Mitarbeitern und Geschäftspartnern wie auch die ökologische Nachhaltigkeit. Sind seine Säfte auch nicht biozertifiziert, so haben Pestizide in seinen Säften nichts verloren. Am Ende zeigt sich das Ergebnis im Glas: Wir schütten uns nach dem Gespräch die rote Johannisbeere ein. Ich nehme einen Schluck und Frucht und Säure explodieren sofort auf der Zunge bis unter mein Schädeldach. Irgendwo im Gaumen Anklänge aus Fleischaromen, etwas Waldboden. Im Abgang noch helle Frucht und Kirsche. Wow. Ich trinke begeistert noch weitere drei, vier Gläser. Und steige irgendwie high aber vollkommen nüchtern eine Stunde später ins Auto.
Einfach sensationell.
Sag ich doch.

Tobias Sudhoff

Holunder-Rhabarber, gebratener Golden Delicious und Lachs mit Apfelknusper und Kren

Als ich ein kleiner Junge war, da galt Lachs noch als eine Delikatesse, ein sündhaft teurer Edelfisch, von dem es zu Festtagen mal ein Scheibchen gab. Dann kamen die Norweger, kapitalistische Wikinger, die die Meere plünderten und sich nicht an die natürlichen Regeln halten wollten – Zuchtbetriebe und Antibiotika im Fjord – wahrscheinlich gab es eine ganze Zeit keine Erkältungen mehr dort, wenn man nur zweimal im Jahr baden ging... Aus dem Edelfisch wurde eine krillrot gefärbte fettige Matsche, die bei Aldi, Lidl, Edeka und REWE unter dem Euphemismus „fangfrischer Lachs" verkauft wird und dann auf unseren Tischen landet. Liebe Freunde – wenn auf einer Plastikpackung „fangfrisch" gedruckt steht, macht Euch das nicht stutzig? Ich meine, den kann ich auch zehn Jahre im Kühlregal stehen lassen, da steht dann immer noch „fangfrisch" drauf! Da steht auch dann noch „fangfrisch" drauf, wenn irgendwelche Archäologen den in hundert Jahren ausbuddeln... Doch zum Glück gibt es ja auch noch wirklich fangfrischen Lachs, gerade bei seinen Wanderungsbewegungen entlang der Nordsee und der Ostsee ist der Bestand deutlich erholt und wenn einer von den „Fisch-vom-Kutter"-Kollegen Glück hat, geht ihm ein ordentlicher Lachs ins Netz. Das sind dann schnell mal über zwanzig Kilo Fisch. Da nehm ich mir dann auch gleich ein ordentliches Stück, das ich selber als „graved Lachs" haltbar mache und in den nächsten Tagen wegschnabuliere. Wunderbar geeignet für das folgende, schöne Sommergericht.

No. 1: Graved Lachs beizen. Dazu nehme ich ein ordentliches Stück gehäuteten Lachs und reibe es mit reichlich Meersalz (komplett damit umgeben!), Honig und Gewürzen ein. Ganz nach Lust und Laune können das Dill, Estragon, Cumin oder Paprika, Orangensaft samt Zesten, Zitrusblätter oder Zitronengras, Koriander oder Piment sein – soll jeder so machen, wie er es mag. Hauptsache halt Salz und Zucker in Form von Honig. Diese sind nämlich hygroskopisch und entziehen dem Lachs so Wasser. Eine Art Schnelltrocknungsverfahren, und so habe ich später locker eine Woche Zeit, den Lachs nach dem Aufschneiden zu genießen, ohne dass er auch nur einen Hauch der lästigen Trimethylamine bekommt – das sind nämlich die Moleküle, die schon in geringster Konzentration diesen widerlich fischigen Geruch ausmachen, den man am „ach so günstigen Fischstand" auf dem Markt riecht (übrigens auch in der Unterhose der Duschverweigerer beider Geschlechter ...).
Den so gebeizten Lachs muss ich anschließend mit Folie komplett und mehrfach umhüllen (sonst läuft mir das Fischwasser ins Gemüsefach), mit Steinen beschweren und in den Kühlschrank legen und ca. 20 Stunden Geduld haben. Anschließend den Lachs auspacken und von seiner Beize befreien. Der so vorbereitete Lachs hat jetzt schnell mal ein Drittel seines Gewichtes eingebüßt. Jetzt brauche ich ein absolut scharfes Messer mit einer wirklich langen, gleichmäßig breiten Klinge (es gibt dafür extra sogenannte Lachsmesser). Damit schneide ich schräg hauchdünne Scheiben vom Filet – je schräger ich ansetze (logisch!), desto größer werden die Scheiben.

No. 2: Lachstürmchen mit Apfelknusper und Apfel-Kren sind recht aufwendig, lassen sich aber gut vorbereiten. In einem metallenen Stellring mit ca. 4 cm Durchmesser und 5 cm Höhe drücke ich an die Innenwand zwei Schichten von dem Lachs. Alles was über den Rand hinaussteht, schneide ich mit einem scharfen Messer ab. Jetzt stelle ich aus einem geschälten Golden Delicious mit einer Reibe Späne her und mische das mit Spänen von Kren

Ich brauche:

Graved Lachs:
Lachs
Meersalz
Honig
Gewürze

Türmchen:
Graved Lachs
Golden-Delicious-Äpfel
Kren (Meerrettich)
Haselnussmehl
Rohrohrzucker
Apfelringe getrocknet

Rhabarber:
Rhabarberstangen
Holundersirup
Waldmeister

Apfelwürfel:
Golden Delicious
Salz

(also frischem Meerrettich, Menge je nach Geschmack, aber Vorsicht, frischer Kren ist kräftig scharf). Damit fülle ich die Lachsrolle im Stellring zu 3/4. Zuletzt stelle ich das Apfelknusper her: Die eine Hälfte mache ich aus Haselnussmehl, das ich mit ein wenig Rohrohrzucker in der Pfanne langsam kandiere und knusprig backe. Die andere Hälfte mache ich aus (komplett!) getrockneten Apfelringen, die ich im Mörser feinmahle. (Die Apfelringe kann man gut schon fertig kaufen). Das mische ich und gebe es kurz vor dem Anrichten oben auf das Türmchen, um das letzte Viertel zu füllen.

No. 3: Rhabarber zubereiten – Den Rhabarber mit ein wenig Holundersirup und wer will, mit etwas Waldmeister im Sous-vide-Beutel vakuumieren und bei 75 °C ca. 40 Minuten garen.

No. 4: Aus einem Golden Delicious schneide ich Würfel von ca. 2 cm Kantenlänge. Diese brate ich in Butter von allen Seiten braun. Mit Salz abschmecken

Anrichten: Den Lachsturm noch im Stellring auf den Teller mit einem Heber geben und dann den Ring vorsichtig entfernen. Daneben warme Streifen vom Rhabarber legen. Das dritte Element ist der noch heiße Apfelwürfel. Etwas Kren über den ganzen Teller und über den Rhabarber ein paar Holunderblüten drapieren. Ab an den Tisch. Dort freuen sich die immer noch Hungrigen nach dem Gang auch sehr über Lachschnittreste ...

Tobias Sudhoff

Es ist und bleibt mir ein Rätsel, warum die Deutschen so fies für Innereien sind. Zum einen möchte ich, wenn möglich, so viel wie möglich von einem Tier verwerten, wenn ich es schon für meine genusskulturellen Zwecke ins Nirwana geschickt habe. Das hat auch was mit Respekt vor der Kreatur zu tun. Zum anderen haben Bries, Leber, Niere und auch gerne mal Herz und Hirn jeweils von bestimmten Tieren ein fantastisches Aroma, so dass ich jedem empfehle, sich die eigenen psychologischen Barrieren (die ohnehin recht fadenscheinig daherkommen) abzutrainieren, um offen zu sein für diesen Reichtum, mit dem die Natur unsere Zungen und Nasen beschenkt. Wobei ich nicht von allen Tieren alles esse – Hirn und Bries nehme ich eigentlich nur vom Kalb und bei Nierchen habe ich zu viele schlechte Erfahrungen mit zu alten Rindern gemacht. Bei der Leber allerdings bin ich weniger wählerisch. Vielleicht weil ich die eigene Leber seit vielen Jahren einem harten Training unterziehe und unterbewusst auf Ersatz beim Essen hoffe? Ob Reh, Lamm, Rind, Kalb, Kaninchen, Leber mag ich immer. Die absolute Krönung dabei ist für mich nach wie vor die Leber von Hähnchen, wie sie mein Freund Ebi immer zubereitet: leicht süßsäuerlich in einem wirklich guten Aceto balsamico eingelegt.

Hähnchenleber, Braeburn und kandierte Zwiebeln

No. 1: Zwiebeln kandieren. Klingt einfach, ist es aber nicht, es gibt einige Fehlerquellen: Die Scheiben sollten alle gleichmäßig dünn geschnitten werden. Die Temperatur in der Pfanne (bitte nicht in der Friteuse, würg!!) sollte nicht zu hoch sein, die Zwiebeln sollen erst dehydrieren und danach erst in den Karamellisierungsprozess starten. Am besten mit etwas gröberem Rohrohrzucker kandieren, weil raffinierter Zucker zu süß ist. Und das absolut wichtigste: in der Pfanne die Zwiebeln ständig in Bewegung halten, damit sie gleichmäßig bräunen und kandieren. Wenn Du das alles so beachtest, dann werden Deine Zwiebeln auf dem Teller Dir nicht das ganze Spektrum von verbrannt, verkohlt bis zu wässrig roh bieten müssen... Sobald die Zwiebeln goldbraun werden, sofort aus der Pfanne holen und auf einem Küchenkrepp abtropfen lassen. In heißem Zustand lassen sich daraus noch ästhetische Türmchen formen, die binnen weniger Sekunden dann fest werden.

No. 2: Die Hähnchenleber von Sehnen befreien und mit einem hochwertigen Aceto balsamico einreiben und salzen. In einer Pfanne mit ordentlich viel Butter kräftig anbraten und im Ofen bei ca. 80–120 °C (je nachdem, wieviel Zeit Du gerade hast...) auf eine Kerntemperatur von ca. 68 °C bringen, um eine feste Konsistenz zu erreichen, ohne die Leber durchzubraten. Bei mir zu Hause gelingt das auch sehr dufte ohne Ofen in der Gusseisenpfanne mit dickem, wärmespeicherndem Boden.

No. 3: In der Pfanne befindet sich nun noch genug aromatisierte Butter, dass ich darin die sehr dünn geschnittenen Apfelscheiben anbrate bis sie eine schöne bräunlich-goldene Farbe haben. Ebenfalls in diesem Sud schwitze ich noch schnell eine Handvoll Basilikumblätter an, die ich ebenfalls zur Seite stelle. Jetzt birgt der Sud in der Pfanne Leber-, Apfel- und Basilikumaromen. Ich gieße ein paar Milliliter Apfelsaft (so ein Zufall, van Nahmen bietet ja sogar passenden Braeburnsaft an!) in die Pfanne und lasse es einmal aufkochen.

Anrichten: Leber in die Mitte des Teller, mit dem Sud aus der Pfanne leicht übergießen. Darauf die Apfelscheiben schön anrichten und obenauf als Spitze mein kleines kandiertes Zwiebeltürmchen. Die Basilikumblätter drum herum locker anlegen – und ab auf den Tisch...

Ich brauche:

Zwiebeln:
Gemüsezwiebel
Rohrohrzucker

Leber:
Leber
Aceto balsamico
Fleur de Sel

Apfel:
Braeburn-Äpfel
Apfelsaft
Basilikum
ggf. Salz

Tobias Sudhoff

Apfeltarte mit Spekulatiusmousse und Parfait von Apfel und Konstantinopeler Apfelquitte

mein Dessert gegen Winterdepression!

Man soll ja Äpfel nicht mit Birnen vergleichen... Bei der Quitte aber darf man das getrost, sie wird nämlich abhängig von ihrer Form in Apfel- und Birnenquitten eingeteilt. Der Taxonome bekommt da natürlich gleich schweren Ausschlag, weil es dafür biologisch keinen Grund gibt, aber was scheren am Kochtopf die Gene. Bei diesem Rezept versetze ich schnöde Äpfel (Elstar oder dergleichen) mit dem wunderbaren Saft von Peter van Nahmens Quitten und zaubere daraus ein Bundesliga-Sorbet. Da bekommt der alte Holländer der Pomologen richtig Beine. (Apropos: Bei einem Spaziergang in den Niederlanden saß ich rein zufällig neben einem älteren Ehepaar, wir sprachen über die Natur und schon bald merkte ich, dass „er" richtig Ahnung hatte. - Wie sich herausstellte, hatte er Biologie studiert. Als er mir dann zu den Rosengewächsen eine derart detaillierte Vorlesung aus dem Kopf vortrug, wurde ich neugierig. - Wie sich herausstellte, war er emeritierter Professor für Obstpflanzenkunde aus Wageningen. Eine ironische Anmerkung von mir zur heutigen Bezahlung der Habilitierten quittierte er mit einem Lächeln. Er habe an keiner Universität für Geld gelehrt – davon habe er wohl so viel, dass er es nie ausgeben könne. - Wie sich herausstellte, saß ich dort rein zufällig neben dem Erfinder einer der weltweit meistkultivierten Apfelsorten, auf die er sich zum Teil wohl irgendwie die Rechte gesichert hatte – dem legendären Elstar! Da war ich also rein zufällig bei einem Spaziergang quasi neben dem Michael Jackson der Apfelzüchterszene gelandet... Sachen gibt's!)

No. 1: Für die Spekulatiusmousse stelle ich als Grundlage eine Mousse au Chocolat her. Und hier mein Standartrezept (Falko empfahl mir beim Tiramisu ein anderes (siehe S. 71): Dunkle Schokolade mindestens 60% (für dieses Rezept nehme ich am liebsten die Original Beans Papua Kerafat, weil die irgendwie schon von Natur aus weihnachtliche Aromen hat), pro 100 g Schokolade ca. 200 ml Sahne und zwei komplette Eier. Schokolade vorsichtig schmelzen (Bain-Marie), die Sahne steif schlagen und die Eier mit ca. 10 g Vanillezucker (selber ansetzen siehe Anhang ab S. 250!) sehr lange mit dem elektrischen Schneebesen (viel bewegen!) möglichst luftig schlagen. Die drei Komponenten gleichmäßig vermengen und für unsere Zwecke eine ordentliche Prise Spekulatiusgewürz und etwas Rauchsalz zufügen – dabei bitte nicht hektisch mit dem Straßenbesen drin herumforken, sondern mit kreisenden Bewegungen eines Schneebesens langsam alles zu einer einheitlichen, möglichst luftigen Mousse verarbeiten. Zwei Espressotassen Kaffee sowie etwas Nusslikör ebenfalls unterheben. Kalt stellen. Sollte die Mousse zu schnell anziehen und zu fest werden, kann man noch weiteren Kaffee oder ein weiteres aufgeschlagenes Eigelb unterziehen – die Festigkeit der Mousse wird im Wesentlichen von der Kakaobutter beeinflusst, da ist Experimentieren willkommen...

No. 2: Für die Apfeltarte stelle ich einen Mürbeteig aus gefühlten 50 g geschmolzener Butter, 30 g Mehl und 50 g Haselnussmehl, einem Eigelb sowie reichlich Vanillezucker und Salz her. Es muss nach reichlich Geknete ein fettfeuchter, glänzender, geschmeidiger Teig sein. Den bringe ich Förmchen in Form und backe sie bei ca. 180 °C schön braun... In eine Kasserolle werfe ich derweil reichlich vom Gehäuse befreite Apfelspalten, Nelken, Piment, Zimt und was mir sonst noch an weihnachtlich anmutenden Zeugs in der Schublade begegnet und gieße das Ganze mit Rum auf. Die Kasserolle in den Backofen bei ca. 180 °C, regelmäßig umrühren. Wenn die Apfelspalten dunkel werden, nehme ich zum Schluss die Äpfel raus und zerkleinere sie grob, um sie nachher in die Törtchen zu füllen.

Ich brauche:

Spekulatiusmousse:
100 g Schokolade
2 Eier
200 ml Sahne
Nusslikör
Spekulatiusgewürz
Rauchsalz Kaffee

Apfeltarte:
50 g geschmolzene Butter
30 g Weizenmehl
50 g Haselnussmehl
1 Eigelb
Vanillezucker
Salz
Apfelspalten von 2–3 Äpfeln
Nelken, Piment, Zimt u.a.
Rum

Apfelparfait:
80 g Zucker
150 + 20 ml Konstantinopeler
Apfelquittensaft
300 ml Sahne
Zimt und Anis gemahlen
1–2 Äpfel

No. 3: Für das Apfelparfait drei Eigelb mit ca. 80 g Zucker im Bain-Marie bei 80 °C aufschlagen. Nicht wärmer, sonst gibt es Apfelomlett… ca. 150 ml des Konstantinopeler Apfelquittensaftes habe ich mit ein paar Apfelstücken aus 1–2 Äpfeln und etwas Zimt soweit eingekocht, dass daraus fast ein Sirup mit Bröckchen entstanden ist. Außerdem habe ich 300 ml Sahne aufgeschlagen. Eigelb aus dem Bain-Marie nehmen, zum Abkühlen weiter schlagen, so dass eine luftige Creme entsteht, Sahne und Quittensirup unterheben, noch einmal 20 ml Konstantinopeler Apfelquittensaft zufügen, Zimt und Sternanis passen auch noch dazu. Ab ins Eisfach – dankenswerterweise frieren Parfaits stehend – will sagen: man spart sich die App-gesteuerte Hochtechnologie-Eismaschine.

Anrichten: Kurz vor Schluss befülle ich meine Tarteböden mit den Apfelstücken und streue ganz cool aus dem Ärmel etwas Vanillezucker drüber und lasse alles bei ca. 120 °C im Ofen noch mal aufheizen. Eine Nocke der Mousse hebe ich auf den Teller, das Parfait habe ich in einem Extraschälchen frieren lassen und stell dies dazu, die heisse Tarte kommt ebenfalls auf den Teller und schon is fettich… Also: Ab auf den Tisch damit!

Johan Bülow

Süßholz-raspeln auf die feine Art

Tobias Sudhoff

So, bitte alle mal herhören: Wer von Euch mag kein Lakritz? ...ach, so viele ...? Das sind dann ja doch schon eine ganze Menge. Ich mochte Lakritz eigentlich auch nicht. Bis – ja bis ich ein Lakritz von Johan Bülow in die Finger bekam und seither weiß: Ich hatte bis zu diesem Moment wohl was anderes gegessen. Wie, Ihr kennt Johan Bülow nicht? In Dänemark kennt ihn fast jeder. Und wenn Ihr Euch jetzt bitte mal kurz eine seiner Lakritzkreationen hinter die Kiemen werfen würdet, denn ich garantiere Euch: Dieses wunderbare Aroma wird seinen Namen in euren Hippocampus eingravieren (jaja, für die Neurologie-Experten nehme ich seit neuestem den Cortex dazu ...). Bei mir war das in jedem Falle so. Aber jetzt mal langsam und von Anfang an ...

Lakritz, das war für mich früher immer der salmiakverseuchte Glucosekleber, den man nicht mehr aus den Autositzen bekam, wenn holländische Freunde mitgefahren sind. Dann gab mir jemand Johan Bülow Lakrids (so schreibt man das korrekt ...) und von dem Moment war in mir das Lakritzvirus ausgebrochen. Kein Wunder, denn diese Leckereien werden mit allerbestem Qualitäts-Süßholz aus Afghanistan, Iran und Italien hergestellt. Süße und salzige Lakritze, je nachdem, so werden die Sorten ausgewählt. Und so unterscheiden sich die Aromen auf frappierende Weise. Wow. Mir wurde als kleiner Gourmet-Experte sehr bald klar: Hier wird ein neuer und ausnahmsweise mal ein sinnvoller Hype entstehen, der nicht nur Gourmetküchen revolutionieren könnte. Was sich da an Vielfalt und Food-Pairing-Optionen entfaltet, ist schlichtweg der Hammer. Etlichen meiner Gourmet-Freunde und Kollegen habe ich Johan Bülow Lakrids zum Probieren gegeben, immer kam das gleiche Ergebnis: Erst große Skepsis, die dann über den kleinen Umweg der Überraschung schließlich großer Begeisterung wich. Und so fand ich mich schon ein paar Monate später mit meinem Hochschulkollegen und lieben Freund Prof. Dr. Guido Ritter im Flieger nach Kopenhagen. Denn Guido hatte ich auch schon infiziert und wir wollten natürlich mehr darüber wissen, wie Bülow seine Gustationsbomben produziert. Um zu verstehen, was Johan Bülow für die Dänen bedeutet eine kleine Anekdote aus Kopenhagen: Ich wollte Guido vom Hotel abholen und hatte mich verlaufen. Es war schon dunkel und ich traf auf zwei jugendliche Dänen, deren Herkunft eher arabisch schien. Wir kamen ins Gespräch (die beiden sprachen übrigens wie die meisten Dänen perfektes Englisch) und sie begleiteten mich freundlicherweise, weil sie wüssten wo das Hotel sei. Unterwegs sprachen wir über die Integrationsschwierigkeiten vieler junger Moslems und die rassistischen Entwicklungen in Dänemark und in Deutschland und die Ursachen dafür – ein durchaus ernstes Gespräch. Dann fragte mich einer der beiden, was ich denn eigentlich in Kopenhagen machen würde und ich sagte, ich wolle Johan Bülow besuchen – und schlagartig hellten sich beide Minen auf: Zu Johan Bülow? Ja, das wäre eine Ikone, ein Unternehmer, der wirklich mal für etwas stehen würde, und die Lakritze, einfach göttlich ...!

So fuhren Guido und ich am nächsten Morgen durch die klare Luft des Nordens zu einem schwarzen Gebäude, das wie ein gigantisches Lakritzbonbon im Industriegebiet Hvidovre nahe dem Hafen steht. Im Innern des Lakritzbaus trafen wir dann auf viele gutgelaunte Mitarbeiter und ein Interieur, das so stylisch und schick war,

dass ich mir trotz meines Anzugs samt Krawatte irgendwie underdressed vorkam (zum Glück hatte Guido seine Northpole-Allwetterjacke und seinen Rucksack samt Jeans angezogen…). Die ganze Atmosphäre war eigentümlich sympathisch, nirgendwo kam auch nur eine Sekunde das Stromberg-Gefühl auf, alle waren konzentriert, leise und freundlich untereinander. Was war denn hier los…?

Die Begegnung mit Johan persönlich hinterließ dann einen nachhaltigen Eindruck. Wir trafen uns im Besprechungszimmer mit ihm und dem Leiter seiner Produktion, einem Lebensmittelchemiker namens Tage Kusk, der eine geradezu unheimliche Kompetenz und Sicherheit ausstrahlte.

Als Gastgeschenk brachte ich ein Produkt mit, dass ich gerade auf den Markt bringen wollte und das ich für diesen Anlass mit Bülow-Lakrids verfeinert hatte: Eine Fake-Foie-gras (also eine Stopfleber ohne quälendes Stopfen, mit einem physikalisch-technischen Verfahren zur Verfettung des Lebergewebes, das ich entwickelt hatte).

Johan und Tage nahmen konzentriert ein Löffelchen meiner Spezialität und sogleich wurde detailliert (und thank god durchaus positiv) über das Aromenspiel gesprochen. Ich kam mir vor wie bei der mündlichen Abiprüfung. Zum Glück hatte ich bestanden. Danach war das Eis gebrochen.

Johan und ich unterhielten uns dann eine Stunde lang über seine Vorstellungen über das Unternehmer-Dasein, soziale Verantwortung und seinen spannenden Werdegang. Man sieht es ihm schon an, er ist blitzgescheit, sehr gebildet und denkt extrem schnell – das macht ihn zu einem exzellenten Gesprächspartner, mit dem man viel Spaß haben kann, denn das hohe Tempo hat er auch in Sachen Humor. Bei alledem ist auch er auffällig leise, er erreicht seine Ziele nicht mit dem Brecheisen, sondern mit einem feinen Diamantbohrer.

Johan erzählte mir davon, wie er schon in seiner Jugend auf der Touristeninsel Bornholm vernarrt war in Lakritz und dass er sehr früh schon den Wunsch hatte, echtes Lakritz mit richtigem Süßholz-Aroma herzustellen, weil dies ihm in seiner jugendlichen Phantasie bereits einen ganzen Geschmackskosmos und unendlich viele Kombinationsmöglichkeiten verhieß. Sein Onkel verkaufte selbstproduzierte Süßigkeiten damals an einem kleinen Stand und so etwas wollte er auch machen. Nur anders. In der Küche seiner Mutter entstanden die ersten Versuche und wie

besessen experimentierte er zusammen mit seiner Frau Sarah mit verschiedensten Süßholzarten und Zutaten herum, bis er die geeignete Mischung gefunden hatte. Und ich meine wirklich richtig besessen: Sie telefonierten in der ganzen Welt mit Süßwarenproduzenten, reisten zu ihnen, kauften sich für zigtausende Euro Literatur über Süßwarenherstellung und ackerten diese durch … und spät abends musste dann Muttis Küche wieder sauber gemacht werden, was bei Lakritz (siehe meine holländischen Beifahrer) wirklich nicht leicht ist! Nach etlichen hunderttausenden verbrannten und verkochten Euros, dem Erwerb eines professionellen Karamellkochers und nachdem man bereits ein Eröffnungsdatum für einen kleinen Shop festgelegt hatte, ohne ein fertiges Produkt zu haben, stießen Johan und Sarah auf einen Engel: Jener Tage Kusk, der heute die Produktion leitet, hatte von Johans aberwitzigem Projekt gehört und meldete sich bei ihm. Hier trafen Kreativität und Fachkompetenz auf so hohem Niveau zusammen, dass diese Mischung explodieren musste – zum Glück nur als Geschmacksbomben in unseren Mündern. Und so wurde Johan Bülow Lakrids geboren. Mittlerweile mit der großen professionellen Fabrik in Hvidovre werden dort „pure licquorice" in salzig und süß sowie etliche „coated liquorice" hergestellt, mit weißer Schokolade und vielen verrückten Aromen von Erdbeere über Holunder bis zu Chilli-Preisselbeere oder Passionsfrucht – allerdings alles mit natürlichen Produkten von Produzenten mit ethischen und sozialen Standards. Für den Gourmet besonders interessant sind das Liquorice Powder und der Lakritzsirup, beides jeweils als süße und salzige Variante. Wer einmal in der Küche diese Produkte eingesetzt hat, der versteht sogleich, dass Lakritz das nächste große Thema der Gourmets sein wird – und nicht so eine Eintagsfliege wie Tonkabohne oder „Orange Wine".

In der Mittagszeit begriff ich dann endgültig, warum die Atmosphäre hier so freundlich und menschlich war: Punkt zwölf kam ein Caterer, der sehr gutes, frisches Essen brachte und die gesamte Crew versammelte sich an Esstischen in der Betriebsküche. Egal ob Arbeiter, Personalleiter, Raumpfleger oder der Chef persönlich – alle saßen sie dort zusammen bunt gemischt und genossen gutes Essen – und redeten miteinander. Tatsächlich ist Johan Bülow damit dank einer ungewöhnlichen Unternehmensstruktur und seiner unkonventionellen Denkweise etwas gelungen, was ich erst in dieser Küche begreifen konnte: Ja, hier saß doch tatsächlich eine große Lakritz-Familie. zusammen, gemeinsam, miteinander. Nur so konnte aus einfachem Lakritz großes Gaumenkino werden. Süßholzraspeln auf die wirklich feine Art …

Tobias Sudhoff

LAKRIDS

Tobias Sudhoff

Jan Meyer findet in seinen Netzen neben Sprotten, Pollack und Schollen, in der Saison gerne auch Lachs, manchmal auch einen Edelfisch wie Seeteufel, aber eines geht ihm garantiert nicht in sein Netz: Jakobsmuscheln. Muss der ethische Genießer darum auf solcherlei Gaumenfreunde verzichten? Nein, wer sich ein bisschen umschaut, findet durchaus Produzenten, die Hummer, Jakobsmuschel und Co in vernünftiger, nachhaltiger Weise produzieren. Gambas z.B. – die ich Euch Lesern nachher als Teriyaki servieren werde – findet man heute problemlos sogar in Bioqualität. Hummer gibt es mittlerweile beim „Frischeparadies" gefroren in Sashimiqualität nachhaltig mit Reusen gefangen und im High-Pressure-Verfahren getötet – und absolut bezahlbar! Und auch bei Jakobsmuscheln hab ich von den Jungs im Frischeparadies ebenfalls Superware bekommen: Es gibt nämlich an der schottischen Küste kleine Betriebe, die die Muscheln von Hand von den Felsen ziehen und in kleinen Kooperativen vermarkten. Erkundigt Euch doch einfach mal bei Eurem lokalen Händler. Anders ist es bei der Tomate: Im Sommer kann man die Cocktailtomaten ja einfach von eigenen Pflanzen auf dem Balkon oder aus dem Garten holen, klar, im Sommer stolpert man in jedem Geschäft und auf dem Markt über Kisten mit roten Geschmacksbomben. Doch was macht man in den übrigen 51 Wochen des Jahres, wo sich lediglich verschiedene Graustufen an Westfalens Himmel tummeln? Bis vor einigen Jahren gab es da dann entweder halbreif geernteten Müll aus Almeria oder Israel oder das in rote Hüllen verpackte Trinkwasser aus Holland, gerne mit Tomatenparfum besprüht, damit der Verbraucher erst zu Hause merkt, was er da gekauft hat. Als sich irgendwann auch bis zum niederländischen Produzenten herumgesprochen hatte, dass die dämlichen Moffen deren Gemüse-Betrug mittlerweile durchschauten, krempelten Jan Tomaat und Frau Antje die Ärmel hoch und brachten kurzerhand ein neues Produkt auf den Markt: Die sogenannte Honigtomate. Unter Glas gezogen, die Wurzeln in Steinwolle versenkt, labortechnisch kontrolliert bewässert und kunstgedüngt, mit Licht aus tausenden Pflanzenleuchten und konstanter EU-subventionierter Warmhaustemperatur – ich bin mir sicher, dass auf diese Weise manch ein Cannabisproduzent den Sprung in die Legalität geschafft hat – vermutlich also eine Art Ausstiegsprogramm. Dabei entsteht ein Kunstprodukt, wie es eigentlich schlimmer nicht geht – ich will gar nicht wissen, was da in den Gewächshäusern noch alles an Pestiziden draufgeschmissen wird. Das Problem: Das Produkt ist leider extrem geil. Tut mir leid, liebe Ökos, da müsst ihr ganz schnell nachliefern... Oder auf Haschisch umsteigen?

Jakobsmuscheln mit Lakritztomaten

Tobias Sudhoff

No. 1: Lakritztomaten: Schöne schmackhafte Cocktailtomaten halbieren. In einem halbhohen Top mit den Schnittflächen nach oben legen und mit Salz und Bülow Lakritz-Puder bestreuen. (Das Lakritz-Puder wird von Bülow in den Varianten „fine" und „raw" Liquorice Powder verkauft – ich bevorzuge hier das „raw".) Bei 80 °C etliche Stunden in den Backofen, den man zwischendurch lüftet (Luftfeuchtigkeit). Jetzt hat man erst mal genug Zeit, die anderen Gänge vorzubereiten oder wahlweise sich die erste Flasche Wein hinter die Binde zu kippen... oder beides. Die Tomaten sollen etwa 1/3 des Wassers verlieren – dann sind sie fertig und können ohne Qualitätsverlust stundenlang warm gestellt werden.

No. 2: Süßholzsauce: Süßholz in Sahne legen und einmal aufkochen lassen – dann den Topf zur Seite stellen und ziehen lassen. Zeit für ein Glas Wein. Opps – Flasche schon alle? Musst Du wohl noch mal in den Keller laufen – denn Weißwein brauchen wir gleich sowieso: Zwiebelschnitt in Butter schwenken, mit Noilly Prat ablöschen, etwas Muskatnuss dazu. Auf etwa 1/3 reduzieren, mit der Süßholzsahne ablöschen. Wer Jakobsmuscheln mit Corail bekommen hat, kann den orangenen Inhalt dort sehr gerne herauspulen und in die Sauce geben – das macht die Sauce doppelt lecker! Wem da außerdem zu wenig Süßholzaromen drin sind, der kann mit etwas Lakritz-Puder nachregulieren. Das Ganze soll eine leicht cremige Konsistenz bekommen. Warm stellen.

No. 3: Jakobsmuscheln aus ihrem Sud heben und abtropfen lassen (Sud bewahren, kommt nachher in die Sauce). Bei scharfer Hitze in Butter anbraten – von beiden Seiten höchstens eine Minute anbraten. Die Jakobsmuscheln sind schon tot, man muss sie nicht noch einmal totbraten! Salzen und pfeffern – fertig.

Anrichten: Sauce aufkochen, Etwas Weißwein und den Muschelsud zugeben und einen kurzen Moment einköcheln. Jakobsmuscheln auf den Teller geben, Sauce nappieren. Tomaten dazu und fürs Auge etwas Lakritze-Staub auf dem Teller verteilen.

Anmerkung: Es gibt vor der schottischen Küste inzwischen eine Reihe von kleinen Betrieben, die Jakobsmuscheln von Hand sammeln und nachhaltig arbeiten. Es lohnt sich, gerade bei Jakobsmuscheln genauer zu recherchieren, denn hier haben wir ein Produkt, das astrein nachhaltig und ökologisch gezüchtet werden kann, es gibt keinerlei ethische Bedenken (Muscheln sind strunzend doof und merken gaaaaanix!) und es ist unverschämt geil im Geschmack.

Ich brauche:

Tomaten mit Lakritz:
Cocktailtomaten
Johan Bülow Raw Liquorice Powder

Süßholzsauce:
Süßholz
Sahne
Zwiebel
Noilly Prat
Muskatnuss
ggf. Corail
ggf. Liquorice Powder
Weißwein
ggf. Muschelsud

Jakobsmuscheln:
Jakobsmuscheln
Salz und Pfeffer

Tobias Sudhoff

Lakritzwürstchen mit lakritzkandierten Drillingen

Ich habe die große Ehre seit ein paar Jahren mit Willy Ketzer und Paul G. Ulrich, also dem ehemaligen Paul Kuhn Trio, unterwegs zu sein und Musik zu machen. Willy kennen viele heute an der Seite von Helge Schneider und er hat in seinem Musikerleben mit so ziemlich jeder Berühmtheit gespielt. Als Kind schon mit den Schlümpfen, Ken und Barbie, später u.a. mit Klaus Doldinger, Tom Jones, Udo Jürgens, Randy Brecker, Bill Evans undundund... Es wäre vielleicht einfacher aufzuzählen, mit wem er nicht gespielt hat. Wenn wir unterwegs sind, dann ist Willy eine schier unerschöpfliche Quelle von wundersamen, verrückten und einfach zum Brüllen komischen Geschichten (ich empfehle unbedingt jedem die Lektüre seines herrlichen Buches „Am Grab gibt es keine Steckdosen"!). Eine seiner schönsten Geschichten ist mir fast genauso passiert und ich vermute, es geht vielen Jazzmusikern da nicht anders: Auf dem Gig, für den man etliche hundert Kilometer gefahren ist, stehen die Musiker mit knurrendem Magen backstage. Da kommt endlich der Bandleader zur Tür herein: „Jungs, das mit dem Essen für heute Abend hab ich eben geklärt... also, ähh, es gibt keins!" Genau darum habe ich immer ein paar Rezepte, die schnell vorbereitet sind und in einer Tupperdose auf Reisen gehen können und für die man zum Aufwärmen dann nur einen Ofen oder eine Mikrowelle benötigt. Das hat mir schon viele Freunde unter den Jazzmusikern eingebracht. Dieses hier hat mir sogar schon ein Konzert gerettet:

No. 1: Lakritzwürstchen mache ich – wie alle Würstchen – selber. Beim Bio-Schlachter besorge ich mir Schweinedarm. Je weniger Durchmesser, je besser. Und weil ich schon mal da bin, lasse ich mir Rinder- und Schweinegehacktes noch ein- bis zweimal durch den Fleischwolf drehen. Damit geht's nach Hause an den Herd. Ich koche pro Kilo Fleisch 200 g Kartoffeln. Abgießen und kalt stellen. Das Fleisch würze ich mit Fleur de Sel, Senf, Olivenöl und pro 500 g noch einem Eigelb und reichlich gerebelten Kräutern, vor allen Rosmarin und Thymian. Heute will ich mal was Originelles als Aroma: Ich gebe reichlich von Johan Bülows Salty Liquorice Syrup dazu. Man ist überrascht, wie viel von dem Lakritzegeschmack in die Masse eingearbeitet werden kann, ohne aufdringlich zu sein: Es soll ja nur ein angenehmes Aroma im Hintergrund sein. Trotzdem muss man sich schon reichlich blöde anstellen, um mit dem Lakritzsirup zu überwürzen. Einfach immer wieder mal abschmecken. Ich kann da natürlich auch noch vieles andere zum Würzen zugeben wie Anis, Kardamom, Paprika, Chili, auf jeden Fall immer auch eine Knoblauchzehe und was mir sonst noch so einfällt. Die Kartoffeln zerdrücke ich mit dem Stampfer zu einem feinen Brei, geb ihn zum Fleisch und das alles rühre ich intensiv und lange mit dem Knethaken durch. Dann fülle ich es in eine Spritzgebäcktube. Den Darm wässern und eine Öffnung über die Einfülltülle meiner Spritzgebäcktube ziehen und festhalten. Es ist jetzt sehr praktisch, wenn noch jemand hilft: Während einer nämlich das Fleisch in die Wurstpelle presst, muss der andere von der anderen Seite immer wieder den Brei von der Tülle weg weiter nach hinten verstreichen – das sogenannte Wursten beginnt. Durch zu viel Druck beim Einfüllen kann der Darm leicht platzen! Wenn ich so 60–90 cm fertig habe, verdrehe ich den Darm alle 10 cm und bekomme so wunderbare Würstchen! Abschneiden und zudrehen und dann so weiterarbeiten, bis man genug Würstchen hergestellt hat – bei Jazzern reicht eine Wurst pro Nase, bei Rockmusikern sollte man die 10fache Menge kalkulieren. Volksmusiker weiß ich nicht, das sind nämlich in Wirklichkeit keine richtigen Musiker...

Die Würstchen kurz vor dem Anrichten bei nicht zu hoher Flamme (dafür trotz hungriger Mucker im Rücken mit mehr Zeit) braun braten. Das Fleisch soll durchgebraten sein.

Tobias Sudhoff

No. 2: Drillinge sind frisch geerntete, kleine Kartoffeln mit Schale. Die koche ich nicht ganz weich und schütte dann das Wasser ab. Diese Kartoffeln fülle ich in ein feuerfestes Gefäß, übergieße sie mit etwas Wasser, Salty Liqouorice Syrup und Zucker und etwas Murray River Salt. Ab in den Backofen bei 180 °C. Jetzt heißt es immer wieder Kartoffeln im sich reduzierenden Sud wenden. Irgendwann ist das Wasser verdampft und es bildet sich unter weiter ständigem Wenden eine Lakritz-Karamellschicht auf den Kartoffeln. Ich backe so lange, bis diese Schicht anfängt, braun zu werden.

No. 3: Kann, muss aber nicht dazu serviert werden: Helle Weißwein-Lakritzsauce. Hühnerfond mit Sahne und Weißwein sowie etwas hellem Balsamico und ausreichend Bülow Sweet Liquorice Syrup aufkochen. Mit Salz und Pfeffer abschmecken.

Anrichten: Wurst braten. Zusammen mit den Kartoffeln auf einen Teller. Sauce dazu. Eine hochkomplexe Meisterleistung der Anrichtekunst (siehe Photo). Alternativ gleich im Topf lassen. Ab zum Tisch – obwohl, braucht bei Musikern auch nicht gemacht zu werden, die stehen eh schon ungeduldig in der Küche. Stilecht mit der Hand im Topf essen. Oder aus den alten Möbeln des zahlungsunwilligen Veranstalters ein Lagerfeuer backstage machen und dort mit Stöckern im gemütlich knisternden Feuer Wurst und Kartoffeln nachgaren…

Ich brauche:

Würstchen:
Schweinedarm
1 Kilo Gehacktes fein halb Rind, halb Schwein
1–2 Zehen Knoblauch
200 g Kartoffeln
Fleur de Sel
Senf
Olivenöl
2 Eigelb
Kräuter
3–5 Esslöffel Johan Bülow Salty Liquorice Syrup
Piment d'Espelette

Drillinge:
Meersalz
Wasser
Johan Bülow Salty Liquorice Syrup
Zucker
Murray River Salt

Weißwein-Lakritzsauce:
Hühnerfond
Sahne
Weißwein
weißer Balsamico
Johan Bülow Sweet Liquorice Syrup
Salz und Pfeffer

Blaubeertarte und Maracujamousse an belgischer Waffel mit Lakritz-Maracujasaat-Staub

Es gibt eine kritische Phase im Leben eines Mannes, ungefähr in der Lebensmitte. Und entgegen landläufiger Meinung werden wir Männer in dieser Phase nicht plötzlich anfälliger für überschüssige Pfunde – vielmehr beginnen wir oft gerade in dieser Phase uns für das Kochen zu interessieren und ich bin mir sicher, so sicher wie die Erde eine Scheibe ist, dass, wenn überhaupt, das gute Essen an derartigen körperlichen Veränderungen schuld ist. Darum handelt es sich meiner Meinung nach bei der Midlife-Crisis eigentlich um eine Lebensmittel-Krise.
Damit diese kaloriengesättigte Lebensphase wenigstens Spaß macht, sollte jede Kalorie entsprechend gut schmecken. Hier also ein Rezept, dem es gelingt, trotz Einsatzes von gesundem Obst, so viel Nährwert zu haben, dass es garantiert in keiner magersüchtigen Frauenschmonzette von Brigitte bis Freundin abgedruckt wird. Und das halte ich dann doch mal für ein positives Qualitätsmerkmal... Glorie Kalorie!

No. 1: Maracujamousse: 250 ml Sahne mit Vanillezucker steif schlagen. Kalt stellen. 1 Ei im Bain-Marie ebenfalls mit etwas Vanillezucker zu einer luftigen Mousse aufschlagen. Auch kalt stellen. 50 g weiße Schokolade schmelzen. Währenddessen den Saft aus zwei mittelgroßen Passionsfrüchten (ja doch, das ist das gleiche wie Maracuja – dunkle Früchte der Passioflora. Im Handel sind außerdem die gelben Kollegen davon zu finden, die etwas größer sind und entsprechend mehr Saft haben) durch ein Sieb auffangen. Die im Sieb zurückgebliebenen Kerne packe ich bei 240 °C in den Backofen und backe sie so weit, dass ich sie anschließend im Mörser zu einem schwarzen Staub zerstoßen kann. Und weil ich das kann, mache ich das auch… Zu dem schwarzen Maracujastaub gebe ich die gleiche Menge Johan Bülow Raw Liquorice Powder. Das gibt dem ganzen Gericht ein geradezu geheimnisvolles Aroma.
Zurück zum Maracujasaft: Den rühre ich unter die Sahne, gebe das Ei und die weiße Schokoschmelzmasse dazu und hebe alles vorsichtig mit einem Schneebesen unter. Die entstandene homogene Masse stelle ich kalt. Man sollte wegen des Geschmackes nicht an Maracujasaft sparen – allerdings fällt das ganze bei zu viel Fruchtsäure aus – also einfach zwischendurch mal abschmecken und ggf. etwas Maracujasaft zufügen. Fällt es dann doch aus – einfach alles noch mal von vorne machen – merke: Übung macht den Meister…

No. 2: Die Blaubeertarte wird aus Mürbeteig gemacht. 1 Teil geschmolzene Butter wird in zwei Teile Mehl gegossen. Etwa pro 250 g Mehl werfe ich gezielt ein Eigelb dazu. Außerdem nicht zu wenig Fleur de Sel und etwas Zucker. Mit den Händen gut verkneten, bis ein geschmeidiger Teig daraus geworden ist. Kalt stellen. Dann aus diesem Teig kleine Törtchen formen und im Backofen bei 170 °C leicht backen. Während des Backens hole ich das Blech kurz mal aus dem Ofen und gebe auf jede Tarte ein paar Blaubeeren sowie etwas Zucker. Ab wieder in den Ofen und dort goldgelb knusprig zu Ende backen.

No. 3: Fehlt noch die Zuckerwaffel: 60 g Zucker, 250 ml Wasser, 80 g weißes Mehl und 80 g geschmolzene Butter sowie 1 halbes Ei verquirlen. Glück hat jetzt derjenige, der ein Waffeleisen hat. So eines ohne große Rillen und Pyramiden sondern eines für den Neujahrskuchen. Dort hinein gebe ich erst etwas Butter (damit der Teig nicht klebt), dann einen Esslöffel vom Teig. Zudrücken und einen Moment warten. Die Waffeln lassen sich warm noch etwas biegen.

Anrichten: Die heiße Tarte auf die eine Seite stellen, daneben die Waffel, auf der ich das Maracujamousse platziere. Dann ein paar Blaubeeren anlegen und mit Spänen von weißer Schokolade sowie dem schwarzen Maracujastaub bestreuen. Wo noch Platz ist, kann ich gut ein paar Maracujasaft-Pickel malen. Und nichts wie ab an den Tisch. Erst nach dem Essen über Kalorien reden. War doch lecker, oder…?

Ich brauche:

Maracujamousse
250 ml Sahne
1 Ei
50 g weiße Schokolade
Vanillezucker
2 Passionsfrüchte
süßes Johan Bülow Liquorice Powder

Blaubeertarte
100 g geschmolzene Butter
250 g Mehl
1–2 Eigelb
Fleur de Sel und Zucker

Belgische Waffeln
60 g Zucker
80 g Mehl
250 ml Wasser
1 halbes Ei
80 g Butter

Das Piemont und „Tartufi Ponzio"

Trüffel-schweinereien über Generationen…

Tobias Sudhoff

Er ist eine kleine Ewigkeit her, mein erster Besuch im Piemont. Ich hatte auf dem Jazzfest in Ascona und anschließend in einer kleinen Stadt am Lago Maggiore zwei Konzerte in der Band eines Saxophonisten gespielt und dann noch ein paar Tage Urlaub drangehängt – Josefe, der Besitzer eines Hotels, mit dem ich mich angefreundet hatte, lud mich ein und so erkundete ich in dieser Zeit die Region. Schwer zu erklären warum, aber in diesen Tagen passierte in mir etwas, dass ich so noch nie erlebt hatte und nie wieder so intensiv erleben sollte. Ich hatte mich unsterblich verliebt. In ein Fleckchen Erde.

In diese Aussicht von schroffen Hügeln, von denen aus man auf der einen Seite das Alpenmassiv und auf der anderen

Seite das Mittelmeer mit der ligurischen Küste sehen kann. Ein Panorama europäischer Landschaftsgegensätze wie man sie in dieser Form nirgends wieder findet. Mitten hindurch fließt der Po mit seinen Reisfeldern und den Seidenreihern. Und dann ist da noch die traditionslinke Arbeiterstadt Turin. Wie soll ich es sagen? Tief in meinem Herzen hatte ich das ganz natürliche Gefühl, dort zwischen Eichen, Orchideenwiesen, Wildschweinen, Bienenfressern, Hirschkäfern, Wespenspinnen und den kolossalen Weinbergen nach Hause zu kommen, so als sei ich schon eine Ewigkeit von meiner Heimat fort gewesen und als wäre ich endlich in ihren Schoß zurückgekehrt. Seither bin ich dieser Region verfallen. Das Piemont ist mir auf eine geheimnisvolle Weise extrem nah: Stolz, manchmal ein bisschen selbstverliebt, sehr ehrlich, es ist gastfreundlich, die Dinge geschehen aus dem Bauch und ganz selbstverständlich und es riecht nach Erde und Trüffel. Das Piemont ist nicht so fein wie die Toskana, aber mindestens so lecker. Es ist nicht so intellektuell durchkultiviert wie Venezien, aber es ist klug. Es hat noch den Dreck unter den Fingernägeln, aber es trägt einen Anzug. Es hat eine schnarrend raue Stimme, doch damit kann es die herrlichsten, abenteuerlichsten Geschichten erzählen. Das Piemont ist hoch und weit und es hat den schönsten Himmel, den man sich vorstellen kann.

Darum kehre ich mindestens einmal im Jahr zurück in meine selbstgewählte Herzens-Heimat. Jede Jahreszeit hat dort ihren Reiz, für den Kulinarientouristen ist aber der Herbst die richtige Wahl: Dann nämlich werden die Nebbiolo-Trauben – die Pussys unter den Weinreben – geerntet. Es wird in dieser Jahreszeit nachts schon ziemlich kühl, morgens wird die Landschaft regelmäßig von einem dichten Nebel geflutet (ja, daher hat der Nebbiolo seinen Namen, denn auf der Haut der tanningesättigten Trauben scheint dieser Nebel hängen zu bleiben), oft aber kämpfen

sich dann doch noch die Sonnenstrahlen durch und an solchen Tagen kann man dann draußen in den Cafés mittags schon das erste Glas Barolo oder Arneis (oder die Damen einen Asti spumante – hihi –) genießen. Die Luft kann man mit der Nase greifen. Alles riecht nach Laub, nach Pilzen, nach Trauben, nach Herbst. Wer seinen Geruchssinn geschult hat, der nimmt immer wieder einen weiteren Duft wahr, der im Herbst allgegenwärtig ist: Trüffel. Nicht der künstliche Scheiß, der in Plastikölen

im Supermarktregal steht, sondern richtig echte Trüffel. Ein komplexes Aroma aus zig Komponenten, von schwefelhaltigen Kohlenwasserstoffverbindungen bis hin zum Steroid Androstenon. Das mit dem Geschlechtshormon ist übrigens ein echter Geniestreich der Evolution: Mit diesem Steroid gaukelt der Pilzkörper, der sich das ganze Jahr unter der Erde vor Fressfeinden versteckt hält, dem weiblichen Wildschwein vor, dort hätte sich ein potenter Eber vergraben. Und die dumme Sau fällt drauf rein, will den Liebhaber aus seinem misslichen Grab retten und beginnt wie blöde (also hormonvernebelt) zu buddeln. Ja, sie futtert sogar mitunter lustvoll die Knollen auf – und nur mit diesem Trick können die Sporen sich an der Erdoberfläche verbreiten! Menschen fallen komischerweise auf den gleichen Trick rein, wobei eher der Duft des Geldes lockt. Und es sind nicht die Weibchen, sondern vorwiegend Männer, denn die buddeln auch wie blöde überall nach diesen kulinarischen Diamanten. Genauer: Sie lassen buddeln. Von Trüffelhunden, die in speziellen Schulen auf den Geruch abgerichtet wurden und uns evolutionär Geruchs-Blinden mit ihren feinen Nasen bei der Suche unabkömmlich sind.
Insbesondere der Weiße Trüffel, der *Tuber magnatum pico*, kommt preislich dabei dem Gold bedenklich nahe. Zum Glück ist der Wert des Trüffels im Gegensatz zu dem des Goldes zeitlich begrenzt, seine Aromen flüchtig und nach etwas mehr als einer Woche bleibt vom Trüffel eine müffelige Knolle übrig, die nur Amerikanern und neureichen Russen und vielleicht noch ein paar Tussis aus Düsseldorf mit ihren Mercedes-Dackeln verschachert wird.
Zentrum des italienischen Trüffelhandels ist das traumhaft schöne Städtchen Alba. Dort befindet sich auch der Trüffelmarkt, der „Ente Fiera Internazionale del Tartufo Bianco", der Oktober bis November seine Pforten öffnet und wo die bedeutendsten Trüffelsammler, die Trufolaos, ihre Waren anpreisen.
Die Qualität wird von der strengen Marktaufsicht kontrolliert, und eine der renommiertesten Experten dieses Marktes ist eine Frau, Isabela Gianicolo. Und was für eine Frau! Wenn Sie nicht gerade auf dem Trüffelmarkt ihre Pilzexpertise nutzt, um dem ein oder anderen Händler ordentlich den Marsch zu blasen, sitzt sie in der Tourismuszentrale in Alba, genauer gesagt dem dort angesiedelten „National Centre for the study of truffles" und sorgt

dafür, dass der Trüffel international ein veritables Argument für den Tourismus der Region bleibt. Ich treffe mich mit Isabela in ihrem Büro, um über das Piemont und die Bedeutung des Trüffels zu sprechen, insbesondere zu Themen der Nachhaltigkeit und der Erntemenge, denn Trüffel sind ja nun mal als reines Naturprodukt von diesen Faktoren überaus abhängig. Ich hatte mich eigentlich gut vorbereitet, wusste ich doch, dass ich dort einer studierten Lebensmittelchemikerin und einer international anerkannten Expertin zum Thema Trüffel begegnen würde, und ich wollte mich als Vertreter meiner Hochschule in Münster nicht zum Vollidioten machen. Doch dann sitze ich einer derart attraktiven Frau gegenüber, leck mich anne Täsch, und als mir der Trüffelgeruch im Büro die letzten funktionstüchtigen Sinne vernebelt, stammle ich in meinem peinlichen Restaurant-Italienisch ein paar Fragen daher (ganz im Sinne des wunderbaren Prince of Bel-Air: „Ich würde mich gerne mit Ihnen unterhalten, ich hab aber kein Blut mehr im Kopf…"). Manno. So ein

Mist. Was war noch mal das Gegenteil von eloquent? Mein Glück: Isabela antwortet souverän und schon bald taucht sie mit mir in die Geheimnisse der Trüffelindustrie ein, wir sprechen in einem Englisch-Italienisch-Kauderwelsch über die Schwierigkeiten, Trüffelaromen zu konservieren und über den Betrug an den Konsumenten – denn weltweit werden zig mal mehr Trüffelprodukte verkauft, als es mit den üblichen Ernten überhaupt möglich wäre. Da wird ein Scheibchen Sommertrüffel im Öl oder in der Butter mit künstlichen Aromen gepimpt, dass es im nahrungsmittelindustriellen Gebälk nur

so kracht. Allerdings kommen wir beide überein, dass man durchaus sein eigenes Öl und seine eigene Trüffelbutter für gar nicht sooo viel Geld am besten selber herstellen kann. (Bei der Butter habe ich übrigens den besten Trick von meinem Freund Stephan Hentschel gelernt: Einfach 2–3 kg Butter in das luftdichte Gefäß geben, wo man ein paar hundert Gramm Trüffel gelagert hat. So einfach? Genau. So einfach). Zum Abschied organisiert sie noch einen Nachmittag für mich bei einem, ach Quatsch, dem Ausbilder für Trüffelhunde, mit dem ich dann tatsächlich einen Tag später in den Wald ziehe, um Trüffel zu suchen.

Ich war schon ein paarmal mit einem Trüffelsammler und seinem Hund unterwegs, der Bruder meiner Freundin Ebi aus dem nördlichen Piemont hat mich dann und wann schon mal mitgenommen. Aber das hier war schon speziell: Hier traf ich auf einen der Top-Ausbilder, doch keinen Ausbilder Schmidt („guten morgen, ihr Luschen!" Dieser superliebe Kollege mag mir den Vergleich verzeihen!), sondern eine Art Hundeflüsterer. Durchs Unterholz zwischen Eichen und Pappeln wandern wir mit den Vierbeinern. Es ist die Kombination von Mensch und Tier, eine Art marktwirtschaftliche Symbiose, die den Erfolg bringt: Das Herrchen muss die Stellen in der Landschaft lesen können, wo Trüffel wachsen, der Hund macht dann die Feinarbeit.

Was so ein Trufolao dann aus dem Wald holt, landet nur zu einem kleinen Teil auf dem Trüffelmarkt. Der größte Teil geht direkt an die Händler vor Ort. Davon gibt es in der Umgebung von Alba reichlich (sie wachsen sprichwörtlich wie Pilze aus dem Boden…). Doch einer davon sticht mit seinem innovativen Denken hervor: Gianfranco Curti, der in der vierten Generation „Tartufi Ponzio" führt. Hier im Piemont ist vieles sehr tradiert und werden Innovationen eher misstrauisch beäugt. Und so hat sich bei vielen Häusern, die mit Trüffelprodukten arbeiten, nicht viel getan. Im Ausland hat sich dank der Food-Industry mehr und mehr ein künstliches Trüffelsubstitut breit-gemacht, dass aus Abfällen der Petrochemie gemacht wird. Doch Gianfranco hat einen dritten Weg gewählt. Im Grunde geht es dabei immer wieder um die Frage, wie man die Aromen des Trüffels konservieren kann. Da viele Aromastoffe fettlöslich sind, bieten sich Fette (Öl oder Butter) an. Wie aber kann man den ganzen Trüffel konservieren? Kochen und im eigenen Sud verkaufen? Die Hitze zerstört das Aroma. Dann vielleicht trocknen? Im Gegensatz zum *Boletus edulis*, dem Steinpilz, gingen beim Trocknen von Trüffeln bisher die meisten Aromen flöten. Ein spezielles, von Gianfranco mit den Lebensmittelchemikern von der Universität in Oxford/England entwickeltes Verfahren brachte eine frappierend hochwertige Lösung: Ein spezielles Gefrier-Trocknungsverfahren war Grundlage für einige der feinsten Produkte ihrer Art. Und so stehen im kleinen Laden der Curtis mit dem traditionsreichen Namen „Tartufi Ponzio" neben frisch gesammelten Trüffeln etliche selbstentwickelte Produkte, die mehr Trüffelaroma enthalten, als die meisten ausländischen Trüffel-Junkies je kennenlernen dürfen. Insbesondere das Salz hat es mir angetan – ich streue es als Finishing-Salz auf Gemüse und Fleisch, ich würze Trüffelrührei bis zu Saucen damit. Selbst die gehobelten und getrockneten Scheiben Weißen Trüffels entfalten, wenn man sie in lauwarmer Butter erwärmt, in ungeahnter Tiefe die geliebten Aromen dieses Edelpilzes.

Zu unserem Shooting ist Gianfranco leider krank, er kuriert eine schwere Grippe zu Hause aus (bestimmt mit Trüffeltee und Tabletten aus Weißen Trüffelscheiben…!), aber das macht nichts: Die stolzen Eltern Giuseppe und Maria Teresa (sic!) springen ein. Denn auch sie sind Feuer und Flamme für dass, was ihr Sohn da mit harter Arbeit und Kreativität an Veränderungen für den kleinen Familienbetrieb erreicht hat.

Und so haben wir dann beim Photoshooting ausgesprochen viel Spaß miteinander. Dabei schnabble ich mich ganz nebenbei trüffeltrunken durch die verdammich trüffelige Welt von Ponzio: Sogar eine Schokopraline, die mir mit ihren weißen Trüffelaromen fast den Kopf seelig explodieren lässt, gehört ins feste Programm. Einfach wow!

Da bin ich dann, an diesem Herbsttag, im Herzen der Trüffelwelt, erfüllt von Duft und Geschmack auf Wolke 7. Oder 8. Oder 9. Egal. Auf jeden Fall bin ich in diesem Moment wieder noch ein Stückchen mehr zu Haus angekommen.

ALBA

Tobias Sudhoff

Tobias Sudhoff

Trüffeltartar – ein feuchter Vegetarieralbtraum…

Lieber Vegetarier – diese Seite enthält Bilder und Szenen, die für Dich nicht geeignet sind. Bitte blättere darum, wenn Du nicht hart im Nehmen (oder sehr tolerant) bist, jetzt um.

…

Isser weg? Darf ich jetzt?

…

Okay. Hab ich schon gesagt, dass ich Fleisch mag? Also so richtig? Es muss für mich nicht mal gebraten oder gekocht worden sein. Ich mag es gerne auch roh. Unter allen Fleischgerichten gibt es für mich den ultimativen Foodporno. Besser geht's nicht. Und mit Euch, die ihr nicht umgeblättert habt, möchte ich das Geheimnis des gustatorischen G-Punktes teilen… Haltet jetzt ein gutes Messer und einen Trüffelhobel in der Hand und Ihr werdet in 10 Minuten genauso glücklich sein wie ich.

Tobias Sudhoff

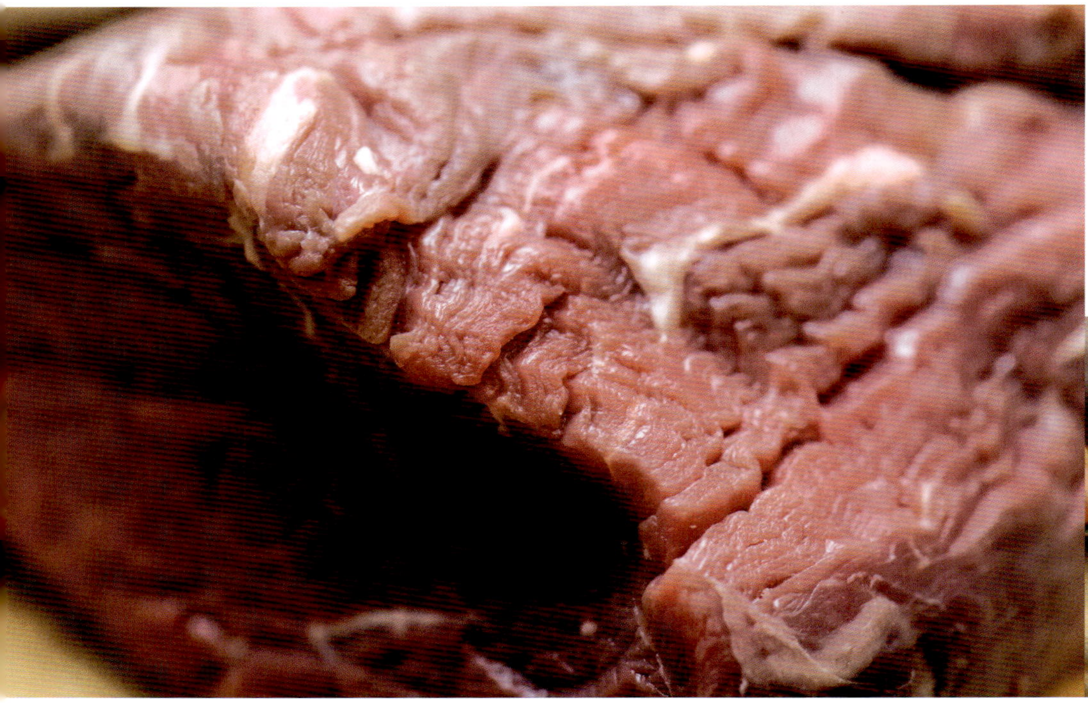

Rinderfilet mit dem Messer zum Tartar rebeln. Auf ca. 200 g Tartar 1 Eigelb. Dann ein Gewürzgürkchen in sehr feine Mirepoix schneiden und ebenso fein ein wenig Zwiebel. Ein Hauch Senf darf auch dran. Dann Weißen Trüffel hineinhobeln und mit dem Rührhaken verkneten. Ziehen lassen. Mit Trüffelsalz und etwas Pfeffer abschmecken.

Anrichten: Im Metallring ein Türmchen aus dem Tartar bauen und Trüffel drüberhobeln. Sex auf dem Teller...

Ich brauche:

exzellentes Rinderfilet (abgehangen und von glücklichen Bio-Rindern)
Eigelb
saure Gurke
Zwiebel
Senf
Weiße Trüffel
Trüffelsalz

Falko und ich sind schon einige Mal zusammen im Piemont in den Urlaub gefahren. Ist es dieser Duft von den besten Trüffeln der Welt, der uns dorthin zieht? Manchmal glaube ich fast, ja. Denn was sonst sollte einen bewegen auch im Herbst bei feuchtkalten Temperaturen in diese Region zu fahren, statt auf die Malediven? Und Wein zu trinken, der zwar betörend gut sein kann, mindestens aber genauso häufig umgekippt oder aus anderen Gründen ein Totalausfall ist. Im Ernst: Wer das Risiko scheut, der sollte lieber bei Bordeaux bleiben, denn auch unter den teuren Barolos und Barbarescos verstecken sich immer wieder Querschläger, deren Splitter einem lange im Gedächtnis stecken bleiben. Und doch, und doch, es ist und bleibt eines der schönsten und schmackhaftesten Fleckchen Erde. So wollen wir, ganz vegetarisch, hier den Trüffel zu wildem Sex mit Spinat bringen – und siehe da, naklar – es klappt ganz vorzüglich! Dieses Gericht übrigens lässt sich ganz wunderbar mit einem Trüffelspiegelei ergänzen (siehe Anhang ab S. 250)…!

Spinatbällchen mit Trüffelcreme

No. 1: Die Spinatbällchen kann man aufwendig entweder aus frischem Spinat (waschen, waschen, waschen, blanchieren, ...) oder aus tiefgekühltem Spinat machen. Wenn es frischer Spinat sein darf, muss ich nur deutlich mehr (etwa das Doppelte) einkalkulieren. Den Spinat (je nach Variante entweder aufgetaut oder gewaschen und blanchiert) in Butter andünsten und, sobald er kühl genug zum Anfassen ist, soviel Flüssigkeit wie möglich ausdrücken. Dann mit einem großen Küchenmesser ziemlich fein hacken.
Butter und ordentlich Zwiebeln in eine Pfanne geben, anschwitzen und den gehackten Spinat zugeben, mit Salz, Pfeffer und Muskat würzen und etwas andünsten lassen. Etwas erkalten lassen. Auf 200 g Spinat: 150 g Ricotta, 75 g Mehl, reichlich fein geriebenen Parmesan (es dürfen 100 g sein) und 2 Eigelbe unterarbeiten. Wenn die Eier klein sind, kann man auch 3 nehmen, wobei man bei diesem Rezept grundsätzlich versuchen sollte, einen hinreichend homogenen Teig mit so wenig wie möglich Mehl und Eigelb herzustellen. Ich stelle den fertigen Teig immer erst noch einmal abgedeckt in den Kühlschrank, das festigt ihn etwas. Dieses Gericht lässt sich deshalb super vorbereiten.

Ich brauche:

Spinatbällchen:
blanchierten Spinat
Butter
Zwiebeln
Salz, Pfeffer
Muskat
Ricotta
Mehl
Parmesan
2–3 Eigelb

Trüffelcreme:
2 Eigelb
1 EL weißen Balsamico
2–3 EL Parmesan sehr fein gerieben
Trüffelsalz
Pfeffer
3–4 EL Sahne
ggf. Zucker
Muskat
3 EL Trüffelöl
40 g Trüffelbutter geschmolzen
Butter

No. 2: Meine Trüffelcreme, die ich komplett kalt zusammenstelle, geht superfix. In ein Glas mit Schraubverschluss gebe ich 2 Eigelb, einen Esslöffel weißen Balsamico, 2–3 Esslöffel sehr fein geriebenen Parmesan, Pfeffer, Trüffelsalz, 3–4 Esslöffel Sahne, evtl. eine Prise Zucker und Muskat. Das Trüffelaroma kommt über 3 große Esslöffel Trüffelöl und eine gute Portion Trüffelbutter, ich nehme ungefähr 40 g. Die Trüffelbutter lasse ich auf kleinster Hitze weich bzw. leicht flüssig werden, damit sie sich gut mit den anderen Zutaten vermischt. Beim Erwärmen gebe ich auch noch einen Stich normale Butter dazu. Jetzt mache ich einen Deckel auf das Glas und schüttele alles gut durch, mehrfach. Die gewünschte Konsistenz der Creme kann man mit Sahne, Trüffelöl oder flüssiger Butter feinsteuern. (Trüffelbutter siehe Anhang ab S. 250)

No. 3: Mit den Händen kleine Bällchen aus der Spinatmischung formen und in kochendem, gesalzenem Wasser ungefähr 4–6 Minuten kochen lassen. Ich serviere die Spinatbällchen nicht zu heiß, damit sich die Trüffelcreme nicht auf dem Teller durch die Temperatur der Spinatbällchen in ihre Bestandteile trennt. Nach Belieben noch geriebenen Parmesan drübergeben und mit der schwarzen Pfeffermühle den Teller verschönern. Mit Trüffelsalz abrunden und an die Speisetafel damit...

Anmerkung: Neben der Qualität der Produkte (siehe Kapitel Piemont) ist bei der Creme auch das Mischungsverhältnis von Bedeutung: Experimentiert doch mal mit dem Anteil von Trüffelöl, Eigelb, Butter und Sahne. Wenn man eine schöne Mischung gefunden hat (mein Vorschlag oben ist nur eine Variante), bleibt die Trüffelcreme auch im Kühlschrank schön cremig und wird nicht zu fest. Dann kann man sie direkt vor der Verwendung aus dem Kühlschrank zaubern und verschiedenste Speisen damit veredeln, z.B. profane Nudeln oder gebratenes Fleisch.

Kalbsbries mit Selleriepüree und Schwarzen Trüffeln

Wann ist unserer Gesellschaft eigentlich ihre Beziehung zur Milch abhandengekommen? Da haben die Rinder vom Auerochsen bis zum Wisent fleißig unsere Natur geprägt, waren doch einstmals ein Großteil unserer Landschaft Grassteppen, und nur dank des fröhlichen Wiedergekaues und reichlichen Kuhschisses entwickelte sich in Flora und Fauna eine ungeahnte Artenvielfalt. Noch heute zeugen die Bördeböden von dieser Periode und es ist keinesfalls so, dass der deutsche Wald die natürliche Landschaft dieses Landes ausmacht – insofern ist die ausschließliche Konzentration auf Wiederbewaldung als Ausgleichsfläche für verbrauchte Naturflächen, wie sie politisch up to date zu sein scheint, auch ein landschaftsökologischer Treppenwitz – das nützt vielleicht den Spaziergängern, nicht aber der Artenvielfalt. Stattdessen wären Wildwiesen mal dringend angesagt – oder noch viel besser: Ein Ende der pathologischen „Versiegelitis" unserer Böden. Zurück zum Rind: Erst als die Menschen die Rinder wie blöde bejagten – eben weil sie so schmackhaft sind und Neandertaler & Co kaum mehr Ahnung von ökologischen Zusammenhängen hatten als wir heute, konnten die Wälder sich so ausbreiten. Zum Glück begannen die Menschen mit der Landwirtschaft immerhin einiges an Fläche wieder den Kühen zu überlassen, so dass sich das natürliche Spiel von Grasbiss, Neuwuchs und Kuhfladen wieder einstellte. Als ganz natürliche ökologische Kreiswirtschaft – und der Mensch hatte auch noch was davon: Zum einen natürlich in regelmäßigen Abständen saftige Steaks, vor allem aber zusätzlich auch noch einen ganz besonderen Saft: Milch! Also nicht diese totpasteurisierte weiße Ersatzflüssigkeit aus den Supermarkt, von Kühen, die mit pansenkillendem Kraftfutter gemästet werden, damit die sich auf wackeligen, ausgelaugten Beinen mit wundrotem Euter blöde milchen. Während der grenzdebile Bauer kuhdoof dem marktgesetzlichen Preisverfall als einzige Lösung noch mehr Produktion minderwertiger Ware entgegensetzt. Wo ist das schiefgelaufen zwischen Bauer, Konsument und Kuh? Waren es die Nazis, die die Einzelvermarktung der Milch verboten hatten und die zentralen Molkereigenossenschaften zwangsweise einführten? Oder waren es die produktionsgeilen 80er, in denen wir in Butter und Milch schwammen, dass es uns bis zur Oberkante Unterlippe stand? Es ist ein Trauerspiel, denn die armen missbrauchten Kühe werden jetzt auch noch aus der linksökologischen Bewegung als Klimakiller angegriffen. Liebe Leute, der Klimakiller ist nicht die Kuh – der Klimakiller sind wir. Du und ich. Der Mensch.

Höchste Zeit, wieder etwas für den guten Ruf dieses ausgesprochen feinen, zarten Geschmackes eines echten Naturproduktes zu tun – darum schmiegt sich hier an das Kalbsbries (ja, Entschuldigung, das ist schon ein bisschen gemein...) ein Milchschaum, der sich im Vergleich zu einer Sahnesauce wie ein paar Schäfchenwolken zu einem Regenguss ausnimmt. Die Milch aber bitte von Kühen aus ökologischer Landwirtschaft, die draußen auf der Weide das tun, was eine Kuh tun soll: Grasen und kacken.

Tobias Sudhoff

No. 1: Das Bries 15–20 Minuten in einem schön würzigen Gemüsefond mit ausreichend Salz und getrockneten Muskatblüten köcheln lassen. Dabei immer wieder unmrühren. Anschließend abtrocknen und mehlen. Kurz vor dem Anrichten in heißer Butter braten, so dass das Mehl eine knusprige Kruste bildet. Den Sud in der Pfanne aufbewahren – dort kommt gleich die Milch hinein!!

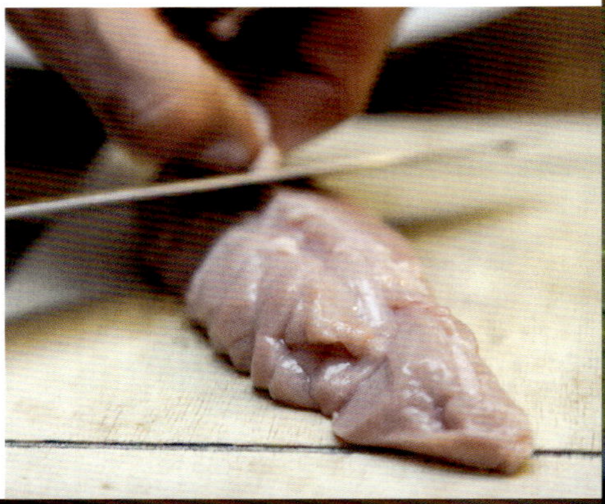

No. 2: Für das Selleriepüree benutze ich einen Teil Kartoffeln und drei Teile Sellerie. Kartoffeln in Salzwasser weichkochen, abgießen und warm halten. Sellerie in Butter anbraten und dann mit Wasser und Weißwein ablöschen. Außerdem schneide ich ein paar Ringe vom Porreegrün ab und werfe sie in den Topf. Genug Wasser zufügen, um beides in den nächsten 10 Minuten weich zu kochen. Wasser abgießen, die Kartoffeln und etwas Milch hinzufügen und mit einem Kartoffelstampfer grob bearbeiten. Ich will keinen feinen Brei, sondern eine Art Selleriekompott. Abschmecken mit Trüffelsalz, etwas Trüffelbutter und Pfeffer sowie Schwarzem Trüffel, den ich durch die Microplane hoble.

No. 3: Kalbsjus (siehe Anhang ab S. 250) mit Butter montieren, ggf. mit Salz und Pfeffer sowie etwas Armagnac abschmecken und auf 50 °C abkühlen lassen. Dann erst Trüffel mit der Microplane zufügen – die Trüffelaromen sind bei zu hohen Temperaturen sowas von flüchtig... Bei 50 °C ziehen lassen.

No. 4: Milchschaum: Den noch heißen Sud vom Bries mit Milch ablöschen. Nur mit Salz würzen. In ein hohes Gefäß füllen, warm halten und den Zauberstab bereithalten!

Anrichten: Zentral auf den Teller kommt eine Nocke vom Selleriepüree. Darauf mit einem Trüffelhobel reichlich und gleichmäßig *Tuber melanosporum* (also Perigord-Trüffel) hobeln und leicht andrücken. Das Bries drum herum anlegen, jeweils etwas von der Jus über das Bries geben. Die Milch mit dem Sud im hohen Gefäß mit dem Stabmixer aufschlagen und mit einem Löffel den Schaum darauf abheben und zwischen die Briesstücke nappieren. Ab auf den Tisch damit – und schon sind alle Gäste eingenebelt in den paradiesischen Duft der Trüffel. Und jetzt darauf hoffen, dass jemand am Tisch zufällig „keine Innereien mag", um dessen Portion nach der eigenen selig verdrücken zu dürfen...

Ich brauche:

Bries:
Klabsbries
Gemüsefond
Salz
Muskatblüte
Mehl

Selleriepüree:
3 Teile Sellerie
1 Teil Kartoffel
Salz
Butter
Weißwein
Wasser
Porree
Milch
Trüffelsalz, Pfeffer
Trüffelbutter
Schwarze Trüffel

Trüffeljus:
Kalbsjus
Butter
Salz und Pfeffer
Armagnac
Trüffel

Milchschaum:
Sud vom Briesbraten
Milch
Salz

Stephan Hentschel

Grüner Daumen am Herd

Tobias Sudhoff

Ach ja, was wird viel gefaselt in den Speise-Schmonzetten oder den aktuellen Kochbüchern, von Nachhaltigkeit und dass man weniger Fleisch essen soll und wie lecker Veggie-Küche ist. Manchen Kollegen hängt noch das halbe Eisbein aus dem Mund, während sie in die Kameras nuscheln, sie würden höchstens ein- bis zweimal in der Woche Fleisch essen… Die Wahrheit ist leider, dass bis heute das deutsche Verständnis für vegetarische Küche einem die Freude an den Möglichkeiten, welche die Fauna ja durchaus bietet, reichlich – darf ich das in dem Zusammenhang sagen? – versaut und verwurstet…

Entweder handelt es sich um die nächste Bibel irgendeines Gurus, die Euch die große Katharsis verspricht. Nur wenn dort „Genuss" draufsteht, sind statt Hedonismus leider vor allem Sojaeiweiß und fade Plörre drin. Bitte, komm mir keiner mit den schön aufgemachten (und in Massen aufgelegten) Büchern mit Fitnesslehrern vorne drauf, die jetzt auf Koch machen. Kochen heißt bei denen verzichten, nichts schmeckt davon so gut, wie es aussieht. – Zucker? Is' Gift für den Körperrrrr… Milchproteine? Gift für den Allergikerrr… demnächst kommen die auch noch ohne Salz aus, weil ja mit entsprechender esoterischer Verbrämtheit „alles so viel intensiver schmeckt"!

Oder als zweite Option, und die ist leider noch schlimmer, es kommt Muttis Sonntagsbraten-totes-Tier-Klops oder der MacDoof-Pappdeckel-Burger mit einem noch widerlicheren Fleischersatzprodukt auf den Tisch („jetzt mit histaminlactosecaseinfreiem Quinoa-Soja!") – ich teste regelmäßig Restaurants für meine Kolumnen und was mir da

Sensationen, die die Mühe allemal lohnen (yipiieh, ein Reim!).
Das schnallen auch immer mehr Kollegen aus der Sterneliga, kaum einer der hochdekorierten Herd-Krieger zieht noch in die 7-Gängeschlacht mit übermäßig viel Fleisch. Gut so. Doch wirklich rein vegetarische Küchen haben es hierzulande schwer: Im Margaux musste Michael Hoffmann mangels Erfolg aufgeben und in Frankfurt wurden vor kurzem Schmidt und Kofler mit der Fleisch-und Partykeule vom Gemüsehof der Villa Merton gejagt. So bleibt uns Schmackofatz- und Tierfreunden als letzte Hoffnung eine Glanzfigur der deutschen Gourmetszene: Mitten in Berlin, keinen Steinwurf von unserer Bundesregierung (herrlich passende Formulierung in dem Zusammenhang!) entfernt, kocht in den Katakomben einer ehemaligen Berliner Club-Diskothek, deren Chef unter dem Namen Cookies der Berliner Szene schon viele innovative Clubformate angedeihen ließ, Stephan Hentschel. Im „Cookies Cream", so heißt dieses Veggie-Domizil gleich hinterm eleganten Westin Grand, wird komplett ohne totes Tier gekocht. Fonds, Saucen, Reduktionen – alles vegetarisch. Und Hentschels hehre Kochkunst gepaart mit zivilen Preisen, charmant-schnoddrig-berlinerischem Service sorgt seit Jahren für ein stets volles Haus. Selbst der Gault Millau, ansonsten eher weit entfernt davon, solchen Restaurantkonzepten mit Sympathie gegenüberzustehen, lobt geradezu überschwänglich (ich zitiere, und im Gegensatz zum Gault Millau selber, der gerne mal meine Formulierungen

die vegetarischen Restaurants teilweise auftischen – du lieber Himmel, da wird man ja freiwillig zum Großwildjäger! Ich bin mir sicher: Dies ist der Grund für die paradoxe Situation, dass ausgerechnet die deutsche vegetarische Küche bei uns den Fleischkonsum eher noch antreibt – einfach weil man solche Alternativen echt nicht essen müssen will, zumindest wenn man keinen schweren Ideologieschaden oder sonst welche Lust am Leiden hat.
Ich will darum Euch Lesern gleich reinen Wein einschenken: Vegetarisch kochen ist mindestens so aufwendig wie die Fleischküche und bedarf einer noch größeren Lebensmittelkompetenz. Sorry. Ist leider die Wahrheit. Jetzt kommt aber die gute Nachricht: Wenn man es richtig macht, eröffnet sich einem eine Welt von Geschmäckern und sensorischen

„verwendet", gebe ich das auch zu ...): „Jedes Jahr geht Stephan Hentschel in der Küche einen großen Schritt weiter... Cookies Cream ... ist das beste deutsche Gemüserestaurant."
Dass es dort trotzdem nur zu 15 Punkten mit zwei Kochmützen reicht und die Kollegen vom Michelin, die sowieso auf ihren Zungen sitzen, das Cookies Cream erst gar nicht auf dem Schirm haben, liegt ganz sicher nicht an Hentschels Küche. Die ist nämlich handwerklich beeindruckend, ausgesprochen mutig und originell ohne sich dabei in Beliebigkeit oder gar Künstlichkeit zu verlieren. Im Gegenteil: Hentschels Teller haben, jeder für sich, eine klare, selbstbewusste Aussage. Wenn man Stephan dann persönlich begegnet, wundert man sich zunächst: Der da soll Deutschlands Veggie-König sein? Ein ausgesprochen bescheidener, liebenswürdiger Typ mit einem sanften Gemüt, so gar nicht der perfektionistische Küchentyrann? Genau. Denn Stephan strahlt eine Art natürliche Autorität aus, die auf großer Kompetenz basiert. Er hat sich durch die halbe Welt geschnabbelt und weiß sehr genau, wo der Barthel seinen Most holt. Ich durfte das selbst schon ein paarmal live erleben, wenn er als Gast auf einem meiner Kochshow-Abende in der Küche stand – mit einem ihm völlig fremden Personal. Natürlich dachten diese Küchenhelfer und Köche: Da kommt jetzt der große Star aus Berlin, der uns rumkommandiert, tierisch einen auf dicke Hose macht und wir müssen am Ende für ihn die Kohlen aus dem Feuer holen. Etliche solcher „Stars" haben nämlich trotz kleinen Talents ein ziemlich raumfüllendes Ego, ich habe da schon einiges mitgemacht und gesehen, von inkompetenten WDR-Köchen, die nicht mal eine vernünftige Kartoffelsuppe zusammengekocht bekommen bis zu TV-Sternchen, die die halbe Küche zusammenbrüllen, damit sie ihre Unsicherheit überspielen. Nichts Ungewöhnliches also. Doch Hentschel hat das nicht nötig: Er bleibt ruhig und gewinnt sofort „seine Crew des Abends" für sich. Nach einer Viertelstunde sind alle bestens aufgelegt, alle haben Lust auf den Abend und das Uhrwerk, das hinter den Kulissen die Teller mit Köstlichkeiten bestückt, schnurrt perfekt. Kein Wunder, dass Hentschel in seiner Berliner Küche kaum Fluktuation hat – er hat neben einem gesunden Selbstvertrauen eben auch das große Vertrauen in „seine" Jungs. Da darf jeder auch mal seine eigenen Fehler machen, um daraus zu lernen. Es gibt viele gute Küchen in Berlin, aber ich kenne keine einzige, in der die Stimmung derart von guter Laune und Lust auf gemeinsames Kochen geprägt ist. Überall immer wieder ein lautes Lachen. Dann springt einer ekstatisch vor seiner Stielkasserolle auf und nieder, „weil die Sauce so geil geklappt hat, probier mal!", während der nächste mir, dem Kücheneindringling, irgendeine geröstete Gemüseschweinerei in den Mund stopft – „hab ich gerade fertig, und, wat sachste?". Mittemang, ein zufriedener Chefkoch, der weiß, dass man so ein verrücktes Projekt einer rein vegetarischen Küche mit Sterneambition nur mit solch einer Stimmung angehen sollte. Für den Gast wird dieser Küchenspaß schmeckbar auf den Tellern und entspannend fühlbar an dem ganz und gar ideologiefreien Vegetarismus, der einem beinahe gar nicht mehr auffällt, wenn man im Cookies Cream schmatzend und schlürfend die bunte Vielfalt auf dem Teller genießt – befreit von der Angst, gleich wieder einem magerbleichen Missionar zu begegnen. Hier esse ich vegetarisch nicht, weil ich verzichten muss, sondern schlicht und

Ein Herd und eine Seele

ergreifend weil es superschweinelecker ist. Da ich schon etliche Streifzüge durch die (und nicht nur dort) Berliner Nacht mit Stephan hinter mir habe, weiß ich längst, dass er auch nach Feierabend so guter Dinge bleibt. Einfach weil es seinem Naturell entspricht. Da ist jemand mit sich und seinem Leben ganz im Reinen. Er betrachtet dieses Leben, das er führt, als ein duftes Geschenk, das man genießen sollte, ohne seine Pflichten zu vernachlässigen. Denn auch das gilt: Eine Küche funktioniert nur, wenn jeder neben der Kür auch die Pflicht, neben dem Würzen auch das Schrubben und Polieren beherzigt. Zudem gehört er nicht zu der Alchimistenfraktion, die ihre ach so tollen Geheimnisse wie den Heiligen Gral hüten. Nein, er hat verstanden, dass Kooperation den Menschen voranbringt, dass wir ohne Kooperation in der Evolution nicht so weit gekommen wären. Und so plaudert er mit mir, dem Kücheneleven, fröhlich über seine Tricks und ist sich selber auch nicht zu fein, von mir Ideen anzunehmen. Wie oft hab ich am Herd mit dem Telefon in der Hand ganz kurz bei ihm angerufen nur um ihn zu fragen, wie er dieses oder jenes jetzt machen würde…

Letztlich ist es genau diese Lust am Leben, diese Freude am Teilen von Ideen und Gedanken, warum ich so gerne mit Stephan Zeit verbringe – und warum ich glaube, dass er seinen Weg mit immer größerem Erfolg gehen wird: Ob es die vom Gault Millau und Michelin mitbekommen oder nicht – hier kocht sich einer beharrlich und sehr fröhlich und völlig fleischlos ganz nach oben in die deutschen Gourmet-Liga.

Ich gehe ja furchtbar gerne zu meinem Lieblingslibanesen. Allerdings kann einen sein Essen wegen nur einer Zutat sehr einsam machen – Zahnärzte, die grünlichviolett noch vor der Betäubungsspritze anlaufen, Menschen, die im Gespräch den Kopf peinlich berührt zur Seite legen, spätestens wenn man auf der Bühne steht und sich die ersten Gäste aus den vorderen Reihen weiter hinten in den Saal setzen, weißt du: Knoblauch ist zwar gesund für den Körper, nicht aber für unsere gesellige Psyche. Wer nach dem Libanesen noch an so einem gemütlichen Abend kuscheln will im Bettchen, der sollte den Lebens-(Abschnitts-)Partner besser eingeladen haben, denn merke: Nur der Ozelot mag mit dem Ozelot knutschen... Vor ein paar Jahren aber lernte ich eine wunderbare, geruchsfreie Alternative kennen, die uns die Koreaner bescherten – schwarzer Knofel. Da werden die Knoblauchzehen 40–80 Tage lang bei ca. 50 °C gelagert und fermentieren (wobei mir bis heute nicht mal ein Koreaner sagen konnte, ob das eine echte, spontan verlaufende Gärung oder eigentlich eine schlichte Oxidation ist...). Sie verwandeln sich in schwarze, süßliche Zehen mit deutlich Melanoidinen-Aromen – superfein! – endlich mal was Essbares aus Korea, das nicht nur die Koreaner und ein paar europäische Masochisten lieben... Das tollste: Der Koreaner und ich, wir stinken damit beide nicht nach dem Verzehr! Hier nun ein rein vegetarisches Rezept mit Avocado, Tomaten und eben jenem schwarzen Knoblauch, der es auf meinem Teller sehr wild mit Arganöl treibt. Ja – ich weiß, gutes Arganöl ist teuer. Aber jeder Cent ist da gut investiert, denn im Umkehrschluss gilt: Billiges Arganöl kann nicht gut sein. Außerdem benötigt man doch eh nur ein paar Tropfen. Und im Kühlschrank – wo ich ALLE meine aromatischen Öle lagere!! – hält es sich über Jahre.

Trilogie aus Avocado, Tomate und schwarzem Knofel

No. 1: Die Schicht-Terrine besteht aus drei Phasen, die ich (soll ja veggietauglich sein) mit Agar-Agar statt Gelatine zubereite. Agar-Agar (bescheuerter Name, warum reicht nicht einmal Agar??) hat die tolle Eigenschaft sich reversibel zu verhalten: Du kannst also immer, wenn Du Dich vertan hast, mit der Menge durch Erhitzen den Stockungsprozess rückgängig machen. Nachteil: Du musst die Massen, die Du stocken lassen willst, auf über 93 °C erhitzen, um mit eingerührtem Agar den gewünschten Geliereffekt zu ermöglichen – da löst sich manches Aroma schon mal ganz ätherisch in Luft auf. Bei meinen drei Phasen stelle ich also zunächst mal die zu gelierenden Grundmassen her.

1) Knofel-Arganöl: schwarzen Knoblauch, etwas Arganöl, Salz, etwas Frischkäse und Sahne mit dem Stabmixer kurz homogenisieren. Vorsicht – bei zu viel Sahne fängt die schnell an zu flocken! Die Masse sollte nur einer etwas dickeren Flüssigkeit entsprechen.
2) Avocado aus der Schale heben und mit etwas weißem Balsamico und etwas Sahne sowie etwas Salz und Muskatnuss mit dem Stabmixer aufmixen.
3) Für die Tomatenphase erst Tomaten mit heißem Wasser übergießen und enthäuten. Anschließend durch ein Haarsieb drücken. Etwas roten Traubensaft dazu und Tomatenmark. Etwas Salz.

Für ca. 1 Liter Masse gesamt nehme ich ca. 1 gestrichenen Teelöffel Agar-Agar. Ich erhitze die drei Grundmassen in jeweils einem eigenen Topf auf die ominösen 93 °C und dann verteile ich, je nach Menge, mein vegetarisches Geliermittel in die Töpfe und rühre einmal kräftig um. Dann lege ich drei Bögen Backpapier aus und gieße bzw. verteile (falls zu fest zum Gießen) jeweils die heißen Massen darauf. Jetzt bloß nix mehr anfassen und stocken lassen – das geht so bei unter 40 °C los. Wenn die Phasen festgeliert sind, kann ich sie vorsichtig von dem Backpapier lösen und übereinanderlegen, so dass die drei Farben Beige, Grün und Rot nun übereinanderliegen. Das sieht nicht nur sehr sexy aus, es schmeckt auch schweine- ach Quatsch, ich meinte natürlich gemüselecker.

No. 2: Der Salat aus Avocado, Tomate und schwarzem Knofel: Tomaten und Avocado würfeln, schwarzen Knofel in dünne Scheiben schneiden, das Ganze in einer Schüssel mit Arganöl vermengen und mit Murray River Salt abschmecken.

Anrichten: Die dreischichtige Terrine in kleine Würfel schneiden und zentral auf den Teller legen. Salat darumdrapieren. Und dann ab zu den Gästen auf den Tisch, die guten Gewissens ganz CO_2-neutral schmausen…

Ich brauche:

Für die drei Phasen meiner Terrine:

Agar Agar Agar Agar…
schwarzen Fermentknoblauch
Arganöl
Salz
Frischkäse
Sahne
Avocado
weißen Balsamico
Muskat
Tomaten mit Aroma
roter Traubensaft
Tomatenmark

Salat aus den drei Komponenten:

Avocado
Tomate
schwarzen Fermentknoblauch
Arganöl
Murray River Seasalt

Süßkartoffel mit Kokosespuma, Rote Beete in Sesamöl gegart, Schwarzwurzel in Panade und Kohlrabi-Pinien-Curry-Pesto als Turm

Jetzt, liebe Herdfreunde, geht's mal ans Eingemachte. Ein typisches Phänomen der vegetarischen und in diesem Falle sogar veganen High-End-Küche (oops, was ist denn mit mir los? Hab ich wirklich „vegan" geschrieben...?): Es sind etliche Handgriffe für diesen Teller nötig und daher flotte Finger beim Anrichten gefragt, damit das Essen warm und nicht lau bei den Gästen ankommt. Ich selber habe dieses Rezept bei einer Kochshow mit meinem Freund Stephan Hentschel mal für knapp 100 Gäste zubereitet – und das ganze Küchenteam beim Anrichten voll in Beschlag genommen... Kleiner Tipp für zu Hause: Wer über keinen Pass zu Hause verfügt (hahaha... also fast alle), der sollte die Teller wirklich sehr warm zum Anrichten bereitstehen haben. Ich jedenfalls denke seither über mobile Wärmelampen in der Küche nach...

No. 1: Rote Beete in Würfel mit ca. 3 cm Kantenlänge schneiden (mit Latexhandschuhen, wer nicht gerne mit roten Händen in den nächsten Tagen herumlaufen und blöde Antworten auf blöde Fragen geben will). In ein sehr kleines Gefäß, das locker über 100 °C abkann, fülle ich Sesamöl, geröstete und gemörserte Cuminsaat sowie ordentlich viel Fleur de Sel. Dort hinein gebe ich die Rote-Beete-Würfel, die komplett vom Öl bedeckt sein sollen. Das Ganze kommt in den Backofen bei ca. 90 °C und gart über 3–5 Stunden. Dabei kann man leider die Küche jetzt nicht mal eben für den Großeinkauf verlassen, da man alle naselang die Würfel umrühren sollte. Mit einer Fleischgabel (hähähä…) prüfe ich zwischendurch die Konsistenz – die Rote Beete soll am Ende weich mit leichtem Biss sein. Wenn sie fertig gegart ist, kann man sie gut ohne Verlust mehrere Stunden bei 50 °C warm stellen. Ich nehme 2–3 Rote-Beete-Würfel pro Person.

No. 2: Für die Kohlrabitürmchen Kohlrabi in feine, sehr dünne Vierecke schneiden. Das Pesto stelle ich aus gerösteter Piniensaat, Curry (siehe Anhang ab S. 250), Salz und nicht zu wenig Zucker und Haselnussöl her. In einem kleinen, hohen Gefäß gebe ich die Komponenten zusammen, wobei ich auf 100 g Pinien 100 ml Öl verwende. Mit dem Stabmixer mixe ich alles auf, bis es eine feine, cremige Konsistenz hat. Wenn es zu fest wird, etwas Öl nachkippen, ist es zu flüssig, einfach mehr Pinien dazugeben. Nun wird diese Pestocreme Lage für Lage zwischen den Kohlrabi mit einem Löffel nappiert. Bei 50 °C warm stellen – das ist wunderbar praktisch, wenn man die Komponenten für den Teller so vorbereiten und griffbereit halten kann.

No. 3: Für die Süßkartoffelespuma geschälte Süßkartoffeln weich kochen. Abgießen und die heißen Kartoffeln mit der gleichen Menge Kokosmilch und ein wenig Zitronengras mit dem Zauberstab wieder aufmixen. Kartoffelstärke (auf 200 g Gesamtmasse mindestens 1 Esslöffel) sowie Sojasauce (nach Geschmack…) ebenfalls untermixen. Durch ein Haarsieb drücken, in die Espumaflasche füllen und in einem Wasserbad bei ca. 60 °C warm stellen. Eine gleichmäßige Süßkartoffel habe ich übrig behalten. Von der schneide ich sehr dünne Scheiben ab und fritiere sie in Erdnussöl, bis

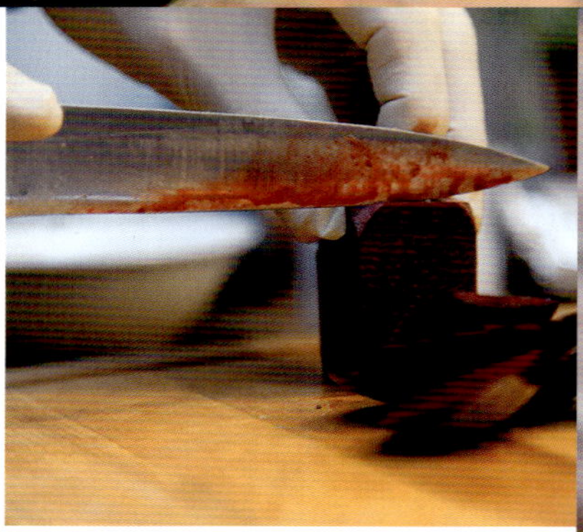

Ein Herd und eine Seele

Ich brauche:

Rote-Beete-Würfel:
Rote Beete
Latexhandschuhe
Sesamöl
Cumin
Fleur de Sel

Kohlrabi-Turm:
Kohlrabi
Pinienkerne
Curry
Salz
Rohrohrzucker
Haselnussöl

Süßkartoffelespuma:
Süßkartoffeln
Kokosmilch
Zitronengras
Kartoffelstärke
Sojasauce
Erdnussöl

Schwarzwurzel in Panade:
Schwarzwurzel
neue Latexhandschuhe
Salz
trockene Brötchen für Panade
Sesamsaat
Salz
Chili
ggf. Sesamöl

sie kross sind (und das sollte dank der Dicke passieren, bevor sie schwarz sind...). Auf Küchenkrepp abtropfen lassen und bei 50 °C zu den anderen Komponenten, die schon im Ofen stehen, warm stellen.

No. 4: Schwarzwurzel in Panade: Möglichst ordentlich dicke Schwarzwurzeln (mit Latexhandschuhen, wer nicht gerne mit roten und jetzt auch noch zusätzlich dunkel gefleckten Händen in den nächsten Tagen rumlaufen und noch blödere Antworten auf noch blödere Fragen wie bei der Roten Beete geben will...) schälen und in kleine, ca. 5 cm hohe Türmchen schneiden. Dazu auf einen geraden Schnitt achten, damit die Türmchen eine geeignete Stellfläche haben und sich nicht im Pisa-Style nachher auf dem Teller in alle Richtungen räkeln. Ich kalkuliere mit 3–4 Stück pro Person. Die Schwarzwurzelabschnitte in Salzwasser kochen. Bis sie bissfest gegart sind. Aus dem Wasser heben und abkühlen lassen. In der Zwischenzeit die Panade selber herstellen: Alte Brötchen reiben, dazu Sesamsaat und etwas Salz sowie getrocknete Chili grob gemörsert zufügen. Das Ganze in einer Pfanne bei niedriger Stufe knusprig rösten. Die leicht feuchten Schwarzwurzeln lassen sich wunderbar in der Panade wälzen. Falls die Panade nicht haften bleibt, die Schwarzwurzeln mit etwas Sesamöl einreiben. Dann in den Backofen, bei 140 °C backen, damit die Panade knusprig bleibt.

Anrichten: Kohlrabitürmchen rechts auf einen länglichen Teller. Daneben abwechselnd Schwarzwurzeln und Rote Beete plazieren. Mit der dritten Hand die Süßkartoffelespuma als letzte Position links auf den Teller sprühen und mit dem freien Fuß (nicht das Standbein!) eine Knusperscheibe von der Süßkartoffel auf die Espuma legen. Wahlweise kann man auch einen Gast um Hilfe bitten... und dann ab auf den Tisch damit, bevor es kalt wird. Geschmacklich ist dieser Gang extrem schmackhaft, sehr überraschend in Aromenspiel und Textur und optisch sowieso ein großer Spaß...

Veggie-Erbsencreme mit italienischem Gemüse

Ich hatte darüber gesprochen, dass vegetarische Gerichte tendenziell aufwendiger sind als die Schlachterplatte... Hier aber mal von Falko ein wunderbar raffiniertes Gericht, das flott und ohne allzu große Umstände auch Küchenlaien gelingt. Der Trick ist das kluge und raffinierte Spiel mit den Konsistenzen: Während Creme und Auberginenfleisch eine schmackhafte Schlotzigkeit geben, sind die frischen Gemüseteile Paprika und Gurke die feinen Kicks – ein wirklich verblüffendes Gericht, wo man mit einfachen Mitteln einen großen Effekt erzielt!

No. 1: Vorbereiten: Schalottenwürfel und etwas Lauchstreifen in reichlich Butter sachte anschwitzen. Reichlich feine Erbsen zugeben und ebenfalls anschwitzen. Dann auf 2 Teile Erbsen 1 Teil kräftige Gemüsebrühe, ein Pinnchen Noilly Prat und ordentlich viel vom Saft von einer Zitrone auffüllen (etwa ¼ Teil), Salz, Pfeffer sowie Zucker zugeben und zugedeckt garen (das dauert bei feinen Erbsen nicht lange). Die weichen Erbsen (und für die Farbe etwas Petersilie) mit dem Pürierstab pürieren und durch ein Haarsieb streichen. Je nach gewünschter Konsistenz gebe ich Sahne hinzu. Das Püree kann man entweder relativ dickflüssig lassen oder beliebig mit Brühe oder weiterer Sahne zu einer Cremesuppe abwandeln. Neben der gewünschten Intensität des Geschmacks hängt das natürlich in erster Linie von der Art des Tellers ab, auf dem man Anrichten möchte (flach oder tief). Eine weitere Variante ist, etwas fein geriebenen Parmesan zu der Erbsencreme zu geben.

No. 2: Vorbereiten: Für das Gemüse zwei oder mehr (am Ende bleibt nicht viel übrig) Auberginen im voll aufgerissenen Backofen rösten – am Stück! Falls vorhanden, gerne den Backofengrill dazu schalten, in jedem Fall sollte es große Hitze sein. Je nach Hitze dauert das Rösten ungefähr eine Viertelstunde oder länger, dabei mehrmals die Auberginen wenden. Am Ende sollte das Fruchtfleisch spürbar weich werden und die Haut, der in der Hitze geschrumpften Auberginen rundum Richtung Verkohlung gehen (schwarz ist die Aubergine sowieso…). Etwas auskühlen lassen und das Fruchtfleisch so gut es geht von den Kernen und der schwarzen Haut trennen. In Streifen schneiden und über einem Sieb abtropfen lassen.

No. 3: Direkt vor dem Servieren: Rote und gelbe Paprika in Rauten schneiden. Eine Gurke längs halbieren und mit jeweils zwei längsseitigen Schnitten bei beiden Hälften die Kerne rausschneiden. Die Gurken in Scheiben schneiden und mit der Paprika und dem Auberginenfleisch vermischen. Reichlich Olivenöl und etwas Balsamico (weiß oder rot) zugeben, was insbesondere von der weichen Aubergine schön aufgenommen wird. Das Ganze schmecke ich ab mit ordentlich frischem Knoblauch, Salz, Pfeffer und ggf. gehackter Petersilie.

Anrichten: Erbsencreme einfüllen und das Gemüse darauf schön drapieren. Anschließend mit Parmesanspänen dekorieren. Mit schwarzem Pfeffer aus der Mühle und ggf. zerstoßenen Salzflocken abrunden. Nicht nur für die Veggies ein Gedicht – und ab zum Tisch damit...

Ich brauche:

Veggie-Creme:

Schalotten
Lauch
Butter
Erbsen (jung!)
Gemüsebrühe
Noilly Prat
Zitrone
Salz, Pfeffer
Zucker
Petersilie
Sahne
Parmesan

Gemüseeinlage:

mindestens 2 Auberginen
rote und gelbe Paprika
Schlangengurke
Olivenöl
Balsamico (rot oder weiß)
Knoblauch
Salz, Pfeffer
gehackte Petersilie

Yin und Yang in grün und weiß: Broccoli heiratet Blumenkohl mit Kräuterseitlingen als Trauzeuge

Küsschen hier und Küsschen da – bei mir im Garten standen Broccoli und Blumenkohl eh schon die ganze Zeit nebeneinander, berührten sich zärtlich die Blattspitzen und dank einer Wühlmaus fiel eine Broccolipflanze um und mit dem Gesicht (also den Kohlröschen) direkt auf einen benachbarten Blumenkohl, was zu einer wilden Knutscherei im Gemüsebeet führte. Na, wenn die beiden sich so gut verstehen, dann will ich sie doch mal auf dem Teller Hochzeit feiern lassen. Tatsächlich finde ich hier zwei sehr unterschiedliche Geschmackstypen, der Broccoli eher südländisch, etwas wilder und der Blumenkohl nordeuropäisch bieder, aber fein. Im Übrigen nutze ich, wenn er schon nicht frisch aus dem Garten kommt, ausschließlich Kohl aus Bio-Anbau. Fehlt noch der Trauzeuge: Da springt mir glatt wie von selber beim Einkauf eine Gruppe Kräuterseitlinge in den Korb. Na, gerne doch. Und los geht's…

Tobias Sudhoff

No. 1: Für die Kohlbarren nutzt man die Strünke vom Kohl auf eine ziemlich pfiffige Weise (da freut sich mein Freund und „Nichts-wegwerfen-Nachhaltigkeits-Papst" Guido Ritter besonders!). Ich schneide sie heraus und stelle zwei Barren von ca. 4 cm Länge und rechteckigem Querschnitt her – wie dick hängt von der Dicke der Strünke ab. Diese Broccoli- und Blumenkohl-Barren koche ich weich mit Biss. Warm stellen. Währenddessen setze ich eine Zitronen-Thymianmarmelade an: Zitronenfruchtfleisch kleingehackt mitsamt der Zeste und etwas Apfelsaft und ordentlich Zucker sowie Thymianblättchen einkochen, bis die Konsistenz marmeladig ist – normalerweise reicht dafür das Apfelpektin im Saft, zur Not etwas Pektin oder Agar zufügen.

No. 2: Dann stelle ich die Cremes aus Broccoli und Blumenkohl her. Dazu beides getrennt in Salzwasser weich kochen. Abtropfen und in hohe Rührschüsseln geben (Achtung: 1. Mehr Blumenkohl aufsetzen, da ich gleich einen Teil davon als Espuma verwenden möchte. 2. Das Kochwasser aufbewahren! Das Kochwasser vom Blumenkohl noch mal teilen, die eine Hälfte mit Johannisbrotkernmehl auch für die Espuma versehen – etwa ein halbes Gramm aus dem Ärmel reicht.) und mit Sahne aufgießen – der Broccoli verträgt etwas mehr Sahne. Mit dem Rührstab sehr fein mixen und durch ein Haarsieb pressen – es sollte eine feine Creme entstehen, die leichte Standfestigkeit hat. Für die Espuma einen Teil der Blumenkohlcreme zur Seite stellen. Abschmecken: Blumenkohl mit Salz und Muskat, den Broccoli mit Salz und einem hochwertigen Pfeffer (ich nehme gerne einen kräftigen aromatischen aus Borneo). Warm stellen.

No. 3: Blumenkohl-Espuma ansetzen. Zu diesem Zweck die zurückgelegte Blumenkohlcreme mit Salz würzen und mit dem zurückgelegten, noch heißen Johannisbrotkernmehl-Kochwasser versetzen – im Verhältnis Creme zu Wasser 4:1. Ein paar Spritzer Zitronensaft dazu und rein damit in die Espumaflasche. Bei ca. 60 °C im Wasserbad warm stellen.

No. 4: Gelbe Linsen in Salzwasser mit reichlich Gelbwurz (als Puder) kochen. Die Linsen behalten ihre Farbe und nehmen angenehm das Aroma auf. Wenn sie weich sind, abgießen und Butter auf die heißen Linsen geben und abschmecken. Ein bisschen Butter kann nicht schaden. Warm stellen.

No. 5: Hauchdünn schneide ich vom Blumenkohl Chips, die ich in Butter zu Chips knusprig brate (– und nein, ich mache das nicht im Backofen, denn ich möchte diese feinen Butteraromen im Kohl haben ...).

No. 6: Pro Gast koche ich je ein Röschen Blumenkohl und ein Broccoli in dem zurückgehaltenen Wasser (siehe No. 2!) gar – gar heißt mit Biss, nicht zu fest, aber auch auf keinen Fall zu weich, besonders die feinen Broccolistrukturen neigen dazu, sehr schnell zu Brei zu verkochen.

No. 7: Aus den grünen Blumenkohlblättern schneide ich die Strünke raus und packe sie bei 220 °C in den Backofen und lasse sie schwärzen. Die trockenen, dunklen Blätter zerstoße ich zu Staub im Mörser.

No. 8: Die Kräuterseitlinge schneide ich in dünne Scheiben und brate sie bei hoher Temperatur in Butter mit ein paar feinen Zwiebelwürfeln und mit Salz und Pfeffer sowie einem Schuss dunklem Aceto balsamico. Durch fröhliches Schwenken sorge ich für eine gleichmäßige Verteilung des Aceto – die Pilze bräunen so herrlich an.

Anrichten: Auf dem (sehr warmgestellten) Teller forme ich aus den beiden Cremes ein Yin-und-Yang-Bild, an das ich die Seitlinge anlege. Je einen Barren vom Blumenkohlstrunk und einen vom Broccoli packe ich exakt übereinander und verziere sie mit drei Tropfen der Zitronen-Thymianmarmelade. Seitlich davon sprühe ich die Blumenkohlspuma auf und lege je eine Broccoli- und eine Blumenkohl-Rose daran. Eine Nocke der Linsen kommt ebenfalls auf den Teller, in die ich aufrecht einen Blumenkohlchip stecke. Zum Schluss ganz intellektuell etwas vom schwarzen Blumenkohlstaub über den Teller reiben und ab auf den Tisch.

Auch hier gilt, wie bei allen komplexeren Rezepten mit vielen Handgriffen: Wenn möglich sehr schnell und mit 5 Händen gleichzeitig arbeiten (siehe auch „Süßkartoffel mit Kokosespuma, Rote Beete in Sesamöl gegart, Schwarzwurzel in Panade und Kohlrabi-Pinien-Curry-Pesto als Turm"!).

Ich brauche:

Kohlbarren mit Zitronen-Thymianmarmelade:
Strünke vom Broccoli und Blumenkohl
Zitrone
Zeste
Apfelsaft
Zucker
ggf. Pektin
Thymianblättchen

Creme von beiden Kohlarten:
Broccoli und Blumenkohl
Sahne
Salz, Muskat, Pfeffer

Espuma:
Blumenkohlcreme aus No. 2
Blumenkohlwasser und Johannisbrotkernmehl
Zitronensaft
Salz

Gelbe Linsen:
Gelbe Linsen (logisch...)
Gelbwurzpulver
Salz, ggf. etwas Butter

Chips:
Blumenkohl fein gehobelt

Röschen:
Blumenkohl- und Broccoli-Röschen
Bllumenkohl- und Broccoli-Wasser aus No. 2

Staub:
Blumenkohlblätter

Kräuterseitlinge:
Seitlinge
Zwiebel
Salz, Pfeffer und Aceto balsamico

Bergkäseknödel mit der legendären Veggie-Jus, Gelber Beete und Schmorzwiebeln

„Spieglein, Spieglein an der Wand, wer macht die beste Jus im ganzen Land?" „Du mein lieber Tobias machst eine ganz vorzügliche Jus – aber hinter der A 2 in der Hauptstadt hinterm Brandenburger Tor, da kocht der Prinz Hentschel eine noch vieeeel bessere Jus als Du..." „Waaaaaaas?" (Klirrrrrrr, Splitterrrrrr...) Kommen wir zu einem der Hauptgründe, warum vegetarisches Essen vielen zu fade erscheint: So eine dunkle, leckere, tiefgründige Jus aus Rinderknochen und über Stunden mit Fleischresten und Rotwein eingekocht... mmmmhhhhh, das ist doch einfach unschlagbar lecker. Sagen die Karnivoren. Und tatsächlich galt lange Zeit: Die kräftige dunkle Jus bleibt ihnen vorbehalten. Doch von Stephan Hentschel habe ich dann gelernt, wie man auch als Vegetarier dieses komplexe Maillard-Aromenspiel an den muuh- und blutfreien Tisch bringen kann. Sehr sehr geil – und zwar so geil, dass bei mir am Tisch etliche eingefleischte (man beachte das Wortspiel, hihi!) Karnivoren mich hinterher nach dem Rezept fragten und ihnen vor Schreck fast die Knochen aus dem Schädel fielen, als sie hörten, dass sie da gerade tierproteinfrei gegessen haben. Und damit es noch mehr Menschen leichter fällt, öfter oder sogar ganz auf Fleisch zu verzichten, hier ein Rezept mit der ultimativen vegetarischen Jus. Zusammen mit ein paar Bergkäseknödeln und ganz viel Schmackofatz auf einem extrem ästhetischen Teller...

No. 1: Die ultimative Veggie-Jus zur finalen Befriedigung vegetarischer Lust mache ich wie folgt: Zwei große Gemüsezwiebeln so wie Gott sie geschaffen hat mit Haut einmal quer durchschneiden und in Olivenöl auf der Schnittfläche sehr kräftig anbraten. Allerlei Gemüse, in jedem Falle Pilze und Sellerie dazu. Die Zwiebeln sollen auf der Unterseite ruhig richtig dunkel werden. Bevor es jetzt anfängt zu rauchen und unsere Feuermelder angehen, lösche ich mit einer kompletten Flasche kräftigem Rotwein ab. Und noch reichlich Sherry, Armagnac und was ich sonst noch meiner Leber aus der heimischen Hartalkohol-fraktion heute nicht antun will. Jetzt fülle ich alles in eine feuerfeste Form (Zwiebeln dabei wieder mit Schnittflächen nach unten), und packe es in den Backofen bei 200 °C. Wer Böcke hat, kann auch komplette Knoblauchzehen hinzufügen. Die Zwiebeln werden oben schwarz, während ich unten immer wieder Rotwein, manchmal auch etwas Aceto balsamico nachfülle und die Zwiebeln zwischendurch mit dem entstehenden Sud übergieße. Ich bekomme so eine kräftige Maillard-Grundlage – das ist zwar viel Arbeit, aber die macht sich bezahlt! Nach etwa 90 Minuten im Backofen gieße ich den kompletten Inhalt in ein Sieb, presse ihn ordentlich und fange in einer Sauciere meinen Sud auf. Es sollten so um die 100–200 ml sein. Jetzt gebe ich 100 ml Sahne (muss nicht, macht die Sauce aber geschmeidiger, ich mag es so lieber) sowie 2 EL Tomatenmark, 3 EL sehr alten Balsamico, einen EL Zuckerrübensirup, noch mal viel Rotwein, einen Strunk Rosmarin, 1 bis 2 Zehen schwarzen Knofel hinzu, außerdem 1 EL Teriyaki (sollte man sich immer auf Vorrat machen, hält sich ewig und ist in der Veggie-Küche nicht wegzudenken, siehe Anhang ab S. 250) sowie einen Teelöffel schwarze Soja-bohnenpaste. Das ganze koche ich ein. Während es einkocht, gebe ich 2 EL feingeriebenen Parmesan hinzu, der unter Rühren darin schmilzt. Weiter reduzieren, bis es ordentlich andickt – im Prinzip hat es dann schon die Saucenkonsistenz. Für den Glanz montiere ich das Ganze mit Butter etwas auf – und finishe mit Salz, Aceto und gerne auch noch mit einem Schuss Rotwein. So habe ich am Ende etwa 200 ml traumhafter Veggie-Jus. Warm stellen Mein Tipp: Montiert ruhig mit Trüffelbutter auf, der Trüffelgeschmack macht der Sauce noch mal richtig Beine ...

No. 2: Für die geschmorten Rotwein-schallotten wie bei der Herstellung der Jus die Schalotten mit Haut (!) in der Mitte quer durchschneiden und in Olivenöl auf den Schnittflächen scharf anbraten. Mit Rotwein und etwas Portwein ablöschen. In ein feuerfestes Gefäß geben, wieder mit den Schnittflächen nach unten und mit so viel Port und Rotwein, etwas Salz und reichlich Zucker oder besser noch süßem Aceto anfüllen, dass sie komplett bedeckt sind. Bei 180 °C im Ofen so lange kochen lassen, dass fast kein Rotwein zurückbleibt. Die Schalotten warm stellen.

No. 3: Bergkäseknödel werden aus 3 Teilen Quark, 1–2 Teilen geriebenem Schweizer Bergkäse (bitte wirklich was Vernünftiges kaufen!) und je einem Teil flüssiger Butter und einem Teil feinstgeriebenen Brot-krumen hergestellt. Je 250 g Teigmasse kommen 2 Eigelb dazu. Mit den Händen zu einem schönen, homogenen geschmei-digen Teig kneten und im Kühlschrank kalt stellen. Während der abkühlt, nehme ich pro Knödel jeweils eine schmackelige Cocktailtomate und unterziehe sie unter bösartigem, kalten Lächeln einer grausamen Folter: Erst wird sie bei lebendigem Leib mit heißem Wasser übergossen und dann noch lebend gehäutet. Diese Tomaten kommen jetzt ins Herz des Knödels: Vorsichtig mit dem Teig je eine Tomate komplett umhüllen – sonst läuft die Tomate raus (später beim Kochen) und dann in den warmen Händen zu einem perfekt runden Knödel rollen (so gut man es halt kann ...). Die Knödel kurz ruhen lassen und kurz vorm Servieren in kochendes Wasser geben. Erst sinken sie zu Boden, nach ein bis zwei Minuten kommen sie aber hoch und sollen dann noch etwa 5 Minuten weiter baden.

No. 4: Gelbe Beete zubereiten – die nehme ich übrigens ausschließlich wegen der Farbe, alles andere mache ich genauso wie bei einer roten Beete. Die Beete zu einem Würfel schneiden, in gesalzenem und gezuckertem Wasser weich kochen (oder dämpfen, erhält noch besser die Farbe) und anschließend in Scheiben schneiden. Und als wirklich total geilen Effekt streue ich etwas getrocknetes Rote-Beete-Pulver darüber – das gibt es z.B. von der Firma Govinda in vielen Biomärkten… Das sieht sooooo sexy aus!

Anrichten: Die Rotweinschalotten auf den Teller geben und von hinten drücken – die Zwiebelschichten drücken sich dann schön nach vorne raus, sieht schön aus und macht es leichter, sie gleich zu essen. Die Gelbe Beete dazu, auf die gebe ich Rote-Beete-Pulver – das schmeckt toll, sieht aber noch viel geiler aus, echt was für den Küchenangeber in uns! Knödel ebenfalls dazu legen und unsere Jus über den Knödel laufen lassen. Ich schwöre Euch, dies ist einer der in allen Bedürfnissen befriedigendsten vegetarischen Gänge, die Ihr Euch vorstellen könnt – also, ab an den Tisch damit.

Anmerkung: Ich mache die Knödel oft auch mit Blauschimmelkäse, mit dem ich eine Hälfte des Bergkäses ersetze! Für die Jus sind Shiitake-Pilze wie dafür gemacht!

Ich brauche:

Die ultimative Veggie-Jus:
Gemüsezwiebeln
Olivenöl
Suppengemüse unbedingt mit Pilzen und Sellerie
Rotwein, Port sowie Sherry oder Cognac oder Armagnac oderoderoder hicks…
alter Aceto
ggf. Knoblauch
Wer will: Sahne
Tomatenmark
Zuckerrübensirup
Rosmarin
schwarzen Ferment-Knoblauch
Teriyaki
schwarzes Miso (schwarze Bohnenpaste)
Parmesan
Butter

Rotweinschalotten
Schalotten
Rotwein, Port
Salz
Zucker oder noch lieber alter Aceto balsamico

Bergkäseknödel
3 Teile Quark
1–2 Teile Bergkäse
1 Teil flüssige Butter
1 Teil Panadebrösel aus Weißbrot/Brötchen
Eigelb
Cocktailtomate

Gelbe Beete:
Gelbe Beete
Salz, Zucker
Rote-Beete-Pulver

Jan Meyer

Hoffentlich kann Käpt'n Iglo bald einpacken …

Tobias Sudhoff

In meinem letzten Kochbuch hatte ich noch voller Begeisterung über die Zertifizierung nachhaltigen Fischfangs durch das MSC-Siegel berichtet. Endlich gab es eine Möglichkeit, wild gefangenen Fisch, der ja eben darum keine Bio-Zertifizierung bekommen kann, nach ökologischen und Nachhaltigkeits-Kriterien zu bewerten. Doch irgendwie gelang es den Mafiapaten der Industriefischerei dieses ehemals gut gemeinte Siegel zu ruinieren und auszuverkaufen. Dafür brauchte es in der Berliner MSC-Zentrale nur ein paar junge hippe Idioten (und in diesem Falle auch Idiotinnen), die dem fröhlichen Geldscheingewedel der Industrie nicht widerstehen konnten – denn das bleibt irgendwie immer hip für solche kapitalaffinen, gutgelaunt-hippen Weltverbesserer – der Preis für die bessere Welt muss bei so viel Hipness dann doch stimmen. So kam es, dass bald unter dem vom pestizidbelasteten Meerwasser aufgeweichten MSC-Siegel mit einem Mal sogar grundschleppnetz-gefangener Fisch im Handel firmierte. Wieder schien es, als hätte die Industrie gesiegt. Während die Fangquoten von etwas zu dunkelgrünen Eiferern mittlerweile so weit gesenkt wurden, dass ein mittelständischer Fischer mit nachhaltigen Fangmethoden, der seinen Fisch dann auch noch über das Fischerei-Mafia-Vertriebsnetz verkaufen muss, gar keine Chance zum Überleben hat, verdienen sich die Mega-Industriefischer auf Kosten der Natur eine goldene Nase, aus der es bis nach Brüssel nach gammeligem Fisch stinkt. Liebe Freunde aus der norddeutschen Politik: Wieso wohl erholen sich die Bestände kaum bei den doch so niedrigen Fangquoten? Na…? Was? Wisst ihr nicht? Kein Problem, ich will es Euch gerne erklären, dann könnt Ihr hinterher wenigstens nicht behaupten, Ihr hättet von nix gewußt… kost auch nix extra… mach ich doch gerne, bitte bitte, für Euch doch immer… : Zum einen weil gigantische Grundschleppnetze derartige Fischmengen und zusätzlich auch noch Unmengen Beifang aus dem Meer klauben, dass sich die Fische unter dem eigenen Gewicht gegenseitig zu Fischmatsch zerquetschen – für Käpt'n Iglos Fischstäbchen reicht das ja allemal, für die Arterhaltung leider nicht.

Tobias Sudhoff

Dabei hinterlassen solche Supertrawler eine Schneise der Verwüstung, das biologische Gleichgewicht wird gestört und der Fischnachwuchs, sofern er nicht eh schon mit weggefischt wurde, überlebt nicht in solchen Wüstengegenden. So ein Fisch ist halt auch nur ein Mensch. Außerdem gibt es da noch eine weitere, für die Fischbestände katastrophale Möglichkeit der Industriefischerei, sich neben der goldenen Nase auch noch einen goldenen Arsch zu verdienen: Beifang ist wieder das Zauberwort. Während vorne ein paar Kisten MSC-zertifizierten Alibiherings angelandet werden, saugt von hinten ein skandinavischer Riesenkahn mit seinem Rüssel den „Beifang" containerweise aus dem Bug. Daraus wird Nahrung für den verfetteten, tranigen norwegischen Zuchtlachs gemacht, der dann auf unseren „Wir-wollen-es-nicht-wissen-Verbraucher-Tischen" landet. Um sich mal das Ausmaß für die Ostsee begreiflich zu machen: Vor ein paar Jahren war der Beifang derart reichlich, dass dem Dorsch das Fressen in der eigenen See ausging und die Fische schlichtweg verhungerten. Über den qualitativen Niedergang von „Frischfisch", den all das mit sich brachte, will ich gar nicht erst anfangen… Entscheidend für die Industrie ist nämlich: Alle haben fröhlich dran verdient und keiner der Sesselpfurzer in Brüssel kann sich beschweren – läuft ja alles nach den Gesetzen, die diese Industrie-schafft-Arbeitsplätze-besoffenen Töffel gemacht haben. Wo die Politik derart versagt, muss sich der alleingelassene Mittelstand wie so oft selber helfen. Das hat sich auch ein gewisser Jan Meyer gesagt. Er fängt seinen Fisch mit Standnetzen, die nachhaltigste Methode schlechthin nach Angeln mit Kurzleine. In der dritten Generation mit seinem kleinen Kutter. Er betreibt auch noch ein Hotel. Beides mit seinem Sohn und der ganzen Familie, und beide haben Fischerei und Koch als Ausbildungsberuf gelernt. Dazu muss man schon ziemlich bekloppt sein und mit wenig Schlaf auskommen. Und weil Jan Meyer wirklich nachhaltigen Fisch produziert, wollte er sich MSC-zertifizieren lassen. Und bekam dann eine Rechnung dafür, die jenseits von 100 000 Euro lag. Damit war klar: MSC lohnt sich nur noch für die industrielle Fischproduktion. Es ging auch gar nicht um die genaue Überprüfung der Kriterien, es ging ums schnöde Geld. Dass einem Mann, dessen Familie seit hundert Jahren von der Fischerei lebt, der mit seinem kleinen Kutter und harter Arbeit seine Familie ernährt und der sehr genau darüber informiert ist, wie Politik, Bürokratie, Fischmafia und Gier und der himmelschreiend schafsdämliche Konsument langsam die Meere zerstören, in diesem Moment die Hut- bzw. Kapitänsmützen-Schnur platzt, leuchtet ein. Aber statt die MSC-Zentrale in Schutt und Asche zu legen behielt

Jan Meyer seinen nordisch kühlen Kopf. Wenn die nicht wollen, dann müssen wir das anders organisieren. Mit ein paar Kollegen, die ebenfalls seit Generationen mit Kleinschiffen unter Beachtung der Nachhaltigkeitskriterien ihren Fisch fangen, gründete man ein Konsortium: „Fisch-vom-Kutter". Und so ziehen Jan Meyer und seine Kollegen morgens früh hinaus auf Nord- und Ostsee, holen ihre Standnetze ein und stellen neue auf, und haben im Netz einzelne Fische, gesund und munter. Das Netz bläht sich durch seine Maschung nämlich so auf, dass Fische, die dort hineingeraten sind, sich eine Art Glocke bauen, in die kein Beifang mehr geraten kann und in der sie selber unversehrt bleiben. Die Fische werden an Bord noch getötet und ausgeblutet – was für den Geschmack besonders wichtig ist. Mit ihrem Tagesfang kommen die Fischer an die ausgezeichneten Häfen zurück und vermarkten ihren Fisch einfach selber, an umliegende Restaurants und eine immer größer werdende Kundschaft, die schon ungeduldig am Kai wartet. In Echtzeit informieren die Jungs ihre Kunden per Smartphone auf der Homepage, was sie gefangen haben und wo sie gleich anlanden werden. Und Käpt'n Iglo, der kann die einfach mal am A... lecken. Und MSC sowieso. Und der Fisch? Ist frischer als alles, was ich bis heute gegessen habe. Scholle, Dorsch, aber auch Edelfische wie Lachs, Seeteufel und Steinbutt sind dabei – doch es gibt keine Garantie, wer denn dieses mal ins Netz gegangen ist. So muss der Kunde sich überraschen lassen – bei dieser Fischqualität ist das aber auch ziemlich wumpe...

Einen Teil des Fisches nimmt Jan Meyer natürlich dann mit nach Hause in das Restaurant seines Hotels. Daraus bereitet sein Sohn schlichte, aber dank der Frische grandiose Pfannengerichte. Oder die leckere Fischsuppe mit Einlage. Ich greife bei Tisch beherzt zu, denn das üselige Wetter draußen hat mich hungrig gemacht und ich habe ein so reines Gewissen, dass der Appetit gleich doppelt groß wird (– kennst Du das? Wenn Du eigentlich möchtest, aber das Gewissen Dir einen Strich durch die Genussrechnung macht? Befreit von dieser Beißhemmung schnabbelt es sich ungleich besser!). Vater und Sohn sitzen mit mir an der hölzernen Tafel und erzählen vom Meer, der Luft und dem Wind und der Zeit, irgendwie meint man zwischen ihren Worten die Möwen zu hören, und

den Motor des Kutters und die sanften Ostseewellen und man versteht, warum es diese Männer trotz absurd harter Arbeit immer wieder hinaus aufs Salzwasser zieht. Der Großvater von Jan Meyer kam damals aus dem ersten Weltkrieg, desillusioniert und doch mit festem Willen. Mit dem, was er im Morgengrauen aus dem Meer zog, ging es an die Schleuse des Nord-Ostsee-Kanals, wo die Skandinavier mit ihren Zementkähnen entlangfuhren. Man tauschte den damals wertvollen Zement gegen Fisch – schwarz natürlich – und mit diesem Zement sowie dem ausgewaschenen Seesand auf dem eigenen Grund formte der Großvater Ziegel nach Ziegel. Von Hand. Jeden einzelnen. Und daraus entstand der älteste Teil des kleinen Hotels Seestern kurz hinter Kiel bei Plön. In einem kleinen Dörfchen, das sich skurrilerweise Kalifornien nennt – weil dort mal vor hunderten Jahren die Reste eines amerikanischen Holzschiffes angespült wurden, auf dessen Planken der Name „California“ prangte. Das Dorf nebenan heißt übrigens Brasilia… Tja, irgendwie Seemannsgarn…
In jedem Falle sind Fischer wie Jan Meyer, die ihre Meinung zur heutigen Fischerei gerne und deutlich sagen, ein Grund zur Hoffnung. Hoffnung auf weitere Weltklasse-Schollen, wie sie leider kaum einer kennt und die ich schmecken durfte, Hoffnung darauf, dass es auch in hundert Jahren noch Fische in der Ostsee gibt, Hoffnung, dass die Konsumenten, wenn sie dies einmal gesehen haben, nie wieder das tiefgefrorene Fischimitat aus dem Supermarkt kaufen. Vor allem aber Hoffnung darauf, dass Käpt'n Iglo und seine Schergen von uns Konsumenten dahin gejagt werden, wo sie hingehören: Für alle Zeiten hinab auf den tiefsten Meeresgrund!

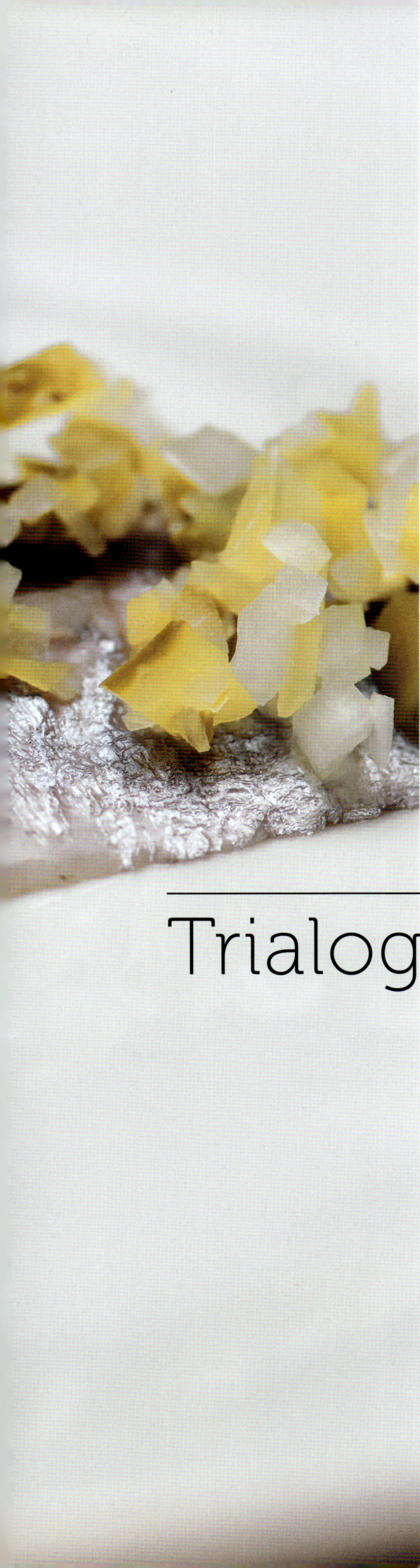

Die Niederländer sind historisch gesehen ja nicht gerade dafür bekannt, zum Olymp der Kulinaristik besonders viel beigetragen zu haben. Wo bei den ebenfalls küchentechnisch bildungsprekären Teutonen das Eisbein und allenfalls ein paar Würstchen prangten, da matschte der Holländer mit seinen Polderpranken Kartoffeln mit allem anderen zusammen, was er so im Schlick fand und füllte seine Familie auf diese Weise „gezellig met stamppot" ab. So deutsch-niederländisch ich mich fühle, wenn ich an solchen Tafeln tafeln muss, verneige ich mich innerlich voller Dankbarkeit vor den Italienern und den Franzosen, haben sie doch einen großen Teil der europäischen Küche geprägt und damit für ein gustatorisches Happy End auf unserem Kontinent gesorgt.
Wie so oft aber gibt es dann doch in fast allen Ländern etwas Essbares, dass nur dort besonders gut gelingt – und wenn der Holländer aus der Nordsee den Hering zieht, dann wird der im Idealfall eingelegt und fermentiert und nach einigen Monaten Reifung in Holzfässern auf den Märkten als „hollandse nieuwe" feilgeboten. Im Vergleich zu den deutschen etwas zu salzigen und in der Konsistenz eher zähen Matjes ist die niederländische Variante viel zarter, feiner und im Geschmack subtiler. Wenn ich in Amsterdam bin, dann gehe ich zu meinen Stammdealern für diese Spezialität und esse dort die „hollandse nieuwe op z'n Amsterdams" – mit „ui en zuur", also mit Zwiebeln und sauren Gürkchen.
Hier nun der eingelegte Hering in drei erfrischend unterschiedlichen Variationen – von Großmutters alter Sahne-Apfel-Version bis zu einer, die wohl der ahnungslose Italiener mit Matjes treiben würde, wenn er ihn zum ersten Mal in die Finger bekäme. Allen drei ist eines gemein: Sie sind absolut yammieh.

Trialog vom Matjes

Tobias Sudhoff

No. 1: Omas Matjes mit Apfel. Am besten bereitet man das schon morgens vor, da der Matjes hier unbedingt erst einmal ziehen muss. Zwiebeln kleinwürfeln, am besten große Gemüsezwiebeln nehmen, da diese süßer sind. Äpfel ebenfalls in kleine Streifen schneiden, ich bevorzuge bei diesem Rezept Golden Delicious, kenne aber viele Gourmets, die einen sauren Boskop besser finden. Dann Crème fraîche, Sahne, einen ordentlichen Schlag süßen Senf und einen wirklich guten weißen Balsamico mit ausreichender Süße dazu. Gut geht auch das Gurkenwasser, wenn die Gurken nicht zu würzig eingelegt wurden. Etwas Salz und ein bisschen zerstoßenen Piment sowie einen guten Schuss eines Top-Apfelsaftes (sortenreiner Jonagold oder Topaz von van Nahmen sind geradezu ideal) dazu. Dort hinein gebe ich die kleingeschnittenen Stücke vom Matjes und lasse das Ganze ziehen. Das Verhältnis vom Matjes zu dem, worin er schwimmt, sollte etwa 1:1 betragen.

No. 2: Matjes Amsterdamer Art ist schnell gemacht. Zwiebeln und süßsaure Essiggurken werden kleingeschnitten und vermischt. Das kommt beim Servieren einfach auf den Matjes. Fertig.

No. 3: Matjes und Rosmarin – dazu wird der Matjes einfach bei hoher Temperatur von beiden Seiten ca. 20–30 Sekunden lang mit einer übertrieben wirkenden Portion Rosmarin in reihlich Butter geschwenkt.

Anrichten: Während die No. 1 und 2 kalt und fertig vorbereitet schon auf den Tellern liegen, gibt man die dritte Variation heiß dazu. Bisschen Butter aus der Pfanne über No. 3 und fertig ist die Laube. Man sollte es so auf den Tellern anrichten, dass auch dem blödesten unter den Gästen am Tisch klar ist, dass er die drei Varianten nicht miteinander mischen, sondern jede für sich genießen soll. Bei entsprechend niedrigem kulinarischen IQ kann man es ja zur Not in drei Schüsseln nebeneinander auf den Tisch stellen …

Ich brauche:

Matjes nach Omas Art:
Matjes
Zwiebel
Apfel (Golden Delicious)
Crème fraîche und Sahne
süßen Senf
weißen Balsamico oder Gurkenessig
Salz, zerstoßenen Piment
Apfelsaft

Amsterdams:
Matjes
Zwiebel
saure Gurke

Gebraten:
Matjes
Rosmarin
Butter

Tobias Sudhoff

Kunstsammlung NRW Düsseldorf. Ich komme dort unheimlich gerne hin. Ich finde diese Mischung aus ganz neuen und den alten Modernen wunderbar. Das Gebäude mag ich auch noch – was mir bei Museen jüngerer Bauart eher selten so geht. Während ich durch die hohen Hallen flaniere, tauche ich ein in eine Welt aus Ästhetik und Farbe, Strukturen und Texturen. Der Paul-Klee-Raum zieht mich magisch an – mein Lieblingsbild mit Kopf, Hand, Fuß und Herz berührt mich seit über 20 Jahren immer wieder – und es hängen dort von Franz Marcs Drei Katzen bis zu Chagalls Violinenspieler. Wenn ich in dieses große Hallenbad der Ästhetik eintauche, verstehe ich wieder ein Stück mehr, warum ich gerne koche und warum viele Köche in Ihrer Freizeit musizieren oder malen (die wenigsten machen Sport...): Es geht darum, die Schönheit aus dem rauen Leben zu filtern und zu formen, es geht um das große Glück, das uns unsere Sinne und diese unfassbar reiche Welt da draußen mit all ihrer Schönheit bieten. Es geht letztlich um das Leben, das sich fundamental vom Überleben unterscheidet. Lieber neoliberaler Anzugträger, merke Dir: Geld zählen macht weder glücklich noch ist es ästhetisch, und die Fähigkeit, die Welt in sich aufzunehmen und zu genießen kann man sich nicht kaufen... Und das find ich unheimlich gut so.
Apropos die Welt in sich aufnehmen: Für keine Kunst gilt dieser Satz so sehr wie für das Kochen. Also lasse ich auf diesem Teller heute mal expressionistisch ausgelassen die Farben und Formen spielen, ganz im Sinne von Marc, Kandinsky & Co – Rotbarben, Erbsen, Tomaten, Aprikosen, Purple Curry und Paprika-Babys als Gemälde auf der Porzellanleinwand.

Rotbarbe, Erbse, Chagall, Paul Klee, Nolde, Matisse und Schönheit auf dem Teller....

No. 1: Zuckererbsenschoten blanchieren und mit Noilly Prat und etwas Mascarpone zu einem fluffigen Brei mit dem Stabmixer aufschlagen. Ich schmecke gerne neben Salz noch mit etwas Piment ab. Man kann auch schon etwas Thaibasilikum mit hineingeben. Das Ganze durch ein Haarsieb streichen, ich will absolut keine Stückchen mehr darin haben. Auf 120 ml der Masse ein eingeweichtes Blatt Gelatine zufügen und erwärmen (nicht über 60 °C). Dann auf ein Backpapier Paste so verstreichen, dass eine ca. 1 cm dicke Schicht entsteht. Im Kühlschrank ein paar Stunden stocken lassen.

Nachher vor dem Anrichten schneide ich daraus Barren mit einem 1 x 1cm großen Querschnitt. Außerdem halte ich dann ein paar kleine Thaibasilikumblätter und Aceto balsamico bereit.

No. 2: Bei den Baby-Paprikas einen Deckel abschneiden und Innereien entfernen. Erbsen blanchieren, wie bei No. 1 in ein hohes Gefäß geben, etwas Fischfond (siehe Anhang ab S. 250), Weißwein, reichlich Blätter Estragon, Salz, feingemahlenes Cumin (vorher in der Pfanne die Cuminsaat rösten und dann im Mörser zerstampfen) und wenig Pfeffer hinzufügen. Mit dem Zauberstab pürieren. (Einen kleinen Teil dieses Pürees halte ich für die Sauce zurück!) – Jetzt dieses Püree in einem Gefäß mit Stärke andicken: Dazu etwas Stärke in einem Glas mit heißen Wasser anrühren und Stück für Stück in das ebenfalls heiße Püree auf niedriger Flamme unterrühren, bis es ausreichend angedickt ist („zur Rose ziehen" nennt man das). Abkühlen lassen und in die Paprika füllen, Deckel drauf, Affe tot. Im Ofen vor dem Anrichten bei ca. 50 °C warmstellen.

No. 3: Gelbe und rote Cocktailtomaten mit Geschmack (sic!) und Aprikosen halbieren, Aprikosenkerne entfernen, mit etwas Weißwein und ein wenig Aprikosenmarmelade vermengen (die kann man ja selber aus der Frucht und Gelierzucker herstellen) und in einer feuerfesten Form bei 160 °C ca. 45 Minuten lang in den Backofen stellen. Falls sie dunkeln: umrühren. Es wird daraus eine Art grobes Kompott.

No. 4: Eine schnelle Weißweinsauce ansetzen – Sahne, etwas Butter, Weißwein, Fischfond aufkochen lassen und mit Salz, Muskat und Pfeffer abschmecken.

No. 5: Dem übrigbehaltenen Erbsenpüree füge ich etwas weißen Port zu und koche es einmal auf. Dann warmstellen.

No. 6: Den Fisch mit Olivenöl einpinseln und mit Salz und Pfeffer würzen – es kann jeder Weißfisch mit Haut genutzt werden, ich habe mich heute für eine Rotbarbe entschieden – dann auf der Hautseite ab in die heiße Pfanne, wo ich sie brate, bis die Haut knusprig ist. Pfanne vom Herd, Fischlein umdrehen und nachziehen lassen, während ich die Weißweinsauce auf der Flamme noch einmal aufkochen lasse und die Teller bestücke.

Anrichten: Viele Farbkleckse verteile ich nach allen Regeln der Bildkomposition über den Teller. Das Tomaten-Aprikosenkompott an den Rand, daneben stelle ich meine frisch geborenen Paprika-Babys. Ein Barren vom Erbsenpüree gesellt sich dazu, auf den Barren verteile ich einzelne Tropfen Aceto balsamico und stecke dazwischen in den Barren die Thaibasilikumblättchen. Den Fisch mit der knusprigen Hautseite nach oben auf den Teller geben. Zuletzt die grüne Erbsensauce und meine Weißweinsauce nebeneinander nappieren, sie sollen ein wenig ineinander verlaufen, und Purple Curry sowie etwas von Johan Bülows Lakritz-Staub raw drüberstreuen. Das Lakritz und der Purple Curry (ich nehm den von Ingo Hollands „Altes Gewürzamt“) lösen sich in den Saucen und bilden ein aufregendes Farben- und genauso aufregendes Foodpairing-Spiel. Reichlich Handgriffe – also schnell arbeiten und zur Not die Barbe statt mit Fleur de Sel als Finishing-Salz mit dem Schweiß, der von der Stirn tropft, würzen … und bloß schnell auf den Tisch damit …

Anmerkung: Man sollte die Teller bei allen terrinenartigen Beilagen wie hier z. B. den Zuckererbsenschoten-Barren nicht übertrieben vorwärmen, sonst macht der formschöne Barren vor den Augen des verschwitzten Koches einen langsamen und nicht sehr ästhetischen Spagat. Merke: Terrine wird wie Rache gerne eher kalt genossen.

Ich brauche:

Zuckererbsen-Barren:
Zuckererbsenschoten
Noilly Prat
Mascarpone
Salz, Piment
Thaibasilikum
Gelatine
Aceto balsamico

Paprika-Babys
Baby-Paprika
Erbsenschoten
Fischfond
Weißwein
Estragon
Salz, Pfeffer
Cumin
Stärke (bitte Bio-Maisstärke verwenden!)

Tomaten-Aprikosenkompott
gelbe und rote Cocktailtomaten
Aprikosen
Weißwein
Aprikosenmarmelade (Aprikosen und Gelierzucker)

Sahnesauce
Sahne
Butter
Weißwein
Fischfond
Salz, Pfeffer
Muskat

grüne Erbsensauce:
übrigbehaltenes Erbsenpüree
weißen Portwein

Rotbarbe
Rotbarbe (ggf. als Alternative anderen Meeresfisch mit Hautseite)
Olivenöl
Salz, Pfeffer

Für das Finishing:
Purple Curry
Johan Bülow Raw Liquorice Powder

„Aummmmmhhh… Schatz, ich zünde mal die Räucherstäbchen an…. Aummmhhh… und ich mach uns dazu mal einen asiatischen Tee… aummmmhhh…"
Ich sag's Euch ganz ehrlich: Ich habe absolut nichts gegen Spiritualität – aber wer einmal eine, ich sag jetzt mal „esoterische Affäre" hatte, dem können solche Erfahrungen die Lust auf Tee ganz schön versauen. Wenn beim Assam jemand Deine Aura misst, weia… und dann bei Lapsang-Souchong-Tee mit ihr im Obertongesangskurs… Ommmmmhhh… stundenlang einen Ton singen, der angeblich zwei sind, weil „hilft gegen mentale Aggressionen, Du, und ist voll gut für den inneren Frieden…" ommmmhhh. Leute, ich war dort schon nach einer halben Stunde sowas von aggressiv wegen des ganzen Gesommmses, ich hätte den Kursleiter fast verprügelt… bloß nix wie raus… draußen vor dem hellgelb gestrichenen Meditationssaal dann 20 Autos der Kursteilnehmer, jeder mit Traumfänger am Rückspiegel. Wo sich mir doch direkt die ganz unspirituelle Frage stellt: Wozu bitte braucht man beim Autofahren einen Traumfänger…?
Es kann wirklich keiner behaupten, ich hätte es nicht versucht mit der Spiritualität. Ich kann aber sehr wohl behaupten: Es hat total nicht geklappt!
Es hat danach viele Jahre gebraucht, bis ich wieder in die geschmacklich extrem reichhaltige und faszinierende Welt des Tees eingetaucht bin. Dabei entdeckte ich auch die Grüntees für mich, unter anderem den wegen seiner süßlich-grasigen Aromen sehr reizvollen Matcha-Tee, der als feines hellgrünes Puder mittlerweile überall zu kaufen ist. Die feinen Aromen wissen seit einigen Jahren auch viele Spitzenköche zu schätzen und einzusetzen. Ich lasse einen frischen Seeteufel mit Matcha-Tee meinen ganz eigenen Obertongesangskurs machen – ich summe nämlich beim Kochen voller Vorfreude vor mich hin – und Meister Lotte hört, stumm wie ein Fisch es zu tun pflegt, zu.

Lotte de Mer mit knuspriger Kräuter-Essenz-Brioche und Matcha-Mandel-Karamell

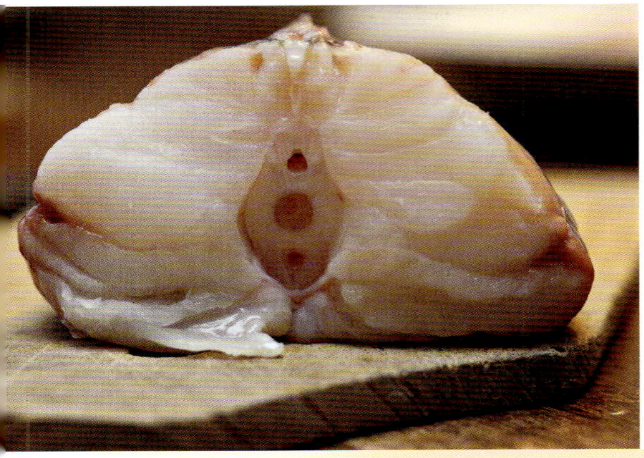

No. 1: Knusprige Kräuter-Essenz-Brioche selber zu machen ist nicht gerade wenig Arbeit – aber eine Arbeit, die sich allemal lohnt. Briocheteig: Etwa 5 ml warme Milch mit 15–20 g Hefe ansetzen und anschließend mit ca. 180 g feinstem Weizenmehl, 2 Eiern und noch einem Eigelb dazu, zwei Esslöffeln Zucker und einem EL Salz zu einem Teig verkneten. Das Kneten sollte lange und intensiv mit warmen Händen geschehen – Merke: ein Hefeteig liebt Kontakt mit warmer Haut! Wenn der Teig langsam geschmeidig wird, nach und nach ca. 75 g geschmolzene Butter unterarbeiten. Wird der Teig zu fest und nicht fluffig, kann man noch etwas Milch unterrühren. Wenn Du den Teig richtig schön seidig und weich und luftig hast, pack ihn einfach für 20 Minuten unter Dein Hemd auf Deinen Bauch und lies dabei in Ruhe in diesem kulinarischen Schmöker weiter – der Teig geht so zum ersten Mal. Dann den Teig in eine passende Form geben und noch mal warm gehen lassen. Ich möchte einen maximal fluffigluftigen Teig haben, also brauchen die Hefen ihre Zeit. Bei 200 °C lasse ich das Ganze anschließend im vorgeheizten Backofen bestimmt eine Stunde bei Ober- und Unterhitze backen (Stichprobe: Klebt der Teig noch an einem Holzstab, muss er weiter im Backofen bleiben).

Beim abgekühlten Brioche-Brot entferne ich die Rinde und reiße Stücke unregelmäßig heraus, die wie kleine Schaumstofffelsen aussehen sollen. Denen schneide ich anschließend eine Standfläche, damit sie auf dem Teller gut aussehen.

Aus dem Garten hole ich allerlei Kräuter – vor allem Majoran, Oregano, Petersilie, Estragon und Dill. Und zwar so viel davon, dass es mir zu viel vorkommt – sonst wird es garantiert zu wenig sein… Die kommen in ein hohes Gefäß und werden mit etwas Noilly Prat und noch einmal so viel Wasser aufgegossen. Mit dem Zauberstab intensiv aufmixen. Anschließend durch ein Haarsieb abtropfen lassen – so habe ich eine intensive Kräuteressenz hergestellt, die ich noch mit Salz und etwas Zucker abschmecke.

Die Brioche-Stücke tauche ich in diese Essenz, lasse sie etwas abtropfen und stelle sie mit ihrer Stellfläche nach unten auf das Ofengitter. So geht das ganze in den Ofen, wo ich meinen grünen Kräuterbruch bei ca. 120 °C Umluft trockenbacke (das kann dauern!). Bei dieser Temperatur behält das Chlorophyll seine Farbe und bleiben reichlich von den ätherischen Ölen in den Brioches zurück. Man sollte die Brioches nicht zu groß ausbrechen, damit man nicht nachher einen gigantischen Knusperklops auf dem Teller hat, gegen den die Gäste dann nur mit viel zu viel Wein ansaufen können…

No. 2: Matcha-Mandel-Karamell: Im Ofen habe ich Mandelscheiben vorgeröstet. In eine Pfanne gebe ich etwas Wasser, Matcha-Teepuder und Rohrohrzucker und lasse es gemeinsam aufkochen, bis es anfängt, sirupartig zu werden. Hurtig kommen jetzt die Mandeln dazu, umrühren und auf ein Backpapier geben, noch einmal (für die Farbe und die Aromen) frischen Matcha-Staub drübergeben und aus den noch sehr warmen Stücken kleine Hippen formen, die beim Abkühlen fest und knusprig werden.

No. 3: Schwarzer Knoblauch mit Arganölsauce ist schnell gemacht: Einfach ein paar Zehen des schwarzen Knoblauchs in ein hohes Gefäß mit Arganöl und etwas Haselnussöl anfüllen und mit dem Stabmixer zu einer schwarzen Paste schlagen.

No. 4: Fischfilets aus der großen Mittelgräte heben. Die Mittelgräte in Butter anbraten und mit Noilly Prat ablöschen. Reduzieren bis es fast ein Sirup ist. Diesen Lotte-Fond zur einen Hälfte zusammen mit weißem Balsamico, Salz und Kürbiskernöl sowie etwas Zitrone kräftig aufschlagen und als Vinaigrette zur Seite stellen. Die andere Hälfte mit Weißwein aufkochen und mit Salz, Pfeffer und Muskat abschmecken und als helle Sauce warm stellen.

No. 5: Die Lotte-Filets in Butter kräftig anbraten und zum Schluss salzen (Maldon Sea Salt nehme ich) und pfeffern

Anrichten: Quer über den Teller mit einem Pinsel einen ordentlichen Strich mit der schwarzen Argan-Knofelsauce ziehen. Darauf setze ich meine knusprige Kräuter-Brioche, Seeteufel dazu, ein paar Tropfen der Kürbiskernvinaigrette daran tropfen und auf die andere Seite meine Mandelhippe. Jetzt die Weißweinsauce nappieren. Etwas Matcha-Pulver über den ganzen Teller geben als optisch-gustatorischen Gimmick. Die drei Saucen (Vinaigrette, Arganöl-streifen und weiße Fischsauce) sind drei sehr schöne Komponenten, die jede ihr eigenes Aroma hat, sich aber auch beim Mischen sehr schön ergänzen. Das läd den Gast dazu ein, selber damit zu spielen und zu experimientieren. Ach so, oops, klar, jetzt schnell an den Tisch damit... ich verquatsch mich aber auch ständig mit Euch...

Ich brauche:

Knusprige Kräuter-Brioche:
5 ml Milch
15–20 g Hefe
180 g feinstes Weizenmehl
2 Eier
1 Eigelb
2 EL Zucker
1 EL Salz
75 g geschmolzene Butter
Kräuter (Majoran, Oregano, Dill, Estragon etc.)
Noilly Prat
Wasser
noch mal Salz und Zucker

Mandelhippen:
Mandelscheiben
Wasser
Matcha-Teepulver
Rohrohrzucker

Argan-Knofel:
schwarzen Fermentknoblauch
Arganöl
Haselnussöl

Sauce und Vinaigrette:
Die Mittelgräte von Lotte...
Noilly Prat
weißen Balsamico
Salz
Kürbiskernöl
Zitrone
sowie für die helle Sauce:
Weißwein
Salz, Pfeffer
Muskat

Lotte:
Seeteufel
Maldon Sea Salt

Tobias Sudhoff

Noch vor 10 Jahren hatten die Europäer, insbesondere die Deutschen, wirklich keinen Schimmer, was asiatische Küche bedeutete. Das „Chinarestaurant" hat ja bis heute in den meisten Städten seinen Namen nur zur Tarnung: Weinrote Pappmaschee-Drachen und Press-Span-Säulen, ansonsten ein komplett aufblasbares Interieur inklusive der legendären CD-Kollektion „China-Restaurant vol. 1–26" und das obligatorische „All-You-Can-Eat"-Büffet samt der großen Schlachterplatte „Apokalypse Mao". Das ist für die weltweit traditionsreichste Küche wirklich der reine Hohn bzw. nichts anderes als Camouflage für die große sinologische Geldwäsche. Und noch immer muss man für gehobene, authentische asiatische Küche (mit Ausnahme der japanischen!) etliche hundert Kilometer reisen, nämlich nach Berlin (am besten zur „Long March Canteen") oder Amsterdam („Nam Kee", um den sexysten aber nicht edelsten dort zu nennen) – erst dort darf man original kantonesische Spezereien der Extraklasse erleben. Trotz allem: Es gibt immer mehr kleine Bistros, die originär asiatisch kochen, ohne großes Aufheben darum zu machen – bei mir um die Ecke in Enschede z.B. das Yuens Oriental, in Bremen direkt am Bahnhof ist das wundervolle MIKU, und es existieren viele andere kleine Oasen dieser jahrtausendealten Küchentradition. Den Respekt, den die asiatische Küche verdient hat, bekam sie hierzulande nicht zuletzt dank wichtiger, fusionswilliger Protagonisten wie Tim Raue oder Thomas Bühner. Und so haben Ingwer, Sesamöl, Cumin, Thaibasilikum oder wirklich hochwertige Sojasaucen heute längst ihren Siegeszug in unseren Küchen angetreten. Zum Glück! Dann fusioniere ich auch mal.

Teriyaki-Gambas mit Reisknödeln

No. 2: Espuma vorbereiten: Gambas schälen und die Schalen in Ghee (also geklärte Butter) mit etwas Knoblauch braten. Dann mit Reiswein ablöschen und einköcheln lassen. Diese Reduktion durch ein Sieb abgießen und auffangen. Mit der gleichen Menge Kokosmilch aufgießen. Auf 60 °C erwärmen und pro 120 ml ein Blatt Gelatine darin auflösen. Gut umrühren bis alles gelöst ist, etwas Salz und Zucker dazugeben, dann in die Espumaflasche füllen und bei ca. 60 °C im Wasserbad warm stellen.

No. 1: Sudhoffs Reisknödel aus in Salzwasser und mit Zimtrinde gekochtem Basmatireis: Den nur noch warmen Reis mische ich mit recht viel Zimt (als Pulver), sehr viel feingerebeltem Thaibasilikum, etwas Salz, etwas Sesamöl und einer Prise Piment d'Espelette. Pro 100 g der Masse außerdem ein Eigelb hinzufügen. Kalt stellen. Es ist das Gleichgewicht aus Zimt und Basilikum, das hinterher ein wirklich umwerfendes Aroma entfaltet. Die kalte Reismasse zu Kugeln rollen und in gerösteter Sesamsaat wälzen, die außen fest pappen bleibt. Kurz vor dem Anrichten die Bällchen einfach fritieren.
(Ist übrigens auch als Veggie-Hauptgericht sehr zu empfehlen!)

No. 3: Die Gambas brate ich nicht brav in einem Wok, sondern bereite sie im Ofen. Dafür mache ich mir frische Teriyaki-Marinade (siehe Anhang ab S. 250) entferne aber NICHT die Zwiebel-, Ingwer- oder Knoblauchstücke! Die Gambas entdarmen. Dann kommen Sie in die Marinade und dann bei 180 °C Ober- und Unterhitze auf das Ofenrost. Sobald die Marinade eine braungoldene Farbe annimmt, sind die Gambas fertig.

Ich brauche:

Reisbällchen:
Basmatireis
Zimtrinde (chinesische! Die ist dicker und subtiler im Geschmack als Ceylon Zimt.)
Zimtpulver
Salz
Piment d'Espelette
Thaibasilikum
Sesamöl
Eigelb
geröstete Sesamsaat

Kokos-Krustentierespuma
Schalen der Gambas
Ghee
Knoblauch
Reiswein
Kokosmilch
Gelatine
Salz, Zucker

Gambas:
Gambas
Teriyaki (mit Stückchen!)

Anrichten: Espuma auf den Teller sprühen. Gambas anlegen und den fritierten Reisball daneben. Ab an den Tisch damit.

Anmerkung: Bei Gambas gibt es die berechtigte Diskussion, ob man Tiefkühlware nehmen kann. Ja, liebe Puristen, es stimmt, gefroren und nicht gefroren ist ein Unterschied, vor allem in den Konsistenzen. ABER: Man kommt hier nur schwer an andere Ware, und der preisliche Unterschied macht hier aus meiner Sicht nur wenig Sinn. Und was für mich viel wichtiger ist: Es gibt viele ökozertifizierte Gambas und Langustinen. Selbstverständlich nicht gehäutet: Wer Gambas ohne Schale verkauft, sollte selber gehäutet werden! Merke: In der Schale ist der Geschmack!

Wer glaubt mit einem Kraken ein ähnlich bewusstseinsfreies und dämliches Tier wie Hummer oder Jakobsmuschel zu essen, den muss ich leider enttäuschen. Obwohl die Neuronen dieser Tierart völlig anders angeordnet sind als bei uns Wirbeltieren (Kraken haben z.B. auch keine Struktur wie unseren Cortex, der bei uns ja erst Bewusstsein ermöglicht), scheinen die größeren Exemplare durchaus so etwas wie Intelligenz, Handlungsplanung und sogar Ich-Bewusstsein zu besitzen. Verhaltensforscher wie Neurowissenschaftler waren geradezu verstört, wie denn Tiere mit solch einem Hirn derart hohe kognitive Leistungen vollbringen können, u.a. schraubten sie fröhlich Deckel von Gefäßen auf, in denen sie Nahrung vermuteten. Einige Kraken scheinen sogar einen ausgeprägten Spieltrieb zu haben. Kraken sind also hochinteressante Tiere – zu ihrem eigenen Pech auch für die Küche. Dank seiner raschen Vermehrungsfähigkeit ist der Pulpo in seinen Beständen nicht so leicht zu überfischen – zumal er auch längst nicht so beliebt ist, wie viele andere Meerestiere – die Jahresfangmenge beträgt weltweit keine 40 000 t – im Vergleich zu Pollack oder Hering, da sind es 2–3 Mio. (!) t. Es gibt seit ein paar Jahren vor allem in Galizien und in Peru ein paar kleine Kooperativen, deren Fang- und Tötungsmethoden nachhaltig und tierfreundlich sind.

Pulpo mit Westfalensushi und sauer eingelegtem Bleichsellerie

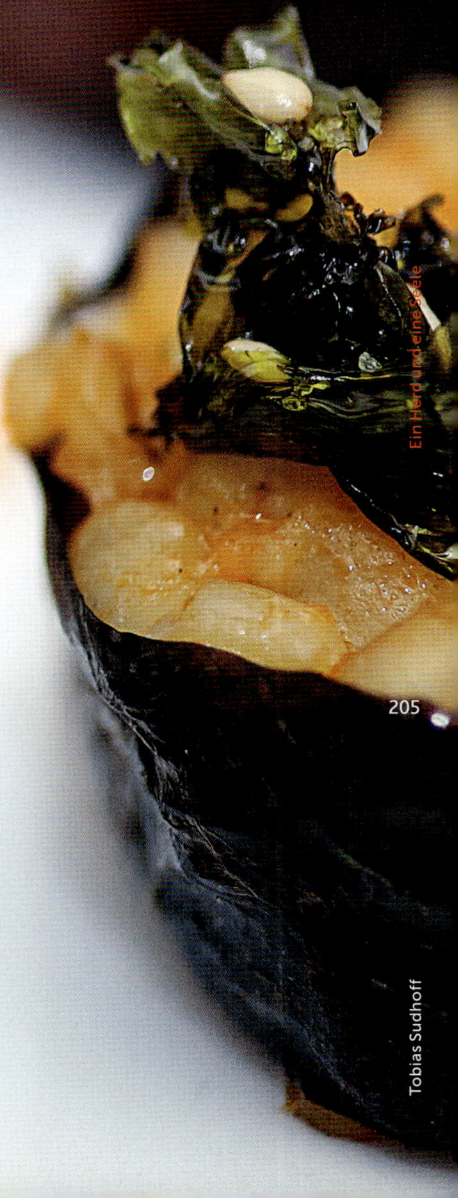

Tobias Sudhoff

No. 1: Eingelegter Bleichsellerie, den muss man einige Tage vorher ansetzen, denn Essigsäure soll sein Gewebe mürbe machen. Damit ich nachher nicht auf einer Plastikmatte rumkauen muss, die einem die Plomben herauszieht, verwende ich nicht das holzig grüne Gestrünk auf der Knolle – das bekommt mein Kaninchen – hab ich da nicht noch ein Kaninchenrezept ... Ich hingegen suche mir einen Gemüsehändler, der seinen Staudensellerie ein paar Wochen unter einer schwarzen Plastikfolie einsperrt – so entstehen weiche, helle Triebe, mit dem schönen Namen „Bleichsellerie", die tatsächlich so aussehen, als sollten sie dringend mal eine Woche auf die Kanaren. Diese Blätter lege ich in einen ordentlichen Essig ein und lass das einfach stehen. Hält sich jahrelang und wartet still und brav im Keller auf seinen Einsatz – also ist heute sein großer Tag, er darf aus dem Verließ auf meinen Teller, als herrlich säuerlicher Kick.

No. 2: Die Arme vom Oktopus (aus dem Kopf schneide ich Ringe, die ich später panieren kann und ungewünschten Gästen als Schweinemastdarmringe vorsetze) schneide ich in ca. 3 cm lange Stücke und gare sie sous vide mit etwas süßem Weißwein bei 85 °C mindestens 4 Stunden (dem lieben Bernd Ahlert vielen Dank für diese Anregung). Kurz vor dem Servieren brate ich die Arme in Butter mit Salz, Aceto balsamico, weiterem Weißwein (also nicht aufsaufen in den 4 Stunden!) und etwas Safran scharf an. Man kann auch noch etwas Krustentierfond zugeben ...

No. 3: Graupen haben keinen großen Eigengeschmack, saugen aber bereitwillig jedes Aroma in ihre faden Stärke-Bäuche! Krustentierfond erhitzen (was, den habt ihr wieder nicht vorrätig? Tja, dann mal ab zum Fischhändler, Crustaceae besorgen und nach dem Rezept im Anhang zubereiten ... Der Vorteil für das Küchenpersonal, also Dich, yipiiiehh: Du hast gleich auch noch Hummer, Flusskrebse und/oder Langustinen zum Schnabbeln, die hausten nämlich zufällig in den Karkassen, die man für den Fond benutzt!). Dort koche ich in minimal 40 Minuten die Gerstengraupen schön weich. Dann gieße ich den übrigen Fond in einen Extratopf, um später die Sauce daraus zu kochen. Die Graupen abkühlen lassen. So lassen sie sich in ein Noriblatt, das ich mit etwas Reisessig eingerieben habe, einschlagen und wie ein Sushi Maki rollen. Dann schneide ich daraus Scheiben – fertig ist mein Westfalensushi! Warm halten.

Und zum Schluss – ganz old-school – tropfe ich eine Schmackofatz-Akne von Vinaigrette und Krustentiersauce drum herum. Und – wie immer – ab auf den Tisch.

Ich brauche:

saurer Sellerie:
Bleichsellerie (falls Du den nicht bekommst, nimm ganz junge Blätter von einem Sellerie oder jur gen Stangensellerie)
weißen Balsamico oder Trauben- bzw. Apfelessig

Oktopus:
ganzen Oktopus oder zum ndest die Arme
Süßwein
Weißwein
Salz, Pfeffer
Aceto balsamico
Safran
Krustentierfond

Graupensushi:
Gersten- oder Weizengraupen
Krustentierfond
Noriblätter
Reisessig
Seealgen-Chips

Krustentiersauce:
Krustentierfond
Bouillabaissegewürze nach Gutdünken
ggf. Butter zum Montieren

Kräutervinaigrette
weißen Baldsamico
Zitronensaft
Kräuter
Krustentieresauce
Salz

No. 4: Den aus No. 3 übrig behaltenen Krustentierfond reduzieren, bis er sämig wird. Jetzt darfst Du alles reinschmeißen, was Du in einer schönen Bouillabaisse gerne hast – ich liebe es mit Safran, Gelbwurz, Rosmarin, Salz, Pfeffer, Zitronenzeste und was weiß ich noch...

No. 5: Für die Kräutervinaigrette etwas Zitronensaft, weißen Balsamico, kleingerebelte Kräuter und einen Schuss Krustentiersauce mit etwas Salz kräftig aufschlagen.

Anrichten: Auf den Tellern lege ich den Sellerie quer. Drum herum drapiere ich Pulpo und Westfalensushi. Auf die Sushischeiben baue ich nach hochkomplexen Statikformeln kleine akadamische Türme aus Seealgen-Chips – die ich einfach beim Asiamann gekauft habe, von denen ich aber natürlich bei Tisch behaupte, sie selber aus dem Meer geholt und nach einem geheimen japanischen Rezept getrocknet und gewürzt zu haben...

Jean-Marie Dumaines

Küchen-Kräuter-Komponist

Tobias Sudhoff

Wenn man sich unter den Top-Gastronomen dieser Republik umschaut, kann man den Eindruck gewinnen, dass es eine Art Einheitsrezept gibt, nach dem man in modernen Zeiten kochen muss, um die höheren Weihen der Küchenrichter erhaschen zu können. Von Berlin bis Zürich scheinen gerade viele junge Kollegen ein sich stets wiederholendes Grundrezept für ihre Kulinarienkunst zu beherzigen: Man nehme ein Produkt, kombiniere es möglichst spektakulär mit etwas, das die pseudointellektuellen Ästheten der Foodpairingforschung wohl als „total crazy, eyyy" bezeichnen würden und dekliniere es nach der großen Vilgis-Schule einmal rauf (Chips, Staub, Kaviar, Sorbet oder ähhh sowasinderrichtung...) und auch noch mal runter (Schäumchen, Creme, Sphäre, Espuma oder ähhh sowasinderrichtung...). Bums, fertig ist der „total crazy, eyyy"-Teller. Geschmack egal, Hauptsache ganz verrückt modisch-kreativ. Warum sind die Gründerväter der feinen Küche da nicht schon eher drauf gekommen! Soll ich es euch sagen? Weil sie es besser wussten!
Ich selber bin ja von Haus aus Musiker, und wenn ich diese Entwicklung mit der Musikgeschichte vergleiche, dann bekomme ich den Eindruck, als seien die heimischen Köche in einer ähnlichen Sinnkrise wie die klassischen Komponisten der 50er Jahre – dort meinte man auch, sich aus dem „Käfig der ästhetischen Empfindungen" befreien zu müssen mit serieller Musik oder mit mathematischen Modellen für moderne Kompositionslehre. Bestimmt sehr wichtig für die Entwicklung der europäischen Musik – aber wenn es um Genuss (und nicht um Bildung) geht, höre ich heute immer noch lieber Bach als Stockhausen und ich ziehe ehrlich gesagt Miles Davis einem Hindemith beim Abendessen vor.
Die hohe Kunst, einen Teller sinnvoll zu bestücken ist ein Thema, mit dem nicht nur der wortreiche – und gewaltige – Kollege Dollase Bücher füllen kann – ich habe diesbezüglich meinen ganz persönlichen Meister aus der wunderbar schmackhaften und dabei mindestens so wunderbar zeitlosen französischen Tradition gefunden: Deutschlands Kräuterpapst Jean-Marie Dumaines, mit dem es sich trefflich und extrem kompetent zu diesem Themenkomplex streiten lässt – zumal er sich dem modernen Sterne-Mainstream (nämlich so ganz und gar krampfig modern-unmainstreamig sein zu müssen) mit seiner fröhlichen

französischen Klassik entgegenstellt. Und weil er weiß, dass ich Musiker bin, hat er mir das alles auch anhand der Musik erklärt. Mit seinem herrlich französischen Akzent („schööönn isserrr nur Kochäännn, wänn mon ös wirglischhh gärrne mooochd…): „Schau, wenn Du etwas komponierst, dann brauchst Du doch auch eine Melodie, ein Thema. Alors, alles, was Du dann dazu komponierst, soll diesem Thema dienen, es schöner machen, herausstellen. Et voilà, das ist französische Küche. Ein Produkt, eine Idee – und alles was ich dazu auf den Teller bringe, dient dazu, dieses Produkt hervorzuheben, wie eine Königin zu krönen." (Lieber Leser, lies Dir die letzten Zeilen bitte mit genau diesem französischen Akzent laut vor – verstehst Du dann, warum man sich dem Charme dieses Ur-Franzosen kaum entziehen kann?!)

Und das ist es, was Dumaines umtreibt. In einer einfachen Familie in der Normandie als letztes von acht Kindern auf die Welt gekommen ist diese Art zu kochen bei ihm in Fleisch und Blut übergegangen. Kochen und essen sind die natürlichsten Dinge der Welt, die Kunst liegt vor allem in der Wertschätzung dessen, was die Natur uns schenkt. Dumaines kann aus einer einfachen Kartoffel ein himmlisches Gericht zaubern. Eines seiner „bekannten Geheimnisse" ist sein Gebrauch von Kräutern – jene überall wachsenden und verbreiteten Geschmacksverfeinerer, die kaum einer noch erkennt und lieber blindblöde mit dem Rasenmäher die Rübe absäbelt, nur weil der Golfrasen ja wichtiger ist als der Mittagstisch. Dumaines hat gleich im Innenhof seines Restaurants seinen bunten, unkonventionellen Kräutergarten angelegt und schöpft dort für seine Töpfe aus dem Vollen. Der feine, pointierte Einsatz der Kräuter ist wie ein kleiner Melodiebogen, wie ein Basslauf

unter der eigentlichen Melodie, die Beilagen und die Art zu würzen sind bei ihm wie das harmonische Gerüst, in dem das Thema in seiner ganzen Schönheit glänzen kann. Und es ist damit eben nicht eine Art grober Landküche, sondern wahre Fachmannschaft, ohne spektakuläres gustatorisches Knallgetöse, das ohren-pardon zungenbetäubenden Tellerböllern gleicht und mit dem manch junger Koch bei seinen Gästen Eindruck zu schinden versucht. Genuss steht bei ihm vor jeder Prahlerei. Dabei holt sich der kundige Kräuternormanne vieles direkt aus der Natur, die er vor der Haustür in Sinzig im nördlichsten Weinbaugebiet Deutschlands findet. Sauerampfer, Storchenschnabel, Borretsch, Wegerich oder Löwenzahn – und sogar Trüffel! Trüffel? Genau. In Deutschland. Da wächst der nämlich, und erst seit den Nazis ist dieses kulinarische Gold uns Deutschen verloren gegangen und treibt die Teutonen heutzutage in Scharen auf die Märkte von Perigord und Alba. Der Trüffelhandel war nämlich einst bei uns in jüdischer Hand, und das passte den Nazis gar nicht, und so erließ man kurzerhand ein Sammelverbot. Das bis heute seine Geltung hat. Dumaines aber ist aktiv im Verein „Ahrtrüffel" und holt diese längst vergessene Tradition mit einer Sondererlaubnis auf die Teller in sein Restaurant – er hat sogar seinen eigenen Trüffelhund, mit dem er regelmäßig in den Wäldern der Ahr auf die Jagd nach der edlen Knolle geht und abends kann man sich dann frische deutsche Trüffel über die Gerichte hobeln lassen.
Und so ist dieser Mann auf seine ganz eigene Art sehr modern und am Puls der Zeit – denn langsam entdecken auch immer mehr andere Köche diese schlichte und schmackhafte Wahrheit: Wozu in die molekulare Ferne schweifen – sieh, das Gute liegt so nah. Vor der Haustür sozusagen. Das zu erkennen bedurfte es wohl eines so eigenwilligen Franzosen wie Jean-Marie Dumaines.

Mein lieber Freund und Kulinarienkenner Martin Wurzer Berger (der Deutschlands einziges wissenschaftliches Magazin zum Thema Kochen herausgibt – nämlich das „Journal culinaire“ Edition Wurzer&Vilgis) hatte mich zum Mittagessen eingeladen und eine der atemberaubendsten Kombinationen serviert, die ich je gegessen habe. Mais und Thymian, die er mir als Suppe vorsetzte. Wow. Was war das denn? Mais wird ja schon seit langem in der Gastronomie etwas stiefmütterlich behandelt, obwohl ich bei Wissler die gnadenlose Kombination von Rote Beete mit Mais und Schwarzen Trüffeln kennengelernt hatte. Diese Erfahrungen haben mich in dem Gedanken bestärkt, in Zukunft gerade was die Veggie-Kocherei angeht, mich mehr mit diesem Gemüse zu beschäftigen. Zumal Mais viele Möglichkeiten zum Spiel mit Texturen bietet – als Polenta gebraten oder wie hier als gesellige „Popcörner“, die auf dem Teller die geräucherte Artischocke in meinen Mund begleiten...

Mais-Thymiansuppe mit geräucherter Artischocke

No. 1: Für die Thymian-Maissuppe Maiskolben kochen – das heißt nur 5 Minuten in siedendem Wasser, in das man Salz und Zucker geben kann. Maiskörner mit einem scharfen Messer ausschneiden und in eine Schüssel mit Milch und reichlich Thymianblättern geben. Mit einem Mixer intensiv pürieren – es soll eine leicht cremige Suppe entstehen – da kann man mit Milch, meinetwegen etwas Sahne und den Maiskörnern nachregulieren. Das Ganze mindestens eine Stunde ziehen lassen und anschließend die Suppe durch ein Haarsieb drücken. Abschmecken. Ein paar Maiskörner in der heißen Pfanne bräunen und als Einlage für die Suppe beiseitestellen.

No. 2: Für das Popcorn getrockneten Popcornmais mit einer Nocke Butter in einem geschlossenen Topf auf dem Herd erhitzen. Sobald die Maiskörner aufgepoppt sind, vom Feuer nehmen, mit Murray River Salt bestreuen und umrühren.

No. 3: Bei den Artischocken Stiel und die Blätter abschneiden sowie das Stroh innen herauslöffeln. Ja, auch ich bin immer schockiert, wenn aus der riesigen Knospe einer Distelart nur so eine kleine Platte übrig bleibt während der Bio-Müll lilagrünlich überquillt... Die Bodenplatte wird in Wasser gekocht, bis die schön weich ist. Aus der Bodenplatte schneide ich ein paar kleine Würfel. Den Rest püriere ich mit einem Stabmixer und etwas Sahne auf. Mit Salz, weißem Balsamico, gerne etwas Senf und Zitrone abschmecken. Diese Artischockencreme sowie die Würfel möchte ich jetzt mit Raucharomen versehen. Wer also einen Smoker hat, kann den jetzt zum Einsatz bringen. Ich verwende, ohne schlechtes Gewissen und obwohl verpönt, Flüssigrauch, als Öl oder als Essenz. Denn dies Zeug habe ich auch in etlichen Sternehäusern heimlich in einer Ecke mit Sonnenbrille und hochgezogenem Kragen inkognito rumlungern sehen...

Ich brauche:

Maissuppe:
Maiskolben
Milch
Thymian
Salz

Popcorn:
Popcornmais
Butter
Murray River Salt

Artischocken:
Artischocken
Sahne
Salz
weißen Balsamico
Senf
Zitrone
ggf. Flüssigrauch bzw. Öl oder Salz

Anrichten: Die heiße Maissuppe in einer Schüssel auf den Teller stellen. Ein paar gebratene Maiskörner als Einlage hinzugeben, wer mag, kann auch ein paar Thymianblätter dazugeben. Daneben mit einem Teigschaber eine „Welle" von der geräucherten Artischockencreme auf den Teller geben und ein paar von den Artischockenwürfeln sowie von dem Popcorn platzieren. Und ab auf den Tisch damit...
Man kann bestimmt auch noch ein paar Scheiben Artischockenchips loswerden oder eine Maispraline mit Artischockenfüllung, oder eine Rauchsphäre oder Mais-Eissplitter, und was Kollege Vilgis wohl noch machen würde undundund... wie gesagt, könnte man – muss man aber nicht...

Anmerkung: Wen es sehr stört, dass die Artischocke schnell oxidiert und dunkelt, der muss ein Antioxidanz benutzen – bitte keine Zitrone, denn die schmeckt viel zu intensiv, ich will ja kein Artischocken-Zitronen-Eis lutschen... Stattdessen geht auch Vitamin C oder andere, weniger geschmacksintensive Ingredienzen – ich persönlich bin da allerdings nicht so empfindlich...

Der Klassiker: Spargel, Sauce béarnaise und Rind – aber mit reverser Sous-vide-Garmethode!

So denkt der europäische Christ logisch: Als der liebe Gott die Erde erschuf, da hatte er die Franzosen irgendwie besonders lieb und die Russen gar nicht. Wie anders ist es sonst zu erklären, dass er optisch ein und dieselbe Pflanze in dem einen Land hocharomatisch und ultrafein macht und im anderen Land dort in die Bolschewiken-Krume ein tumbes, nichtssagendes Kraut setzt? Denn tatsächlich verhält es sich so mit dem französischen und dem russischen Estragon. Dem Naturwissenschaftler leuchtet es auf den ersten Blick auch nicht ein, warum vom Estragon eine so küchenkompatible Version existiert – aber man nimmt ja auch die reinen Zufälle der Evolution dankbar an und kocht mit ihnen! Ich habe übrigens meine eigene streng naturwissenschaftliche These zu diesem Thema entwickelt, denn es könnte ja auch einfach nur ein besonderer Kniff der Evolution sein: Der französische Estragon existiert wohl nur noch wegen der Begehrlichkeiten, die er in der Küche weckt, denn seine Blüten sind infertil, er vermehrt sich nur über Rhizome! So etwas hat im Darwinschen „survival of the fittest" nur eine Chance, wenn es einen geeigneten Symbionten findet, der es hegt und pflegt – und wer könnte dieser Symbiont sein? Genau! Wir Köche!! (Woraus folgt, dass Russland für gute Köche keine geeignete ökologische Nische hat...) Der Duft des französischen Freundes erinnert fein an Anis und ist für die wohl most sexy Variante der Hollandaise, wie die Kanzlerin sagen würde, alternativlos: Nur damit gelingt die Sauce béarnaise wirklich!

No. 1: Entrecote. Aber mit der reversen Sous-vide-Methode – also erst Niedertemperaturgaren und dann scharf anbraten! Dafür das ganze Entrecote (bitte schlagt Euren Schlachter, wenn er alles immer in Scheiben zerschnippelt, das ist eine elende deutsche Unart!!!) mit etwas Salz und reichlich feingehacktem Estragon und einem Schuss Pastis vakuumieren und im Sous-vide-Garer etwa 6–8 Stunden bei 55 °C garen. Aus dem Beutel holen und auf Zimmertemperatur abkühlen lassen. Kurz vor dem Servieren den Fettstreifen entfernen (damit entsteht ein Randstreifen vom Fleisch, den ich mitbrate und in der Küche mit der Sauce béarnaise schon mal wegfuttern kann… yipiiieh, so macht kochen doppelt Spaß. Für solche Fälle ist die offene Küche natürlich doof, weil sofort gierige Gäste neben einem stehen, „ich will auch mal…"), mit etwas Aceto balsamico einreiben und salzen und in der Pfanne von allen Seiten scharf anbraten und ziehen lassen.

No. 2: Spargel – gerne grün und weiß – in Zucker-Salzwasser kochen (den grünen 3–5 Minuten später hinzugeben, weil er viel schneller durchgart). Nicht zu lange kochen, der Spargel soll nicht zu Spargelmousse zerfallen! Abgießen und warm halten.

No. 3: Sauce bérnaise zubereiten. Dazu im warmen (nicht über 55 °C!) Bain-Marie Eigelb mit etwas süßem Senf, einem Schuss ordentlichem weißen Balsamico, etwas Salz und etwas Muskat sowie sehr wenig feinst geschnittenem Knoblauch verquirlen. Jetzt reichlich Estragon feinrebeln und hinzufügen. Während das zieht, reichlich Butter schmelzen (ein Eigelb kann locker 150 g Butter aufnehmen) und die geschmolzene Butter langsam unter ständigem Rühren (!!) hinzugeben (der Profi macht das von Hand mit dem einfachen Schneebesen, wer sich nicht traut, nutzt einen elektrischen). Wenn Butter und Eigelbmasse dabei nicht zu unterschiedliche Temperaturen haben, gelingt diese Sauce idiotensicher! Am Ende gerne noch etwas Pastis oder Weißwein und unbedingt etwas Spargelwasser hinzugeben und mit Salz, Zucker und Muskat abschmecken. Warm halten – wenn die Sauce droht auszufällen, einfach einen Schuss Spargelwasser hinzugeben und umrühren. So lässt sich jede Sauce béarnaise stundenlang warm halten.

Anrichten: Fleisch gegen die Faserrichtung in Scheiben schneiden, auf den Teller legen und mit Finishing-Salz bestreuen. Spargel anlegen und die Sauce béarnaise darüberfließen lassen. Fertig ist die Laube und – logisch – ab auf den Tisch.

Ich brauche:

Entrecote:
ein Entrecote im ganzen Stück
Salz
Estragon
Pastis
Aceto balsamico
Finishing-Salz

Spargel:
Spargel grün und weiß
Zucker, Salz

Sauce béarnaise:
Eigelb
süßen Senf
weißen Balsamico
Salz
Muskat
Knoblauch
Estragon
geschmolzene Butter
Pastis
Weißwein
Zucker

Zweierlei vom Rotkohl an wilden Kräutern und zivilisiertem Spargeldressing

Rotkohl – der Star dieses Gerichtes – assoziiert der gemeine Deutsche seltsamerweise mit Kaufhaus-Einweckgläsern, Backpflaumen, schweren, dunklen Saucen, fetten Fleischschlachten am Festbuffet, Knödeln, zu viel Wein und final mit Bauch- und Kopfschmerzen. Um dem schlechten Leumund dieses wunderbaren Gemüses entgegenzuwirken, möchte ich gerne erzählen, wie man es z.B. in Südostasien macht. Dort wird Kohl – ob spitz, weiß, blumig oder auch rot – sehr gerne mal ganz anders und wunderbar frisch zubereitet. Oft wird er nur mariniert, Essig – oder Milchsäuren leisten dann ihr mazerierendes (also zellstrukturzersetzendes) Werk. Oder er wird im Wok angebraten, allenfalls vorher kurz blanchiert. Leider all das nur zur Freude der Asiaten, denn bei uns werden die Kohlköpfe weiterhin gnadenlos gekocht, und gekocht, und gekocht, bis dass die letzte Zellwand ächzend platzt und damit auch das letzte bisschen Geschmack dem Kohl ausgetrieben wird. Den bekommt er ja schließlich von den vielen tausend Gewürzen, die man dem Fauna-Patienten anschließend hierzulande als Infusion legt, bis die gustatorische Flatline am Bildschirm schon der Oma damals garantierte, dass er beim Sonntagsbraten nicht mehr stört...
Ich habe vor ein paar Jahren begonnen, mich intensiver mit Niedrigtemperaturgaren bei Gemüse zu beschäftigen und bin dabei auf ein Rezept aus der japanischen Küche gestoßen, in einem sehr alten Kochbuch, wo man den Kohl bei etwas über 80 °C in einem Tongefäß (typisch japanisch mit Sesamöl „parfümiert“, denn Öl ist in Japan lediglich eine duftende Zutat, kein fettiges Freizeitbad, in dem man das Bratgut ersäuft) für ein paar Stunden ziehen lässt. Ich habe kein Tongefäß und schon gar keine Lust, diese Temperatur ständig zu kontrollieren, dafür habe ich mein Steba Sous-vide-Gerät. Bei 80 °C mit etwas Sesamöl vergesse ich den Kohl für ein bis zwei volle Stunden – dann schneidet man den Beutel auf und siehe da: Er hat Biss, behält sein wunderbares Aroma, das Sesamöl gibt dem Ganzen im Hintergrund eine feine Nase – das ist Rotkohl für Fortgeschrittene! Und ideal einzusetzen bei diesem frühsommerlichen Gericht mit Spargel und Kräutern, die auf jeder Wiese vor der Tür wachsen (auf der sich dann hoffentlich nicht zu viele Hundebesitzer mit ihren Pedigree-flatulenten Vierbeinern tummeln...)

No. 1: Rotkohl Sous-vide – den Kohl in dünne Streifen schneiden, mit Salz und Sesamöl in den SV-Beutel. Die Frische-Fetischisten geben noch einen Schuss weißen Balsamico oder Apfelsaft hinzu. Bei 83 °C ab ins Wasser. Ich würde es nicht viel länger als eine Stunde ziehen lassen, weil mir der Kohl sonst zu weich wird, ich möchte Biss haben – aber entscheidet das selber. Den Kohl aus dem Beutel nehmen und noch einmal mit Sesamöl kurz vor dem Servieren braten und anschließend abschmecken.

No. 2: Croustades mit Rotkohlcreme: Croustades kaufe ich einfach als Fertigprodukt – wer sich selber die Mühen machen will: Weißbrot entrinden, mit einer Teigrolle plattrollen, in Förmchen geben und mit Butter bestreichen und im Backofen ausbacken. Für die Füllung Rotkohl mit Aceto balsamico, Preiselbeermarmelade (die kann man mit etwas Wasser und Zucker aus Preiselbeeren kochen, dickt von selber mit Geliermittel aus der Beere!), Salz und Apfelsaft und meinetwegen Rotwein einkochen (Deckel drauf, sonst wird ihm kalt!). Wenn der richtig weichgekocht ist, abkühlen lassen, mit etwas Nussöl (Haselnuss, vielleicht ein bisschen Sesamöl) und etwa einem Drittel Mascarpone in ein hohes Gefäß füllen und mit dem Stabmixer intensiv zu einer feinen Creme aufschlagen. Abschmecken. Creme warm halten. Aus Aceto balsamico und Preiselbeermarmelade stelle ich dann noch eine Aceto-Marmelade her: Den Balsamico zusammen mit der gleichen Menge Preiselbeermarmelade und ein paar Tropfen Rotwein einköcheln bis es die gewünschte Konsistenz hat. Fertig. Zu guter Letzt Pinienkerne rösten.

No. 3: Für die Vinaigrette nutze ich wieder den Zauberstab – und verstehe langsam, warum man ihn so nennt. In ein hohes Gefäß gebe ich wenig Zwiebeln, geschälten Spargel, etwas süßen Senf, weißen Balsamico sowie Pfeffer, Salz und Olivenöl. Aufmixen und abschmecken. Zum Abschluss reichlich sehr dünn Spargel schneiden, so dass kleine runde Hobel entstehen, die ich in der Vinaigrette ziehen lasse.

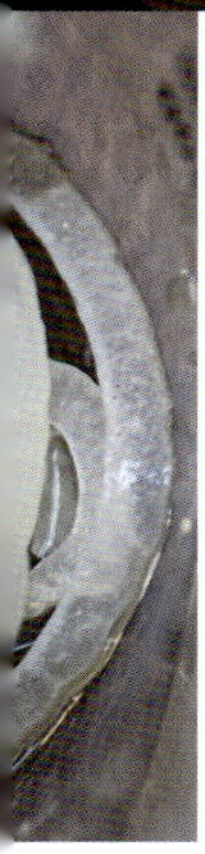

No. 4: Wildkräuter sammeln – da nehme ich alles, was ich kenne mit für ein breites Aromenspektrum. Jungen Löwenzahn, Sauerampfer, Wegerich spitz und rund, Schafgarbe, Klee, dann durchforste ich meinen Kräutergarten und schnappe mir ein paar Blätter vom Oregano, Majoran, Estragon, Petersilie, Rauke, Dill, wildem Fenchel, Basilikum und wo ich sonst noch Böcke zu habe. Gerne auch Blüten von Borretsch, Rosen, Holunder, Kapuzinerkresse, Klee, Taubnesseln und was da so blüht und nicht auf den Namen Fingerhut oder Goldregen und dergleichen Giftzwerge hört. Meister Dumaines lächelt dabei seelig. Und – äh – hatte ich das Ganze nicht Salat genannt? Na gut, ein paar Blätter Lollo Rosso oder Eichblattsalat dürfen auch mit dazu – ein gutes Mischungsverhältnis sorgt dabei dafür, dass der Salat nicht zu intensiv wird. Waschen und trockenschleudern.

Anrichten: Vorab die warmen Croustades mit Rotkohlcreme vorbereiten – unten eine dünne Lage der Aceto-Marmelade einfüllen, darauf vorsichtig die Rotkohlcreme heben und oben drauf die gerösteten Pinienkerne. Dann auf dem Teller Salat zentral positionieren (und im Ernst sollte man dabei für jeden Gast die gleiche Anzahl jeweils der gleichen Blätter auflegen, hier kommen nicht die Wurstfinger, sondern die Küchenpinzette zum Einsatz!), Vinaigrette drübergeben. Auf die eine Seite den warmen Sesam-Rotkohl geben, auf die andere Seite die Croustades mit Rotkohlcreme und – logisch – ab auf den Tisch.

Ich brauche:

Rotkohl Sous-vide:
Rotkohl
Salz
Sesamöl
weißen Balsamico
Apfelsaft

Croustades mit Rotkohlcreme:
Croustades
Rotkohl
Aceto balsamico
Preiselbeermarmelade (Preiselbeeren, Zucker)
Salz
Apfelsaft
Rotwein
Haselnussöl
Sesamöl
Mascarpone
Pinienkerne

Für die Aceto-Marmelade:
Preiselbeermarmelade, Aceto Balsamico und Rotwein

Vinaigrette:
Zwiebel
Spargel
süßen Senf
weißen Balsamico
Salz, Pfeffer
Olivenöl

Salat:
Wildkräuter
etwas Lollo Rosso oder Eichblattsalat

Falko Jüßen

Kochen kann man lernen!

Tobias Sudhoff

Warum, so kann der geneigte Leser sich fragen, habe ich wohl einen ganz normalen Hobbykoch als Protagonisten mit in mein Kochbuch aufgenommen? Gleich vorab: Falko Jüßen ist natürlich alles andere als ganz normal. Nicht nur, dass er seit beinahe 20 Jahren einer meiner absolut besten Freunde ist (was viele wohl getrost als außergewöhnliche Leistung betrachten werden…) und wir zusammen sicherlich mehr verrückte Dinge erlebt haben, als es auf beliebig viele Kuhhäute passen täte. Nicht nur, dass er mit großer Leidenschaft für sein Fach als Professor für Volkswirtschaftslehre an der Universität Wuppertal arbeitet und sich mit meinem tendenziell antikapitalistischen Gedankengut seit all der Zeit ernsthaft rumschlagen muss, nicht nur, dass er mich im Schach auch bei drei Promille mit einem kühlen Lächeln vom Brett fegt und eine der umfangreichsten privaten Weinkollektionen hat, durch die ich mich bis ans Ende meiner Tage wohl nur mit Leberschaden durchsüppeln „dürfen können werde" – und nicht nur, dass ausgerechnet so ein Typ, obwohl doch eigentlich kein Profi, als veritabler Schlagzeuger mit mir zusammen Jazz auf professionellem Niveau macht – neben all diesen Sonderbarkeiten teilen Falko und ich auch noch die Leidenschaft fürs Kochen und Essen. Leidenschaft ist bei Falko geradezu wörtlich zu nehmen. Die Akribie, mit der er Stunden in der Küche verbringen kann, um ein Sößchen einzukochen oder, sein Weinglas dabei stets schwenkend, kiloweise Kalbsbäckchen für die Gäste vorzubereiten, erscheint dem Normalsterblichen tendenziell genusspathologisch. Hier aber folgt der wichtigste Grund, warum genau so jemand in meinem Buch in einer Hauptrolle nicht fehlen darf: Falko Jüßen, liebe Freunde, gibt wahlweise den Herd-Novizen unter Euch Hoffnung oder lässt die Topf-und-Kochlöffel-

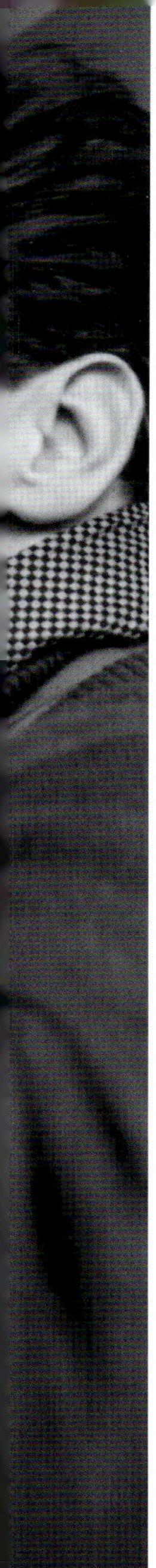

Bekloppten sich nicht so einsam fühlen! Er ist ein Idealbeispiel dafür, wie ein Konsument vom chipsfressenden Tiefkühlpizzavernichter zu einem Menschen mutiert, der höchsten Respekt entwickelt hat, Respekt vor Geschmack, Mühe, Qualität und vor allem vor dem Produkt, dass er vertilgt, samt all den daraus resultierenden – bis zu den ethischen – Konsequenzen. Vom Kulinarien-Saulus zum Küchen-Paulus. Bis hierher hatten wir es immer mit Menschen zu tun gehabt, die als Profis im herstellenden Sektor stehen, sei es als Koch oder sei es als Produzent bestimmter Waren. Falko aber ist Konsument. Also einer von uns, wie Du und ich. Genau wir Konsumenten bestimmen durch unser Kaufverhalten, was uns die Wurstfinger aus der Foodindustrie vor die Nase setzen. Einkaufen ist zehnmal mehr aktive Politik als jedes Kreuzchen bei der Wahl. Natürlich kann man selbstgefällig rumnölen, wie strunzstupide das ist, was da Etliche in ihrem Einkaufskorb vor adipösen Bäuchen durch den Supermarkt schieben, wie sich immer noch eine große Aldi-affine Masse von der Nahrungsmittelindustrie verarschen lässt und sich die Zunge samt Nase im Tausch mit Glutamat und künstlichen Maltonen abtrainieren lässt, nur um pfennigfuchsig wieder etwas für den Flachbildschirm gespart zu haben – geschenkt! Aber wie viel sinnvoller ist es doch, an jemandem hautnah zu erleben, dass und vor allem wie es auch anders geht! Als Falko und ich uns kennenlernten, waren wir beide noch Studenten. Ich war damals schon fröhlicher Kücheneleve und ich erinnere mich noch genau, wie ich nachts nach einem Gig bei Falko in seiner Studentenbutze aus Tiefkühllachs, Sahne, Weißwein und einer scheußlichen Packung Schmelzkäse samt Fertigfond abends ein veritables Mahl zauberte. Falko stand daneben und ich erschien ihm wohl wie ein geheimnisvoller Alchemist, der die geheime Kabbala kannte. Von diesem Moment an hatte Falko Feuer gefangen: Er wollte auch diese Gustationsalchemie beherrschen. Er stieß dabei auf dieselben Fragen wie ich. Und wenn Falko sich etwas vornimmt, dann richtig. Das ist in seinem Beruf als Ökonom selbstredend ohnehin der Fall, aber das gilt genauso für ihn als Drummer, als Schachspieler oder als Rotweinfreak der gefährlichen Sorte. Systematisch kämpfte er sich durch den Informationsdschungel und lernte alsbald, dass es sich lohnt, große Mühen zu investieren in die Suche nach den richtigen Produkten und nach den richtigen Produzenten. Zu lernen von den richtigen Leuten. Folglich stehen heute in seiner gut ausgestatteten Küche etliche Bioprodukte, frisches, ungespritztes Gemüse – zum Teil aus dem eigenen Garten – oder im Kühlschrank feine Öle und selbstgemachte Fonds bis zu Fleisch, das garantiert nicht aus der Massentierhaltung stammt. Falko kocht heute ganz selbstverständlich auf einem Niveau, dass manch ein Küchenchef aus der Gault-Millau-Liga längst dem Kostendruck geopfert hat.

Das bedeutet auch, dass er heute nicht mehr mit dem aufgeschlagenen Kochbuch in der Küche agiert, sondern intuitiv aus dem Ärmel kocht und kreativ die eigenen Ideen mit dem erlernten Handwerk umsetzt. Gut zu kochen ist keine Zauberei, sondern Ergebnis von Neugierde, einer großen Portion Lust und nicht zuletzt schnödem, erlernten Handwerk.

Und so wichen die studentischen Schmelzkäse-Sahne-Schlachten einer intelligenten abwechslungsreichen Küche, und unter Salz versteht Falko heutzutage alles andere als das trennmittelverseuchte Zeugs aus Bad Reichenhall, dass man ohnehin besser in die Spülmaschine kippt – und wenn man einen langen, weinseeligen und konversationsreichen Abend mit gutem Jazz aus der Konserve (der einzigen Konserve, die er einzusetzen wagt) an seiner Tafel verbringt, dann begreift man ob der überbordenden Gastfreundschaft und ob dieser Passion, dass es kaum etwas Schöneres geben kann. Dies sind die Essenzen, aus denen Freundschaft und Glück gemacht sind. Ein Hoch auf das Leben. Prost. Und guten Appetit.

Tobias Sudhoff

Wer fast 30 Jahre einen Stern hält, der muss schon mal Meister seines Fachs sein. Ewald Hinterding war dieses Kunststück gelungen - und so hatte Falko zum Geburtstag einen Kochkurs bei Ewald von uns geschenkt bekommen. Wir wollten abends dann dazustoßen, um die im Kurs gekochten Ergebnisse mit den Küchen-Studenten gemeinsam zu verspeisen, um anschließend in dem wunderschönen Hotel, in dem sich das Sterne-Restaurant befand, zu übernachten. Was ich nicht wusste: Ewald war ein großer Jazzfan und er hatte sogar meine CDs in seiner Sammlung stehen. Und so kam es, dass Ewald sich zu Falko und mir an den Tisch gesellte. Gegen 23 Uhr hatten wir alle schon etliche Gläser Wein intus, Ewald kam mit einer besonders guten Flasche an den Tisch – und hatte sein Keyboard und seine Trompete „ganz zufällig" auch noch mitgebracht. Na klar, Session war jetzt angesagt – all of me, Misty und vieles mehr, ich an einem Korg-Keyboard, das nach allem, aber nicht nach Klavier klang, Ewald an seiner Trompete und Falko, der mit Gabeln, dem Tisch und ein paar Gläsern etwas Schlagzeugartiges zusammengestellt hatte. Wir drei waren dann auch gegen 2–3 Uhr (mit exakt der gleichen Promillezahl im Blut) die letzten, Ewald lud uns noch an die Bar auf einen Absacker ein. Dummerweise befand sich diese Bar exakt mitten in der Halle, zu der alle Hotelzimmertüren in drei Etagen ausgerichtet waren. Es geschah, was geschehen musste: Um exakt 3:25 Uhr wollte Ewald uns seine Lieblingsmusik vorspielen – von CD, Jack Teagarden, Big Band dabei und die Anlage voll aufgedreht, so voll, wie wir drei es ja auch waren... Exakt 3:26 Uhr öffneten sich Zimmertüren und es brüllten wütende Gäste, wer denn mitten in der Nacht bitte da solch einen Krach machen würde – um mit erstaunt verwirrten Gesichtern zu sehen, dass es der Küchenchef persönlich war... Tja, die Party war wohl zu Ende – aber es war einer der schönsten Abende meines Lebens und ich habe Ewald Hinterding von diesem Moment an sehr lieb gewonnen. Leider ist er vor kurzem gestorben, und mit diesem Rezept möchten Falko und ich einem der ganz Großen aber auch einem der ganz Bescheidenen in der deutschen Gastro-Szene huldigen. Wir hoffen beide, dass er da oben im Himmel jetzt mit Jack Teagarden, Duke, Bird und all den anderen fleißig jammed...

Lachs, Birne, Rote Beete, Meerrettich und Pistazien

Tobias Sudhoff

No. 1: Von Ewald habe ich ein Grundrezept für eine Mousse gelernt, das für alle möglichen Gemüse funktioniert, z. B. Kürbis, Erbsen, Spargel etc. Hier verwende ich das Grundrezept gleich zweimal, einmal für eine Birnenmousse und einmal für eine Rote-Beete-Mousse. Nach dem Grundrezept verwendet man pro 100 Gramm Gemüsepüree 1 Blatt kalt eingeweichte weiße Gelatine und 30 ml Sahne, die man schlägt. Den Risikoscheuen unter euch (hält die Mousse auch???) würde ich empfehlen, insgesamt ein zusätzliches Blatt Gelatine zu verwenden.

No. 2: Für die Birnenmousse schäle und entkerne ich knapp ein halbes Kilo reife Birnen, am besten Williamsbirnen. Zusammen mit etwas Weißwein und wenig Zucker (es soll kein Nachtisch werden) in einem kleinen Topf zugedeckt garen. Im Mixer pürieren und durch ein Haarsieb streichen. Man erhält ungefähr einen viertel Liter Fruchtmark, welches ich noch mit etwas Williamsbirnenbrand abrunde. Gemäß dem Grundrezept von oben löse ich die entsprechende Menge Gelatine in dem Birnenmousse auf und rühre gut durch. Ab in den Kühlschrank damit. Jetzt kommt das entscheidende für die Konsistenz: Wenn die Mousse anfängt zu gelieren, sofort die geschlagene Sahne mit einem Schneebesen unterheben. Also öfter mal im Kühlschrank nachschauen, wie sich die Birnenmousse entwickelt, damit man nicht den richtigen Zeitpunkt für das Unterheben der Sahne verpasst! Wenn man die Sahne untergehoben hat, füllt man die Masse in eine rechteckige Form, in Gläser oder in Sturzförmchen und lässt alles weiter durchkühlen, mindestens drei Stunden. Ich lege die Formen vorher mit Frischhaltefolie aus, damit ich die Mousse später ohne Beschädigung aus der Form herauskriege.

Tobias Sudhoff

No. 3: Die gleichen Schritte wie bei No. 2 wiederhole ich mit der gekochten und pürierten Roten Beete statt des Birnenfruchtmarks. Um die Rote Beete geschmacklich noch etwas exklusiver zu machen, mische ich Olivenöl, etwas Argan- oder Nussöl und ein bisschen Kreuzkümmel unter. Ich gebe auch noch roten Balsamico und etwas Zucker dazu, Salz und Pfeffer verstehen sich von selbst. Ich verwende hier auch gerne etwas Piment d'Espelette oder Chili für eine interessante Schärfe. Entweder füllt man die Rote-Beete-Mousse in eigene Formen oder man gibt sie vorsichtig auf die bereits angezogene Birnenmousse, so dass ein „Domino" entsteht.

No. 4: Für die Sauce verrühre ich etwas Quark, Kokosmilch und Meerrettich (bzw. Sahnemeerrettich aus dem Glas), bis eine glatte Masse entsteht. Etwas Limettensaft dazu und mit einer Prise braunem Zucker, Salz, Pfeffer, und Piment d'Espelette abschmecken.

No. 5: Beim Lachs mache ich mir nicht viel Arbeit und kaufe vom Fischhändler meines Vertrauens ein schönes Stück gebeizten Lachs oder Räucherlachs.

Anrichten: Lachs in Scheiben schneiden, die Mousse aus der Form holen und kreativ in Form schneiden. Die Meerrettich-Sauce dazu und mit gehackten Pistazien bestreuen. Optisch kann man über die Kombination „lachsrosa", „rot" und „weiß" sicherlich streiten – trashig ist's allemal. Mir gefällt's – also nix wie an den Tisch…

Ich brauche:

Mousse:
Grundrezept: je 100 g Mousse
1 Blatt Gelatine
30 ml geschlagene Sahne

Birne:
Williamsbirne
Weißwein
Zucker
Williamsbrand

Rote Beete:
Rote Beete
Olivenöl
Arganöl
Cumin
Aceto balsamico
Zucker
Salz, Pfeffer
Piment d'Espelette

Sauce:
Quark
Kokosmilch
Meerrettichsahne
Limettensaft
braunen Zucker
Salz, Pfeffer
Piment d'Espelette

Lachs:
gebeiztes oder geräuchertes
Lachsfilet

Kalbsbäckchen, Bratkartoffelpüree und Rosenkohl

Was ist wohl der mit Abstand stärkste Muskel bei den allermeisten Wirbeltieren? Wer jetzt den Schwarzenegger oder Hulk vor Augen hat, denkt vielleicht an Bizeps, Deltoideus oder Quadrizeps. Doch weit gefehlt. Gemessen am physiologischen Querschnitt ist es der Masseter. Den lernt man spätestens kennen, wenn ein Rottweiler sich in Dein Bein verbissen hat – oder halt auch schon mal in Ansätzen, wenn man sich mal wieder blöderweise selbst auf die Zunge oder in die Wange beißt. Nein, wir haben eigentlich gar nicht so scharfe Zähne, es ist die pure Kraft des Muskels, die ausreicht, um mit unserem stumpfen Mundwerkzeug selbst Knochen durchzukauen. Und wie jeder starke Muskel, der viel Zug und Druck aushalten muss, lagert der Körper dort reichlich Kollagene ein, also Bindegewebe. Zu unserem Glück aber löst sich Kollagen auf ab etwas über 70 °C (abhängig vom Kollagentyp, unterschiedlich je nach Muskelart…). Und es entsteht daraus jenes feuchtigkeitsbindendes Zauberprotein, mit dem man sogar feuchtfröhliche Süßspeisen zum Zusammenhalt überreden kann: Gelatine. Physikalisch chemisch wird Kollagen einfach nur in seiner Tertiär- und Quartärstruktur verändert. Das geht lange gut, das Kollagen kann so erst mal Wasser binden, und bevor da groß was passiert, muss erst mal die thermische Energie in Strukturveränderung der Proteine gehen. Doch wenn man es zu lange zu hohen Temperaturen aussetzt, passiert etwas Schreckliches: Es denaturiert! Will sagen: Das Fleisch, das gerade noch herrlich viel Flüssigkeit samt Geschmack aus der Sauce binden konnte, wird dann fade und trocken wie Gobi oder die Sahara und zäh wie Leder. Darum, liebe Leser, haltet Euch an Falkos Rezept, dann wird dies ein wahrhaft himmlisches Bäckchen!

Tobias Sudhoff

Geschmacksintensität erreicht sind. Für die Konsistenz kann man auch mit Speisestärke abbinden.

No. 2: Bei dem Bratkartoffelpüree habe ich mich bei Harald Rüssel inspirieren lassen. Anders als Harald bereite ich es allerdings aus rohen und nicht aus vorgekochten Kartoffeln zu. Mein Trick: Um hinterher auf eine ausreichende Menge zu kommen, schichte ich die Kartoffeln zweilagig in der Pfanne, so dass die untere Schicht kräftige Röstaromen über den Pfannenboden mitnimmt, während die obere Schicht bei geschlossenem Deckel im Dampf gart. Jetzt aber mal der Reihenfolge nach: Als allererstes brate ich reichlich Speck und Zwiebeln in Butterschmalz an und lege die

No. 1: Ich wende die Kalbsbäckchen in Mehl und brate sie in Butterschmalz von allen Seiten kräftig an. Bei 2–3 Kilo Bäckchen sind das mehrere Pfannen. In der Zwischenzeit bereite ich die üblichen Gemüse für einen Schmoransatz vor, also Zwiebeln, Möhren, Sellerie, Lauch und Knoblauch. Ich brate die Gemüse an und tomatisiere sie mit Tomatenmark, welches ich ebenfalls mit anröste. Das angebratene Fleisch gebe ich in eine ofenfeste Kasserolle (oder in eine große Backofenform bzw. in ein tiefes Backofenblech) auf die Gemüse. Ich gieße etwas Weißwein an (nicht mehr als eine halbe Flasche, eher weniger) sowie eine ähnliche Menge selbst gemachten Kalbsfond (siehe Anhang ab S. 250). Wenn Tomatensaison ist, enthäute und entkerne ich ungefähr ein knappes Kilo Tomaten, ansonsten nehme ich lieber ein gutes Dosenprodukt. Ich gebe die Tomaten mit in die Kasserolle und würze mit Pfeffer, Salz, Lorbeerblättern und Thymianzweigen. Das Ganze lasse ich mehrere Stunden bei geringer Temperatur (120–130°) zugedeckt im Backofen weichschmoren – das kann je nach Menge auch schon mal 5–6 Stunden dauern… Während der letzten Stunde kann man die Abdeckung auch abnehmen und ggf. die Backofentemperatur ein wenig erhöhen. Zwischendurch kann man das Fleisch mit der Sauce begießen und das Fleisch wenden. Wenn die Bäckchen durchgeschmort sind, sollten sie wirklich butterweich sein. Falls dies nicht der Fall ist, würde ich sie noch länger im Backofen lassen. Vor dem Servieren schabe ich mit der Rückseite eines Messers noch allen Gelatine-Gibbel von den Kalbsbäckchen, aufgrund des hohen Bindegewebsanteils kann sich da an der Oberfläche einiges ansammeln. Die geputzten Kalbsbäckchen kann man problemlos im Schmoransatz aufwärmen, will sagen: Superpraktisch vorzubereiten. Den Schmoransatz siebe ich durch und reduziere ihn bei starker Hitze, bis die gewünschte Konsistenz und

Mischung beiseite. Während das in der Pfanne zischt und brutzelt, schneide ich geschälte Kartoffeln in nicht zu dünne Schreiben. Die schichte ich auf dem heißen Pfannenboden (als Bratfett nehme ich Butterschmalz oder braune geklärte Butter). Auf diese Schicht verteile ich die Speck-Zwiebelmischung sowie Salz und Pfeffer. Darauf kommt nun die zweite Schicht rohe Kartoffelscheiben, die ebenfalls gewürzt wird. Deckel drauf und bei mittlerer Hitze 20–30 Minuten braten bzw. garen lassen. Wichtig ist, den Deckel dabei geschlossen zu halten, damit der entstehende Dampf nicht entweicht. Gegen Ende der Garzeit kann der Deckel dann runter und ich drehe den Herd noch mal ordentlich auf. Ich schwenke die Kartoffeln durch, so dass auch die oberen Kartoffeln direkte Hitze abgekommen. Die fertigen Bratkartoffeln werden dann mit einem Stampfer grob zerdrückt – ich verstehe, dass dieser Schritt den Bratkartoffel-Puristen die Tränen in die Augen treiben wird, aber versucht es einfach mal! Wer mag, kann die deftigen Noten noch mit fein geschnittenem Schnittlauch unterstützen. Und: Nein, ich würde an das Bratkartoffelpüree weder zusätzliche Butter noch Milch noch Sahne geben!

No. 3: Vorab: Rosenkohl vorzubereiten ist nervig. Den Stielansatz von all den Röschen großzügig abschneiden und auch die großen äußeren Blätter abtrennen. Dann, und das ist Fummelarbeit die man am besten an lästige Gäste deligiert, die mit ihrem „kann ich irgendwie helfen" nerven: die Rosenkohlröschen in die einzelnen Blätter zerpflücken. In stark wallendem Salzwasser kurz blanchieren und in eiskaltem Wasser abschrecken, um die frische grüne Farbe zu erhalten. Je nach Laune kann man die Rosenkohlblätter noch in etwas Butter leicht anschwitzen. Alternativ kann man die Rosenkohlblätter auch direkt in einer Pfanne braten, mit etwas Brühe ablöschen, und wenig kalte Butterwürfel einrühren. Pfeffer, Salz, Muskat, fertig.

No. 4: Noch schnell eine Gremolata zubereiten. Dafür eine Knoblauchzehe schälen und diese, zusammen mit Petersilie und Zitronenabrieb, sehr fein hacken. Die Gremolata streue ich ein paar Minuten vor Ende der Garzeit auf die fertigen Kalbsbäckchen, bzw. wenn ich diese wieder aufwärme.

Anrichten: Ich nehme einen großen tiefen Teller und starte mit dem Bratkartoffelpüree. Daran lehne ich ein Kalbsbäckchen an und die Rosenkohlblätter kommen oben drauf. Das Ganze umgieße ich mit dem reduzierten Schmorfond. Hurtig an die Tafel, damit nix kalt wird…

Ich brauche:

Für die Bäckchen:
Kalbsbäckchen
Mehl
Butterschmalz
Schmorgemüse (Zwiebel, Möhre, Sellerie, Porree, Knoblauch etc.)
Tomatenmark
Weißwein
Kalbsfond
Tomaten
Salz, Pfeffer
Lorbeerblätter
Thymian
ggf. Port
ggf. Speisestärke

Bratkartoffelpüree:
Kartoffeln
Speck
Zwiebeln
Butterschmalz
Salz, Pfeffer
Schnittlauch

Rosenkohllaub:
Rosenkohl
Salz, Pfeffer
Butter

Gremolata:
Knoblauch
Petersilie
Zitronenzeste

Kurzgebratene Kalbsroulade

Roulade? Das klingt nach... naja... nach Muttis Küche... oder noch schlimmer... nach dem Albtraum des Gourmands, der Gustationshölle, der No-go-Area für Gault Millau und Michelin, das klingt nach den teuflischen Brutstätten des schlechten Geschmackes... An Radwanderwegen, an Waldrändern und in kleinen schnuckeligen touristischen Dörfern lungern sie herum und warten auf Opfer, die sie mit ihren Überfällen auf Geschmacksknospen und Geruchsnerven in den Wahnsinn treiben. Ihr Name: Landgasthöfe. Getarnt hinter Namen wie „Zum deutschen Vater", „Zur guten Mutter" oder „Lindenhof". Orte, an denen man das Schnitzel nicht vom Teller unterscheiden kann, weder in Größe noch in Geschmack und Konsistenz. Es sind Orte, an denen für jedes Gericht mindestens ein ganzes Schwein sein Leben lassen muss, wo Grünkohl nur in Gallonen auf den Tisch kommt und bereits eine halbe Wurst die Aufteilung von Dünn- und Dickdarm aufhebt. Wo „besorgte Bürger" sich gerne tummeln und man nicht genau weiß, ob das Zigeunerschnitzel nicht tatsächlich vom... Ja, dort verstehe ich sofort, dass Gastritis von Gastronomie kommt...
Aber wenn Falko eine Roulade macht, dann wird daraus ein herrlicher Gaumenschmaus, der manch schlechte Erinnerung an die bürgerliche Küche geradezu therapeutisch wieder aus dem posttraumatisierten Gedächtnis löschen kann.

No. 1: Für das Chutney aus roten Zwiebeln einige Zwiebeln halbieren und in Streifen schneiden. In Butter anschwitzen, etwas Honig dazu geben (ich nehme Pinienhonig oder einen anderen Waldhonig für den besonderen Kick), mit reichlich Rotwein und Portwein zu gleichen Teilen ablöschen. Dazu noch roten Balsamico, Thymian, Salz und Pfeffer. Das Ganze lasse ich fast eine Stunde köcheln, bis die Flüssigkeit fast verdampft ist (ggf. Wein, Portwein und Balsamico nachschütten). Lässt sich wie eine Marmelade im Glas haltbar machen.

No. 2: Als Nächstes bereite ich blanchierten, fein gehackten Blattspinat vor. Wie bei den Spinatbällchen (siehe S. 148) ist auch hier die Verwendung von Tiefkühlware kein Weltuntergang. Entscheidend ist, den Spinat sehr gut auszudrücken, so dass er möglichst trocken ist. Mit Salz, Pfeffer und etwas Muskat würzen.

No. 3: Anders als bei Mutti wird diese Roulade kurzgebraten, nicht geschmort. Als Fleisch sollte es deshalb entweder Kalbsschnitzel aus der Oberschale oder alternativ Roastbeef oder Rinderfilet sein. Bittet Euren Metzger, das Fleisch auf der Maschine sogar etwas dünner als die übliche Rouladenstärke aufzuschneiden, dann könnt Ihr Euch das nervige Flachklopfen zwischen Klarsichtfolie auch sparen. Die plattierten Fleischscheiben ausbreiten, mit Salz und Pfeffer würzen, großzügig mit grobkörnigem Senf bestreichen, eine Scheibe luftgetrockneten rohen Schinken drauflegen, eine Schicht Spinat auftragen und reichlich Zwiebelchutney auf den etwas angedrückten Spinat geben. Ggf. an den Rändern leicht einschlagen, aufrollen und mit Zahnstochern feststecken, damit die Füllung nicht austreten kann. Die Rouladen in Butter anbraten. Entweder die Hitze reduzieren

Ich brauche:

Chutney:
rote und helle Zwiebeln
Butter
Honig
Rotwein
Portwein
Aceto balsamico
Thymian
Salz, Pfeffer

Weitere Füllung und Roulade:
Spinat (blanchiert und mit Salz, Pfeffer und Muskat)
Kalbsschnitzel
Salz, Pfeffer
groben Dijonsenf
luftgetrockneten Schinken
Butter

und die Röllchen in ca. 10 Minuten unter stetigem Wenden rosa garen, oder im 160° heißen Ofen ebenfalls rosa garen lassen. Vor dem Anrichten tranchiere ich die Roulade (Vorsicht, heiß!). Die Endstücke sind für das von der Arbeit hungrige Küchenpersonal gedacht...

Anrichten: Die in Scheiben geschnittene Roulade serviere ich entweder solo, oder mit einer Sauce aus braunem Kalbs- bzw. Rinderfond, den man mit Port- und Rotwein stark einkochen lässt und mit etwas gutem roten Balsamico abschmecken kann. Meistens gebe ich am Ende noch etwas von dem Zwiebelchutney als Einlage in die Sauce. Wenn die Sauce zu flüssig ist, kann man sie mit kalter Butter montieren. Und ab an den Tisch damit. Übrigens: Auch eine Kombi mit der Trüffelcreme (siehe S. 148) funktioniert bei diesem Rezept super. Wenn man die Roulade als einen größeren Gang servieren möchte, bieten sich Risotto, Polenta oder Kartoffelpüree als Beilage an. Und grüne Böhnchen gehen zu Rouladen natürlich immer.

Orangenparfait mit Orangensalat

Das ist ja so eine Sache mit der Orange. Die typische Supermarktware hat mit einer richtigen Orange oft nur noch die Form gemeinsam – die nachgereifte Orange hat oft einen eher Hepatitis-gelben Farbton und geschmacklich – auweia... Wer im Süden mal eine reife Zitrusfrucht direkt vom Baum geschnabbelt hat, der rührt so eine Kaufhausattrappe im geschmacklichen Wachkoma nicht mehr an. Wer allerdings ein paar Euro mehr in die Hand nimmt und im gut sortierten Bioladen einkauft, dem begegnen auch in hiesigen Breitengraden oft geschmacksreiche, richtig leckere Exemplare! Und was noch viel schöner ist: Im Gegensatz zu den heimischen Früchten wie Erdbeere oder Blaubeere ist die Orange unabhängig von der Saison das ganze Jahr in den Auslagen zu finden!

Tobias Sudhoff

No. 1: Als Erstes reduziere ich 150 ml frisch gepressten Organgensaft und etwas Grand Marnier auf etwas weniger als die Hälfte. 2–3 Eigelb (je nach Größe der Eier) und 70 g Zucker (mit Vanillestange aromatisiert) mit dem Handrührer warm im Bain-Marie aufschlagen. Wer kein Bain-Marie hat, nimmt einfach zwei Töpfe ineinander (siehe Anhang ab S. 250!) – allerdings sollte man gerade hier darauf achten, dass das innere Gefäß hochwandig genug ist, dass die Rührbesen reichlich Luft unter das Ei bekommen, „es gut zu fassen kriegen". Während des Aufschlagens gebe ich nach und nach den stark reduzierten Orangensaft, etwas Orangen- und Limettenschale (oder Zitronenschale) und je nach Geschmack etwas Grand Marnier dazu (aufgepasst mit der Zitrussäure wegen der Standfähigkeit!). Besonders im Sommer verwende ich gerne noch ein Blatt eingeweichte und ausgedrückte Gelatine (gut auflösen lassen!), das macht das Parfait noch geschmeidiger und das Parfait steht schneller. Alles gut verrühren und dann – wichtig! – im Eiswasser kalt rühren, bis eine dickliche Creme entstanden ist. Dann hebe ich mit dem Schneebesen ungefähr 250 ml geschlagene Sahne unter. Mindestens 3 Stunden gefrieren lassen. (Siehe auch Parfaitrezept im Anhang).

No. 2: Für den Orangensalat lasse ich zunächst Zucker karamellisieren und lösche ihn mit dem Saft von mindestens 3 Orangen ab. Wenn sich der Zucker aufgelöst hat, lasse ich das Ganze noch etwas einkochen und binde die Flüssigkeit mit etwas angerührter Speisestärke leicht ab – aber nicht zu fest werden lassen. Mit etwas Grand Marnier und/oder einer Winzigkeit Campari abschmecken (Vorsicht: wird schnell bitter!).
In diese Sauce gebe ich Orangenfilets und lasse sie mindestens 2 Stunden durchziehen. (Für die Orangenfilets schneide ich bei den Orangen die beiden Kappen oben und unten ab, und entferne mit einem langen und scharfen Messer die Schale, wobei man leicht rund nach unten schneidet. Unbedingt alle restlichen weißen Schalenteile stückweise bis zum Fruchtfleisch entfernen. Nun die nackte, gehäutete Orange in die Hand nehmen und mit dem Messer ganz fein neben der „Scheidewand" die Orangenspalten herausschneiden.)

Anrichten: Das Parfait zusammen mit dem Orangensalat anrichten. Wer möchte, kann den obligatorischen Minzezweig dazulegen – der sieht hier mal nicht nur gut aus, sondern macht geschmacklich sogar Sinn. Und los geht's – die Gäste warten.

Ich brauche:

Parfait:
150 ml Orangensaft
Grand Manier
2–3 Eigelb
70 g Zucker
Vanillestange
Orangen- und Limettenzeste
ggf. Gelatine
250 ml Sahne

Eingelegte Filets:
Orangenfilets aus Orangen
Zucker
Orangensaft
Speisestärke
Grand Manier, Campari

Küchenlogistik na logisch!

Küchenlogistik – das ist die Kunst, all die Dinge effektiv zu vereinfachen, die man vereinfachen kann, sei es durch Geräte oder sei es durch entsprechende Vorbereitung, sei es durch Vorratsproduktion oder sei es durch das Eisfach: Es gibt viele Möglichkeiten, sich das Leben ohne Qualitätsverlust einfacher zu machen. Und um so mehr Zeit dort zu investieren, wo es wichtig ist…

Großmutters guter Rat: „Gut vorbereitet is' besser als schlecht vorbereitet…" – wer hätte das gedacht!

Küchenlogistik fängt mit einer realistischen Zeitplanung an. Wer fünf Gänge am Abend für sagen wir sechs Personen servieren möchte und dabei abends nicht durchgängig in der Küche stehen und stattdessen als guter Gastgeber sich um seine Gäste kümmern will, der sollte sich einen genauen Plan machen, wie lange welcher Gang benötigt. Dabei bitte nicht vergessen: Der Tisch will auch noch gedeckt sein, und zwar bevor die Gäste klingeln…

Manche Dinge habe ich auf Vorrat – Jus, Fonds etc. Im Anhang sind viele dieser Sachen aufgelistet und beschrieben. Außerdem kann man lang einkochende Saucen hervorragend schon am Vortag zubereiten. Als Gastgeber sorge ich für so einen Abend immer dafür, dass ich bei den Gängen immer ein paar dabei habe, die sich gut vorbereiten lassen, gerade kalte Vorspeisen, Terrinen und Suppen lassen sich schnell auf den Tisch zaubern. So ein Maissüppchen hab ich oft schon am Vortag verschnabuliert, bevor ich es für die Gäste mit der geräucherten Artischocke anrichte, das Dressing wartet bei mir schon seit dem Morgen unruhig im Kühlschrank auf seinen Einsatz. (Übrigens: Bitte keine faulen Kompromisse und oxidierende Sachen wie Avocado mit Zitronensaft versauen, „damit die nicht schwarz werden" – stattdessen immer sehr kurz vor dem Servieren schneiden!). Dressings, etliche (insbesondere kalte) Saucen, Mayonnaisen etc. kann man wunderbar am Vortag zubereiten. Gleiches gilt für Teigformen und Füllungen sowie oft auch für Farcen und natürlich oben an für die allermeisten Nachtische – das sind oft kleine Kunstwerke, die ich nur noch aus dem Kühlschrank hole und als Finale auf den Tisch stelle!

Wird etwas mariniert, so muss man die Zeit mit einkalkulieren – wie lange braucht so etwas in der Marinade?

Langsam gegarte Stücke (insbesondere bei niedrigen Gartemperaturen) nehmen es einem gerne einmal übel, wenn man sie zu kurzfristig in den Ofen steckt und sich nicht ausreichend zeitlichen Puffer nimmt (was zu so denkwürdigen Abenden führt, an denen die Gesellschaft knurrenden Magens und weißbrotkauend bis in die tiefe Nacht für den Hauptgang ausharrt, während der mittlerweile nervlich völlig erledigte Gastgeber einen teuren Wein nach dem anderen aus dem Keller holt und sich als auch den Gästen hinter die Binde kippt, bloß weil diese verdammte Mufflonschulter einfach nicht gar werden will…).

Kurz zu garende Stücke hingegen nehmen einem jede Sekunde zu lange auf der Flamme fast noch übler als die Gäste hinterher.

Küchenutensilien

Außerdem habe ich alles, was ich zum Kochen benötige auf engem Raum um die Kochstellen in Schränken oder an Haken versammelt. Da sollte man sich eine wirklich umfangreiche und ordentliche Ausstattung im Laufe der Jahre anschaffen, und ich meine nicht diesen Manufaktum-Scheiß, wo der junggebliebene Neokonservative seinen Lieblingswerten frönen kann, sondern ich meine wirklich vernünftige Küchengeräte, die immer wieder zum Einsatz kommen, hier auf den Photos mal eine kleine Zusammenstellung von „Must-haves" (ahhh, verdammich, hab ich dieses blöde Wort jetzt echt benutzt??…)

von links nach rechts: Mörser zum

Zerstoßen von Pfeffer, Gewürzen, Salz etc., Haarsiebe in verschiedenen Größen., Schneebesen in verschiedenen Größen (kann man echt nie genug von haben!), eine Microplane-Reibe – wer damit mal gearbeitet hat, will keine andere … (Die Legende sagt übrigens, dass die Microplane ursprünglich zum Beseitigen von Hornhaut gedacht war. Es stand nicht gut um die Firma, bis die Ehefrau des Besitzers die Reibe für eine Zitronenzeste nutzte und ihrem Mann erklärte, dass die Bestimmung der Reibe wohl eher in der Küche als unter Füßen lag. So hatte der kluge Kopf und der Mangel an Fußhornhaut einer Frau einem Unternehmen das Leben gerettet.)
Darüber im Bild: Espumaflasche – den Umgang erläutere ich weiter unten.
Pinsel aus temperaturbeständigem Kunststoff für Marinade, Saucen u. a. – auch schön beim Anrichten anwendbar!
Gummilippe – wirklich existenziell und am besten mehrere davon.
Darunter eine Pfannenzange, mit der man heißes Bratgut u. ä. wenden kann, ohne mit einer Gabel alles zu perforieren oder sogar die eigenen Finger mitzubraten. (Erinnert mich an einen meiner Lieblings-Cartoons, wo ein kleines Schweinchen heulend zur Mama kommt: „Mama, hier guck mal, ich hab mich an der Pfote verbrannt!!!" Worauf Mama-Schwein die Pfote betrachtet: „Lass mal sehen – mmmhhh, riecht köstlich …")
Der wunderliche Zauberstab. Ein vernünftiger Trüffelhobel. Darüber eine Ingwerreibe, mit der sich noch allerlei verreiben lässt, Knoblauch, Gemüse etc. Pfannenspatel, viele und in verschiedenen Formen.

Außerdem natürlich verschiedene Schüsseln aus Metall und Kunststoff, am liebsten mit Gummibremse, Brettchen groß und klein, Stampfer, Wender, Schöpfkellen, verschiedene Fleisch- und Gemüsegabeln, Kasserolle, beschichtete und gusseiserne Pfannen, und: Töpfe in allen Variationen, Saucieren, Spargeltopf, große und kleine Kochtöpfe etc.
Das Bain-Marie ist in vielen Fällen ein besonders geeigneter Topf: Sozusagen ein Topf im Topf. In den unteren Topf füllt man Wasser und in dem darüber kann man alles bei niedrigen Temperaturen (in jedem Falle nicht über 100 °C) verarbeiten – Ideal für Sauce hollandaise.

Ideal ist auch die Kombination aus Gas und Elektroherd, und in jedem Falle kann man mehr als 4 Kochplatten immer gut gebrauchen! Und ein Ofen sollte überall die eingestellte Temperatur im Innenraum haben, damit nicht der Karpfen am Kopf friert, während der Schwanz gerade verkohlt …

Messer – Excalibur für Küchenfetischisten

In der Mitte auf dem Bild das wichtigste Element: Ein qualitativ hochwertiger Schleifstein. Bitte keinen Schleifstab, der hinterlässt immer am Ansatz kleine Riefen, die man nicht gebrauchen kann. Mit einem Schleifstein halte ich meine Messer locker ein Jahr und mehr scharf. Dann gehen die Messer ab zum Schleifer, der einen neuen Grad erstellt (beim Schleifen zu Hause – gerne nass, so entsteht auf der Oberfläche eine Schleifpaste! – wird nur ein kleiner Teil eines Grads entfernt, der Großteil wird einfach aufgerichtet, das reicht für eine ganze Weile).
Was für Messer sollte man haben? Ich finde diese vier auf dem Photo reichen, von links nach rechts:
Knäppken, zum Schälen, Turnieren etc.
Ein großes Fleischmesser – mit dem kann man alles zerlegen, aber auch dünne Scheiben schneiden. Man kann damit aber auch gerade mit einer geraden Klinge gut Kräuter hacken und Ähnliches.
Fischmesser: Lang und dünn, kann man beim Lachs sehr gut Scheiben mit schneiden und grundsätzlich jeden Fisch filetieren.
Ein Basismesser – da soll jeder nach seiner Façon entscheiden, womit er am liebsten arbeitet. Ich habe eines mit einer feinen Spitze und einer halbrunden Klinge.

Umgang mit der Espumaflasche:

Mittels CO_2 oder Lachgas wird eine Flüssigkeit damit aufgeschäumt. Die flüssige Phase muss dabei absolut fein sein und darf keine Stückchen enthalten. In unserem Beispiel habe ich mal eine Rote-Beete-Espuma gemacht: Rote Beete kochen und anschließend abgießen. Dazu gebe ich eine weitere flüssige Phase – in meinem Fall Sahne. Mit dem Zauberstab gaaaaanz fein aufschlagen. Durch ein Haarsieb in einen Topf gießen, erwärmen auf ca. 50 °C und abschmecken.
Jetzt benötige ich für die Standfestigkeit ein Polymer (bei kaltem Krams kann ich natürlich einfach mit Sahne aufschäumen … ist aber längst nicht so sexy!!) – ich nutze Agar (dann muss ich es zum Lösen heißer, also ca. 90 °C werden lassen), Gelatine, Johannisbrotkernmehl oder Speisestärke. Sehr dufte auch Gelan und Xanthan.
Einfüllen in die Espumaflasche, zudrehen und je nach Menge ein bis ggf. zwei Kapseln Gas eindrehen. Bis kurz vor Gebrauch einfach bei max. 50 °C warmhalten (ich kann natürlich auch kalte Espumas herstellen, dann sollte man aber auf Agar oder Gelatine als Geliermittel verzichten – logisch, weil ein Gummipfropfen nicht mehr durch den Sprühkopf will …). Mit dem Sprühkopf nach

unten losschäumen – immer mal wieder die Flüssigkeit in der Espumaflasche nach unten schütteln, gerade bei cremigeren Phasen…

Sous-vide-Garen – eine feine Küchenrevolution!

Hier eine wirklich gute Nachricht für alle Küchen-Nerds: Sous-vide-Kochen war für mich eine echte Küchenrevolution. Einfach das Bratgut rein da, Temperatur einstellen und viel Zeit für die Gäste haben. Man kann wunderbar im Vakuumbeutel Aromen hinzugeben (bei dem Rhabarber mache ich das z. B. hier im Buch mit Holundersirup). Wegen des luftdichten Verschlusses gibt es keinen Feuchtigkeitsverlust und damit oft einhergehende trockene Zähigkeit! Für Gemüse, Fisch und Fleisch – einfach sehr geil. Onsen-Ei kann jeder Idiot damit machen.
Hier die Grundschritte am Beispiel eines Einhornes, dass ich niedertemperaturgare: Einhorn (am besten vorher von allen Seiten scharf anbraten für die Maillard-Aromen, die man sous vide logischerweise nicht bekommen kann) mit gewünschten Aromen im Beutel vakuumieren.
Dann bei gewünschter Gartemperatur (Kerntemperatur!) fertiggaren lassen. (Junge Einhörner brauchen nur 56 °C Kerntemperatur.)

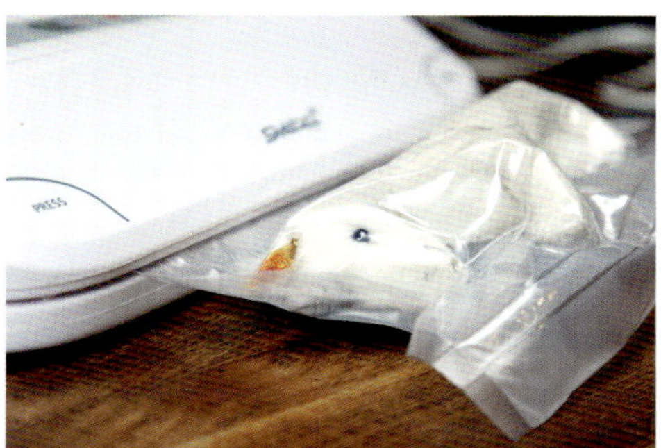

Und da höre ich Frau Geiz und Herrn Sparfuchs aufstöhnen: Sous-vide-Geräte sind doch soooo teuer… Ich benutze seit langem völlig zufrieden ein STEBA Sous-vide-Gerät. Zusammen mit dem Vakuumierer von STEBA zahle ich dafür NEU gerade einmal 200,- Euro. Und ehrlich: Fleisch sous vide ist echt eine andere Liga… Wer ohne so ein Gerät sous-vide-angelehnt garen möchte, dem empfehle ich eine Methode, die Harald Rüssel in seiner Landküche erläutert: Man kann in einem Topf mit Wasser auf niedriger Stufe ähnlich agieren, man sollte aber seinen Herd dann sehr gut kennen. Das Gargut wird dann einfach sehr, sehr eng in Folie geschnürt (wie eine Wurst in der Pelle….) – es muss ausreichend Folie sein, dass gewährleistet ist, dass kein Wasser in das Folienpacket gelangt.

Der Abend soll ein Erfolg werden!

Darum sollte man besser kein Rezept servieren, das man nicht vorher schon mal erfolgreich zubereitet hat. Experimente vor Gästen bedeuten fast immer Stress – und eben genau DEN will KEINER am Tisch haben!
Auch die „Einfach-positiv-denken-Fraktion" sollte sich in der Küche nicht der Illusion hingeben, um 18 h anzufangen und um 20 h dann entspannt bei romantischem Kerzenschein ein mehrgängiges Menü mit komplexen Kochereien der Angebeteten servieren zu können – ich garantiere, das Date geht daneben. Darum mein Tipp: Schreib Dir schon am Vortag die Menüfolge auf und notiere immer die Arbeitsschritte mit grobem Zeitaufwand. Man sollte unbedingt rechtzeitig anhand der Liste checken, ob man etwas vorbereiten kann und es nach Erledigung abhaken. Ich male mir immer auch die Teller auf, damit ich vor mir sehe, was zu erledigen ist. Ich lege die vorbereiteten Dinge jedes einzelnen Ganges übrigens immer zusammen in der Küche ab, weil man gerne bei der Zubereitung nachher etwas in der Hektik vergisst. Und nach jedem zusammenhängenden Arbeitsschritt: Spülen, Spülmaschine bestücken, wegräumen, wischen. Das gehört nun mal zum Kochen wie das Würzen, Parieren oder Schneiden… Die Spüle sollte einfach *immer* vor jedem neuen Arbeitsschritt komplett leer geräumt und sauber sein! Da ist es dann natürlich schon ein großer Vorteil, wenn man zu zweit in der Küche wirbelt, und wenn man nicht gerade seinen Vorgesetzten zu Besuch hat, helfen so

manches Mal Gäste oder Lebenspartner in Hochphasen der Koch-Aktionen gerne mit. Zu guter Letzt kommen wir zum Servieren: Die wenigsten von uns haben einen Salamander oder einen Pass (also Heizstrahler von oben zum Warmhalten der zu servierenden Teller), doch wir haben ja auch nicht 40 zahlende Gäste, die à minute ihren Teller serviert bekommen wollen, während wir schwitzend unseren Stern verteidigen. Stattdessen geht das Bestücken der Teller für die überschaubare Anzahl an Gästen recht flott. Trotzdem scheitert manch ein Hobbykoch an einem einfachen Umstand: Kalte Teller ruinieren den warm zu servierenden Gang. Darum sollte *jeder* Hobbykoch sich und seinen Gästen diesen Gefallen tun: Wer nicht zwei Öfen hat, von denen einer kurz vor dem Servieren mit den Tellern bestückt werden kann, damit diese aufheizen, der schaffe sich bitte verdammt noch mal Tellerwärmer an.
Und gleich noch ein Tipp, ganz umsonst: Wer etwas extravagante Teller hat, kommt mit den Maßen durchschnittlicher Tellerwärmer nicht hin – dafür gibt's dann Tellerwärmer, die einfach wie eine Heizdecke funktionieren, in die man die Teller einschlägt.
Und geht beim Anrichten (wo eine helfende Hand oft Wunder bewirken kann!) mal was schief (Sauce reichte nicht mehr, Gemüse vermackelt, nur noch das Endstück vom Fleisch übrig, etc.), gilt bei mir immer die Grundregel: Der hässlichste Teller geht stets an den Gastgeber und Koch – also an mich! Dafür hab ich schließlich in der Küche schon reichlich von den besten Stücken genascht...

Ungebetene Gäste

Hier noch ein kleiner Ratgeber für ungebetene Gäste. Dem Liebhaber/Der Liebhaberin Deines Lebensabschnitts-partners oder lästigen Konkurrenten, die sich zu sicher wähnen würde ich ein Pilzgericht ankündigen – „hab ich extra selber gesammelt!".
Geschäftspartner, die man nicht mag, lassen sich oft mit dem Satz: „Ihr habt doch nichts gegen Innereien...?" im Vorfeld verhindern. Hirn ist immer eine gute Waffe! In jeder Hinsicht.
Will man Wiederholung vermeiden: Nierchen, die man nicht gut gespült hat (außer der eigenen).
Ältere Verwandte, die den Krieg noch so richtig miterlebt haben (insbesondere den Winter '45) und die mit ihrem stundenlangen „Wir-hatten-damals-ja-gaaaanix"-Entertainment drohen, lassen sich sehr leicht abhalten: Man bestünde auf der Einladung (meist laden die sich selber ein), man würde nämlich einen wirklich hervorragenden Steckrübeneintopf machen... Wenn noch Zweifel herrschen: Als Vorspeise was mit Graupen anbieten, spätestens dann geht der Kelch an Euch vorüber.
Wenn der Abend schiefläuft: einfach einen Unfall in der Küche vortäuschen. Noch besser: Unwohlsein bei Tisch – „vielleicht waren die Muscheln doch nicht mehr gut...".
Grundsätzlich: Wer es schafft, an solch einem unerfreulichen Abend die richtige Kombination aus demonstrativer Ambitioniertheit und völligem Versagen in Geschmack und – manchmal noch wichtiger – Konsistenz zu treffen, der braucht keine Angst vor Wiederholung zu haben. Merke: Das Leben ist zu kurz für schlechte Gesellschaft. Kleiner effektiver Trick für das eigene Wohlbefinden: Am besten im Vorfeld ausgiebig und maximal lecker gegessen haben, macht den Abend oft um ein Vieles schöner...

Basis-Rezepte/Vorrat:

Es gibt eine Menge von Grundrezepten, die man im Ablauf in der Küche aus dem Effeff beherrschen sollte. Und es gibt einige Sachen, die sehr aufwendig sind, von denen man aber auch ganz praktisch einen Vorrat anlegen kann, auf den man beim Kochen dann immer wieder schnell und effektiv zurückgreifen kann. Auch in meiner kleinen privaten Küche sind diese Basics elementar und sie sind oft Grundlage für manches mapfende Ohh und Ahhh!

Jus, Fond, Glace und Bouillon...

Bei diesen Begriffen scheinen sich nicht einmal Sternekollegen wirklich sicher zu sein, benutzt doch jeder die Worte nach einem undurchsichtigen Lotterieverfahren. Darum hier vorab die Definitionen aus der klassischen französischen Küche (mit Dank an Harald Rüssel „Landhaus St. Urban" und Andreas Schaffrath aus dem „La Becasse"):

JUS: Die Grundlage für meine Saucen ist eigentlich immer die Jus – das sind die Knochen und Schnittreste, die ich mit anderen Sachen scharf anbrate und dann ablösche. Also immer viel Maillard. Diese Grundlage habe ich immer vorrätig: Ich fülle diese nämlich noch warm (unter anderem, damit die Knochen-Kollagene nicht schon stocken) in Eisbeutelfolien – und dann ab ins Eisfach. Schön portioniert warten sie dort auf ihren Einsatz.

GLACE: ist eine weiter einreduzierte Jus – mitunter noch praktischer weil platzsparender als die Jus. Die Demi Glace ist nicht ganz so stark eingekocht – früher würde die mit Mehl auf dem Knochen abgebunden. Leider haben alle Stärkebindemittel die Eigenschaft, Maillard-Aromen ein wenig zu camouflieren, darum versuche ich ohne auszukommen.

FOND: ist sozusagen die Jus eingekocht mit einem Aroma, z. B. Kräuter, Tomate etc.

BOUILLON: Wir nennen das auf Deutsch einfach Brühe. Also ohne Knochen und ohne Rösten wird das Fleisch gekocht. Ich kann das auch noch ein paarmal klären mit Klärfleisch und Eiweiß. Für Suppen und Consommés ist die Bouillon die Grundlage.

Und so geht's:

Klassische Rinderjus (ca. 500 ml):

Der Trick sind Röstaromen: Erst etwa zwei Kilogramm gewaschene Knochen (Markknochen) sowie ein halbes Kilo Schnittreste vom Fleisch in Olivenöl rösten (im Bräter im Backofen bei 200 Grad oder in der Pfanne anbräunen lassen). Das Mark ausheben, sobald es sich vom Knochen löst. Wenn die Knochen geröstet sind, eine zuvor an den Schnittflächen extrem scharf angebratene Zwiebel sowie Lorbeer, Rosmarin, einen Esslöffel Tomatenmarkkonzentrat und von mir aus auch eine Knoblauchzehe sowie Pfeffer, Sellerie, Frühlingszwiebeln, Karotten, Champignons und – nicht vergessen – das Knochenmark (und wonach einem sonst noch ist) hinzufügen; mit einem halben Liter Wasser, einem dreiviertel Liter Rotwein, einem großzügigen Schuss Madeira und Cognac ablöschen und einkochen. Sobald die Jus beim Abschmecken mit einem wirklich kräftigen Rindergeschmack beseelt ist, durch ein Sieb abgießen und in die Eisbeutel abfüllen. Salzen sollte man erst bei der weiteren Verwendung!

Die gleiche Methode für eine Jus wende ich an bei Kalb (bei dem ich Petersilie und Piment zufüge oder sogar ganz puristisch ohne jedes Gewürz arbeite, je nach Anwendung), Lamm (da verwende ich stets mehrere Zehen Knoblauch und gerne auch mehrere Rübensorten sowie etwas Estragon), Wild (bei dem ich zerstoßene Wacholderbeeren, deutlich mehr Lorbeerblätter, Nelken und reichlich Thymian und Petersilie hinzugebe), Geflügel (hier zerhacke ich zusätzlich

die Knochen; die Kochzeit sollte man deutlich kürzer halten als beim Rind, bei Geflügel können nämlich nach zu langem Einkochen Störaromen entstehen) und auch bei Schweinefleisch – es hat mir bis heute keiner erklären können, was gegen einen Fond aus Bentheimer Schwein oder ähnlich aromatischen Rassen spricht. Hier allerdings nutze ich nach dem Ablöschen gerne noch etwas luftgetrockneten Schinkenspeck, der dem Ganzen eine angenehm nussige Note verleiht. Kalorienärmer und dabei noch schicker in Konsistenz und Homogenität: den gesiebten Guss erkalten lassen und das Fett oben wie einen Deckel abnehmen, dann wieder (zwischendurch mal kräftig rühren) erwärmen und in Eisbeutel füllen.

Rinderfond (ca. 500 ml):

Im Gegensatz zur Jus ist Fond nicht von den Röstaromen geprägt: Rund zwei Kilogramm Knochen (wieder gerne mit Mark!) sowie ein halbes Kilogramm Schnittreste vom Fleisch (na logisch, da nimmt man die praktische Beinscheibe) in einem Topf mit anderthalb Litern Wasser und einer Flasche Weißwein (alles soll gerade bedeckt sein), nach Belieben wie bei der Jus gewürzt, einkochen – das kann gerne drei Stunden dauern! Die Flüssigkeit durch ein Sieb geben. Wer will, kann den Fond nach obiger Methode entfetten. Es gelten die gleichen Angaben wie oben für entsprechende Abwandlungen mit Kalb, Lamm, Wild, Geflügel und Schwein.

Gemüsejus beziehungsweise -fond (ca. 500 ml):

Wieder liegt der Unterschied in der Entscheidung für oder gegen Röstaromen: Zwei Kilogramm geschmackskräftiges Gemüse (Wurzelgemüse, Rüben, Pilze, Petersilie, Tomaten – und alles, wonach mir an Gemüsegeschmack sonst noch ist) in Olivenöl mit etwas Aceto anbraten. Bei Gemüse gibt es nicht das Problem der zyklischen Aromate, also wirklich kräftig braten und andunkeln lassen! Vor allem Zwiebelarten sollte man reichlich in das Töpfchen werfen, Gemüsezwiebeln, Schalotten, Lauch, Porree und was weiß ich noch. Anschließend mit Noilly Prat ablöschen und mit einem Liter Weißwein (gerne süßerem) und einem Liter Wasser aufgießen; Schmorzwiebeln – die ich vorher in Olivenöl bei 200 Grad im Backofen kräftig dunkel geschmort habe – zufügen. Einkochen lassen, bis der Geschmack mir gefällt. Ich persönlich benutze für das Ablöschen noch ein süßeres, helles Bier, weil ich die Hefearomen gerne mag. Für den reinen Fond das Gemüse direkt in Wein und Wasser einkochen. Meiner Meinung nach lohnt sich aber ausschließlich die Jus-Variante mit Röstaromen, weil das Ganze ansonsten zu wenig Dampf hat (siehe auch mein Rezept mit den Bergkäseknödeln, wo ich mit diesen Aromen noch mal Achterbahn fahre) – gerade Gemüse wird nicht schmackofatzig genug, und die Vegetarier müssen dann unter diesem Mangel an kräftigen Aromen leiden! Bei der Weiterverarbeitung nicht an gutem Fleur de Sel sparen!

Pilzjus (ca. 500 ml):

Hierzu verwende ich als Grundlage eine Gemüsejus. Diese flüssige Grundlage spielt bei mir dann Feuerwehr: Ich nehme ca. 500 Gramm frische Pilze (am liebsten gerade aus dem Wald), die ich mit Butter, gehackten Zwiebeln, Petersilie und Schnittlauch sowie einem Schuss Aceto balsamico kräftig anbrate, etwas salze und mit Noilly Prat und Weißweinessig und ca. einem Liter Gemüsefond ablösche. Jetzt kommen noch etwa 10 bis 25 Gramm getrocknete Steinpilze dazu. Dann lasse ich das Ganze auf 500 ml Gesamtmenge einkochen und siebe die Flüssigkeit ab.

Krustentierfond:
Ich halte mich bei dem Rezept für Krustentierfond sehr nahe an Dieter Müllers klassisches Grundrezept, wandle es aber ganz pervers mit Corail (sozusagen der Krustentierrogen) und dem bisschen Hirn, das diese taxonomisch vorwiegend als „Spinnen"-Tiere klassifizierten Wesen haben, ab: Als Erstes die Karkassen beziehungsweise Schalen im Mörser oder – bei weicheren Schalen – auf dem Rebelbrett klein hacken. Mit geklärter Butter erhitzen und mit etwa der gleichen Menge Wurzelgemüse-Mirepoix goldbraun rösten. Mit Armagnac, Cognac und Weißwein ablöschen und etwas Tomatenmark zufügen. In einem breiten Topf mit Wasser so auffüllen, dass alles gerade bedeckt ist, und anschließend Corail und, wenn vorhanden, den zentralen Knoten des Nervensystems (man nennt das wohl bei Krustentieren ein Hirn ...) dort hineingeben. Auch wenn das Corail grün scheint, es wird beim Erhitzen rot! Etwa 30 Minuten bei geringer Hitze köcheln lassen. Nach Belieben Kräuter (Estragon, Piment und Ähnliches) und Gewürze beifügen – für mich persönlich ein unbedingtes Muss: ein kräftiger gustatorischer und optischer Beitrag von Safran! Die Flüssigkeit abschließend durch ein Haarsieb gießen.

Fisch-Glace:
Ein Kilogramm Fischkarkassen intensiv waschen und trockentupfen. Dazu etwa ein halbes Kilo Fischfleischreste geben; keine Kiemen – ein Fischkopf sollte „entkiemt" sein, denn tatsächlich geben die Kiemen Bitteraromen ab! Öl in einem großen Topf erhitzen und zunächst die Karkassen, nach etwa zwei Minuten auch das Fischfleisch bei mittlerer Hitze kurz braten – die Karkassen sollen keine Farbe bekommen! Lauch, Zwiebeln, Bouquet garni und Wurzelgemüse hinzugeben und weiterbraten. Dann lösche ich alles mit Noilly Prat ab und gebe ca. 500 ml Weißwein dazu. Mit etwa einem Liter Wasser auffüllen und bei geringer Hitze sanft köcheln lassen. Das Ganze eine halbe Stunde auf dem Herd lassen. Durch den hohen Eiweißgehalt im Fisch bildet sich obenauf immer wieder Schaum, den man abschöpfen sollte. Zum Schluss durch ein Sieb abgießen. Lange reduzieren bis beinahe ein Sirup daraus geworden ist. Das gilt sowieso immer: Wenn man den Geschmack intensivieren will, kann man die fertigen Jus und Fonds weiter reduzieren lassen!

Grundsaucen

Es gibt verschiedene Möglichkeiten, Geschmack in eine Sauce zu bringen. Einige der Grundsaucen möchte ich hier kurz erläutern:

Sauce velouté:
Zwiebeln und ihre nächsten Verwandten werden mit Sellerie-Mirepoix in Butter geschwenkt. Sobald sie goldige Farbe annehmen, wird die Flamme kleiner gestellt. Dann bestäube ich sie rundum mit Maisstärke (durch ein Sieb, um Klumpenbildung zu vermeiden) und lösche mit ordentlich Weißwein und Geflügelfond ab, gebe gerne auch noch einen Schuss Sahne dazu. Alles einkochen, bis die gewünschte Bindung erreicht ist. Durch ein Sieb abgießen.

Meine weiße Feuerwehr-schnelle-Sauce:
Es muss nicht immer alles ewig eingekocht werden, um Geschmack zu kriegen: Man kann auch mit den direkten Aromen arbeiten. Das passt besonders gut bei Fischsaucen, aber die gleiche Methode lässt sich auch bei allen anderen Fond-Grundlagen anwenden: Wurzelgemüse-Mirepoix, gehackte Zwiebeln und Lauchzwiebel im Ganzen mit etwas Noilly Prat und einer Prise Zucker in Butter leicht karamellisieren lassen. Sobald der Zucker alles umhüllt, noch einmal mit Noilly Prat, großzügig Weißwein und etwas weißem Balsamicoessig ablöschen. Mit Sahne aufgießen und aufwallen lassen. Durch ein Sieb gießen und nachwürzen (Salz, Muskat und wonach einem der Sinn steht). Lässt sich gut auch als Schaum servieren – dazu kurz vor dem Anrichten aufschäumen. Je nach Verwendung variieren (Gewürze und Löschalkohol, Jus oder Fonds etc.).

Sauce hollandaise:
Eine wundervolle Grundlage für viele andere Buttersaucen, die in der französischen Küche Standard sind. Je Eigelb kann man gut 200 – 300 ml Sauce herstellen. Im Bain-Marie das Eigelb (nicht über 55 °C) erwärmen und mit Salz, Pfeffer und ein paar Spritzern von einem hochwertigen weißen Aceto kräftig aufschlagen. Dann pro Eigelb eine dreiviertel Packung geschmolzene, warme Butter langsam in das aufgeschlagene Eigelb fließen lassen. Während die Butter hineinfließt, die GANZE ZEIT mit einem (bei Anfängern am besten elektrischen) Schneebesen aufschlagen. Am Ende mit süßem Senf, Muskat und Salz/Pfeffer abschmecken.

Sabayon:
Eigelb im Simmertopf mit einem Schuss hochwertigem Weißweinessig und etwas Weißwein schaumig schlagen. Nach Gusto würzen und kurz vor dem Servieren noch mal aufschlagen.

Mayonnaise: Das ist sozusagen die kalte Version einer Hollandaise: Eigelb mit neutralem Öl unter kräftigem Rühren mit einem elektrischen Schneebesen sehr langsam auffüllen.

Trüffelprodukte selber machen:

Ich kaufe viele Sachen bei Ponzio – aber Trüffelbutter, Trüffelöl und Trüffeleier stelle ich noch lieber selber her: Trüffelaromen lassen sich überraschend ordentlich konservieren: Butter, Eier, Öle nehmen den Geschmack an, wenn man sie den Trüffelgasen exponiert – abhängig von den chemischen Eigenschaften des „Lösungsmittels", ob also Fette, Ei oder sogar Reis, werden unterschiedliche Aromen bevorzugt gespeichert.
Man nimmt also einen Eimer, der luftdicht verschließt, packt dort reichlich Trüffel (Weiße und Schwarze) hinein – pro 10 Liter Volumen sollten es mindestens 150 g Trüffel sein. Und dann lässt man Butter, Öl oder Eier einfach zuammen mit den Trüffeln fest verschlossen in dem Gefäß für ein paar Tage stehen – logisch darf man zwischendurch dann an seine Trüffel gehen, um die über ein Essen zu hobeln...!
Die Trüffelaromen gehen durch die Eierschale hindurch in das Ei. In der Butter löst sich das Aroma besonders intensiv und auch in einem offenen Schälchen mit Öl sammelt sich reichlich Trüffelaroma. (In meinem letzten Buch hatte ich noch Öl mit Trüffelscheiben geimpft – ich habe aber festgestellt, dass man einen größeren Effekt hat, wenn man das Öl einfach den Trüffelgasen aussetzt und zwischendurch mal rührt.) Danach sollte man sein selbst hergestelltes Trüffelprodukt hurtig luftdicht in den Kühlschrank stellen.

Gelier- und Eindickungsmethoden

Mit Agar-Agar (für Vegetarier):
Die Flüssigkeit muss einmal aufkochen. Ausreichend Agar verwenden: ein Teelöffel pro 750 ml ist Richtmaß. Den Teelöffel in einem kleinen Teil des heißen Wassers vorlösen, dann mit der Gesamtmenge verquirlen und kochen lassen. Man kann übrigens Agar immer wieder erhitzen und erneut gelieren lassen – super zum Nachkorrigieren.
Mit Stärke: Stärke (Maisstärke zum Beispiel) in kaltes Wasser einrühren und zum heißen Wasser geben. Stärke ermöglicht fast alle Bindungsstärken je nach Menge. Sie eignet sich gut für Pudding etc.
Terrinen oder Ähnliches allerdings lassen sich mit Stärke nicht gut gelieren. In den meisten Fällen verwendet man die Stärke natürlich zum Binden von Saucen, deren Geschmack schon stimmt, die Konsistenz aber noch nicht. Stärke hat leider die Eigenschaft, Aromen zu camouflieren. Darum vorsichtig anwenden.

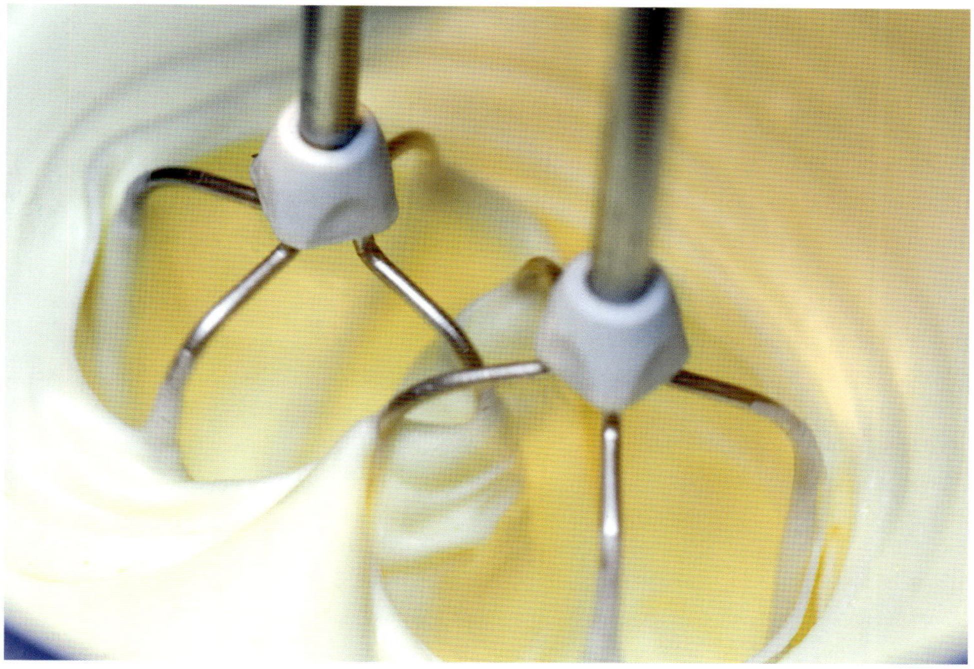

Gelatine: Kalt: Blattgelatine in kaltem Wasser einweichen und „ausdrücken" – man hilft mittels Kneten den Blättern beim Lösen. Die Lösung soll schlierenfrei und klar sein. Dann vorsichtig erwärmen – niemals kochen, dann geht die Bindefähigkeit verloren! – und wieder langsam abkühlen lassen (Temperaturangleichung). Sobald die Gelatine nur noch lauwarm ist, kann ich sie in kalte Speisen zum Binden eingießen. Zeit zum Erstarren im Kühlschrank geben!
Warm: Gelatine einfach zur warmen Flüssigkeit geben und einrühren. Nur nicht kochen lassen, ansonsten läuft die Bindung von selber.
Vorsicht bei Früchten wie Papaya, Kiwi und Ananas – die haben ein Enzym, das den Gelierprozess verhindert.

Vinaigretten

Es gibt zwei Basisvinaigretten, von denen man unendlich viele Variationen herstellen kann. Experimentiert und probiert...!

1] Mit weißem Aceto und Öl: Hier nehme ich grundsätzlich 1 Teil Essig auf etwa 4 – 6 Teile Öl, je nach Intensität des Essigs. Dazu ein wenig kleingehackte Zwiebel geben, ggf. süßen Senf. Mit dem Zauberstab aufschlagen, mit Salz, Pfeffer und Muskat abschmecken.
2] Mit dunklem Aceto: 1 Teil Aceto, ein wenig Dijon-Senf und kleingehackte Zwiebel (wer mag auch ein wenig Knoblauch) und 3 – 6 Teile Olivenöl mit dem Schneebesen schön cremig schlagen.

Vanillezucker selber machen:

Vanilleschoten auskratzen und mitsamt den Schoten in Rohrohrzucker geben, kräftig umrühren (auch gerne mit den Fingern), um das Mark (eigentlich zigtausende winzige Orchideensamen) gleichmäßig zu verteilen. Nach zwei Tagen voll einsatzfähig. Dunkel lagern.

Currypulver selber machen:

3 Teile Kreuzkümmel, jeweils 2 Teile Koriandersaat, Königskümmel, Zimtstange und jeweils einen Teil Szechuanpfeffer, Zwiebelsaat, Kardamom, Schwarzkümmel und Chili (kann auch weniger – Du bestimmst den Schärfegrad!) und eine kleine Menge Bockshornklee (zuviel macht zu bitter) und Anis (sonst zu dominant) in einer Pfanne anrösten und im Mörser zerstoßen. Dazu dann 3 Teile Kurkuma, zwei Teile Paprika edelsüß und eine Prise grünen Pfeffer sowie geriebene Muskatnuss geben. Kann man im Glas im dunklen Schrank locker einige Monate aufbewahren!

Teriyaki selber machen:

3 Teile feingehackte Zwiebel mit 3 Teilen Ingwer feingehackt und einem halben Teil ebenfalls feingehacktem Knoblauch in einem neutralen Öl anschwitzen. Dann ca. 6 Teile Rohrohr- oder noch besser Palmzucker. Ständig rühren, sobald das eine goldgelbe Farbe annimmt, mit reichlich heller Sojasauce, etwa halb so viel Pflaumenwein gemischt mit Reiswein ablöschen. Anschließend noch einen kräftigen Spritzer süßen Reisessig dazu. Einkochen lassen bis es ein Sirup ist. Bei Bedarf immer wieder mit diesen Elementen auffüllen. Zum Schluss durch ein Sieb geben und in den Kühlschrank stellen – hält sich fast ewig...

Faktencheck
Ackerlandwirtschaft

Die Industrialisierung der Landwirtschaft hatte mehr Einfluss auf die Natur als sämtliche andere Industriezweige mit Ausnahme vielleicht der Automobilindustrie. Das überrascht kaum, wenn man weiß, dass fast die Hälfte der Gesamtfläche der Bundesrepublik in irgendeiner Form landwirtschaftlich genutzt wird. Was ist passiert? Einstmals waren die Jäger und Sammler sesshaft und damit zu Bauern geworden. Sie waren angewiesen auf Kreislaufwirtschaft und wer dem Boden zu viel nahm, konnte im Folgejahr nicht mehr genug ernten. Aus die Maus. Der Bauer war angewiesen auf die ökologischen Zusammenhänge und musste sich diesen unterwerfen, eben WEIL sie die Grundlage seiner Existenz bedeuteten. Extensive Landwirtschaft nennt man sowas. Wozu die unglückseelige Kombination aus menschlicher Hybris, technischen Errungenschaften und mangelnder Erkenntnis(-fähigkeit) führen kann, lässt sich wohl an keinem anderen Beispiel besser ablesen als an den deutschen Bauern – und um das gleich vorweg deutlich zu sagen: Ich will nicht alle Bauern über einen Kamm scheren, ich kenne (auch persönlich) die Ausnahmen von verantwortungsbewussten, klugen Bauern, die kundig sind und entsprechend arbeiten. Nein, nein, um Himmels Willen, alles was ich hier schreibe, bezieht sich lediglich auf die übrigen, na ja, sagen wir mal ähhhhh realistischen 95 Prozent.

Am Geld liegt es übrigens nicht: Immerhin verfügt der EU-Agrarhaushalt über mehr als 60 Milliarden Euro, um mittels politischer Maßnahmen die Landwirtschaft ökologischer und sozial gerechter zu gestalten – allein: der politische Wille fehlt. Die Zusammenhänge sind im Grunde schnell zusammengefasst und kommen alle auf denselben Nenner: Der gezahlte Preis für Nahrung und ihr eigentlicher Wert stehen durch Vermassung und subventionierte Überproduktion in keinerlei Verhältnis. Das ist nur für eine einzige Gruppe unter den Bauern gut, nämlich für die Großbauern (genau, die mit den dicksten Kartoffeln) – und genau deren Fürsprecher wählen sich die erkenntnisresistenten Treckerfahrer immer wieder in den Vorsitz ihrer eigenen Interessenvertretung. Bittschön, hier ist Ihr Strick, die Luft können Sie sich bitte selber abschnüren, ich hab leider gerade keine Zeit, ich muss in Brüssel nach Subventionen krakeelen. Man muss sich schon fragen, ob der dauerhafte Umgang mit Pestiziden Folgen für die kognitiven Fähigkeiten bei denen hat. Nachfolger des bei der Geburt nicht gerade vollbetankten Gerd Sonnleitner wurde 2012 Joachim Ruckwied, wieder ein Großbauer, der rundweg alle Forderungen nach einem ökologischen Umbau der Landwirtschaft „als existenzgefährdend" ablehnt und – wen wundert's – natürlich fleißig weiter Politik gegen kleine Höfe macht. Alle anderen im Vorstand (Vize etc.) sind – tatää – ebenfalls Großbauern. Masse, Masse, Masse. Je größer der Hof, desto besser.

Und das haben wir davon:

1] Einsatz von Kunstdünger und Gülle ohne Kreislaufwirtschaft (also adäquatem Eintrag von organischem Material): Der Einsatz von Kunstdünger hat sich in Europa seit 1960 etwa verdoppelt. Seit einigen Jahren allerdings stagniert er – denn wir haben ja immer mehr Gülle. Es sind über 160 Mio. Kubikmeter Gülle in jedem Jahr in Deutschland allein. Und weil Frau Antje nebenan noch mehr Mastschweine und Rinder hat, gibt es zusätzlich noch einen regelrechten Gülletourismus an der deutsch-niederländischen Grenze. Die Folgen sind massiver Eintrag von Nitrat in Bäche, Flüsse (Stichwort Eutrophierung) und sogar ins Trinkwasser. Laut Umweltministerium NRW sind über 40 % des Trinkwassers derart belastet, dass es als Trinkwasser ohne teure Aufbereitung nicht verwendet werden darf, und sogar die sonst handzahme EU ist gerade dabei, Deutschland ein Verfahren anzuhängen wegen Verstoßes gegen die Nitratrichtlinie. Die Kontrollen in Deutschland sind lax: Als ich im Brunnenwasser, aus dem unser Trinkwasser stammte, selber hohe Nitratwerte nachweisen konnte, habe ich die Landwirtschaftskammer angerufen. Dort saß irgendein amtsschimmeliger Westfale, der mir sagte, man würde einmal im Jahr kontrollieren, nein, natürlich nicht in der Hochzeit des Gülleeintrages, aber im Schnitt wär da schon alles in Ordnung… Das ist ungefähr so dämlich wie ein Richter, der einen Mann nicht verurteilt, der seine Frau mit Zyankali vergiftet hat, weil im Schnitt dass Essen, dass er für sie im Laufe des Jahres gekocht hatte, in Ordnung war… Die Bauern machen, was sie wollen, Gülleeintrag dient nicht der Düngung, sondern der Entsorgung. Ich selber wohne seit 40 Jahren auf dem Land, ich sehe es regelmäßig mit eigenen Augen und ich kenne „die Bur'n", die selbst im Winter ihren, nun ja, Scheiß auf die Felder pumpen, mitten in der Sperrzeit (Nov. – Jan.), ohne Sondergenehmigung und ohne Nitrathemmung (eigentlich muss man, um in der Sperrzeit güllen zu dürfen, die Bildung von Nitraten verhindern, weil ja keine Pflanzen das Nitrat binden können und dies dann einfach ins Trinkwasser abfließt). Die Folgen auf dem Feld: Eigentlich müsste die oberste Schicht selbst in nährstoffarmen Böden (Podsol u. ä.) biologisch hohe Aktivität aufweisen. Doch das Gegenteil ist der Fall: Durch die Zerstörung des ökologischen Gleichgewichtes wird das eingetragene Material in der Oberkrume nicht mehr organisch gebunden – der Boden erodiert. Der Dünger wird pupsleicht ausgespült – es muss also noch mehr gedüngt werden, der Boden erodiert wieder schlimmer usw. Eine negative Feedbackschleife – Teufelskreis. Den wir mit gestörter Bodenökologie und vergiftetem Trinkwasser bezahlen.

2] Einsatz von Pestiziden: Wo das biologische Gleichgewicht gestört ist, muss der Landwirt gegensteuern. Wo Fressfeinde fehlen, wird halt gespritzt. Unkraut in der Monokultur wird mit Herbiziden wie Glyphosat eingenebelt – ooops, da sagt plötzlich die WHO, dass der Wirkstoff des weltweit intensiv eingesetzten Roundups als „vermutlich kanzerogen" (Stufe 2A) eingestuft wird. Die EU findet das nicht – lieber Verbraucher, entscheide Du, wem Du mehr vertraust. Wenn Roundup verschwindet, ist das Problem übrigens längst nicht gelöst: Dann kommen wieder noch vielfach giftigere Substanzen zum Einsatz. Pest oder Cholera – wow, Superauswahl! Auch vielen Fungiziden, Insektiziden und Was-es-sonst-noch-gibt-ziden wurde gesundheitsschädigende Wirkung auch bei gängiger Dosierung nachgewiesen. Und wenn wieder ein Mittel vom

Markt genommen wurde, bleibt es der Menschheit oft trotzdem noch viele Jahre erhalten (siehe DDT, Aldrin und andere chlorierte Kohlenwasserstoffe). Die Gifte gelangen über Abdrift, Aerosol, Drainage und über viele andere Wege in die Körper und sind mittlerweile in allen Menschen nachweisbar – schön akkumuliert, weil wir am Ende der Nahrungskette stehen. Da die Stoffe meist auch den Nützlingen schaden, wird die Gesamtsituation noch verschlimmert. Ganz abgesehen von den vielen Resistenzen, die durch den einseitigen Selektionsdruck (weil ja alle immer das Gleiche spritzen) geradezu gezüchtet werden.

3] Artenarmut: Die Felder werden größer, die Böschungen mit Gesträuch weniger, die Monokulturen mit immer größeren Flächen breiten sich mit allen Konsequenzen weltweit aus (Indonesien wird gerade komplett plattgebrannt und gewalzt, damit wir unser geliebtes Palmöl bekommen – so fressen sogar insbesondere und ausgerechnet die Veganer und die Nutellafreaks den Indonesiern deren Anbauflächen für die eigene Ernährung weg…). Die Kombination von Monokulturen, Pestiziden, Gülle und Kunstdüngereintrag der Intensivlandwirtschaft sorgt für Bodendegradation (also das Wegsterben der Arten im Boden bis hin zu völlig toten Mineral-Erosionskrumen, die damit der Erosion preisgegeben sind). Die Folgen für die Biodiversität sind fatal. Als besonders zuverlässiger Indikator werden von Biologen die Schmetterlinge genutzt: Deren Zahl ist in der EU um weit über die Hälfte in den letzten 20 Jahren gesunken. Und auch das, was wir auf den Feldern finden, wird immer einheitlicher. Knapp 90 Feldfruchtarten (!!) stellen schon über 90 % der weltweiten Ernte dar – klar, Reis und Getreide machen da den absoluten Großteil aus – früher gab es allerdings zig verschiedene Erdbeer- oder Karottenarten, die Diversität auf den Tellern war eine ganz andere! Wir dürfen uns also bei Monsanto & Konsorten bedanken, dass sie auf ihre ganz spezielle Weise endlich Ordnung in das Chaos der Natur gebracht haben…

Faktencheck
Arbeitsbedingungen in der Nahrungsmittelindustrie

Wir wollen gut essen. Aber leider auch billig. Warum erwarten wir für uns selber einen gerechten Lohn, wenn wir nicht bereit sind, diesen auch über die Produkte, die wir erwerben, zu zahlen?

Deutschland: Werksverträge ermöglichen den Produzenten geringere Lohnzahlungen bei aufgehobenem Kündigungsschutz. Werksvertragler bekommen in der Nahrungsmittelindustrie im Schnitt fast 6 Euro weniger pro Stunde als die Stammbelegschaft. Darum gibt es von denen in den Betrieben auch immer mehr: Von 2010 fast 47 % stieg die Rate binnen weniger Jahre auf fast 60 % an. Besonders praktisch für die Arbeitgeber: Die wehren sich kaum, denn meist kommen sie aus osteuropäischen Ländern und können kaum oder gar kein Deutsch. Und mehr als einmal kassierten Arbeitgeber gleich einen Teil dieses Hungerlohnes für Mieten betriebsinterner Wohnungen, die eher an einen Knast erinnern – zynischer geht es kaum.
Internationale Sklaverei in der Nahrungsmittelindustrie: Sklaverei ist abgeschafft? Wohl kaum. Rund 200 000 Kinder werden weltweit als Sklaven missbraucht. So werden täglich nach unterschiedlichen Datenerhebungen zwischen 20 und 50 Kinder aus Mali entführt und auf den Feldern der größten Kakaoproduzenten in der Elfenbeinküste zur Arbeit gezwungen. 230,- Euro kostet ein Kind im Schnitt.
Die Faktenlage ist übrigens den großen Kakaounternehmen bekannt – aber solange der Verbraucher die schmutzige Schokolade kauft, ist denen das schlicht und ergreifend egal. Was denken wir Europäer eigentlich, wenn wir einen Schokoriegel an der Autobahnraststätte kaufen? Stellt Euch mal vor, dass würde hier bei uns auch nur mit ein paar Kindern passieren, da wär aber mal was los! Aber in Afrika – sind ja nur Negerkinder, oder wie? Ich halte dies für einen der schlimmsten Skandale schlechthin.
Menschenhandel und Sklaverei sind auch in der südostasiatischen Fischereiindustrie längst dokumentiert (siehe Faktencheck Fisch) – 59 % der befragten Arbeitskräfte aus Burma haben auf Thai-Kuttern Sklaverei, Körperverletzung und sogar Morde mit eigenen Augen gesehen, das alles nicht von irgendeinem Sensationsjournalisten erfragt, sondern im Zuge einer Studie der UN. Und was denken wir, wenn wir die billligen Gambas im Asiashop kaufen? Sind ja nur Asiaten…?
Auch in Süd- und Mittelamerika findet man regelmäßig Sklaverei, dort oft in Verbindung mit der Drogenmafia, die auch ihre Finger in alle anderen Wirtschaftszweige steckt.

Faktencheck
Fisch

Tja, das ist so eine Sache mit dem Fisch. Gesund ist er ja, so gesund, dass, wenn die gesamte Menschheit den Vorschlägen der WHO folgen würde, es innerhalb eines Dreivierteljahres keinen einzigen Fisch mehr in den Meeren gäbe. Fisch hat gegenüber furzenden Rindern und dem, was an heimischen Landbewohnern sonst noch so auf den Tisch kommt, den großen Vorteil, dass er kaltblütig ist – will sagen kein CO_2 und damit reichlich Energie ausatmet, nur um seine Körpertemperatur muckelig zu halten, wie unsereins das tut. Gut für die CO_2-Bilanz. Dann fangen aber die Probleme auch schon an.

Unterschieden werden muss (gerade auch bei der ökologischen Zertifizierung) zwischen Zuchtfisch und Wildfisch. Zuchtfisch kann ein Biosiegel erhalten, wenn die Fischfarm die entsprechenden Kriterien einhält. Wild gefangener Fisch kann das logischerweise nicht. Viele Fische lassen sich auch aufgrund z. B. ihrer Wanderungsbewegungen erst gar nicht züchten. Dann greifen die sogenannten Fangquoten als ökologisches Nachhaltigkeitsinstrument.
Wildfische: Die Zahlen sind deprimierend. Man muss sich nur die Daten der Welternährungsorganisation ansehen: Weltweit werden aus dem Meer und aus der Aquakultur rund 150 Mio. Tonnen Fisch gelandet. Rund ein Drittel aller Fische ist dabei hoffnungslos überfischt, mindestens ein weiteres Drittel in den Beständen gefährdet. Im Mittelmeer sind über 90 % der Bestände überfischt. Schuld sind gigantische Trawler multinationaler Konzerne, deren Grundschleppnetzte am Boden auch noch eine Schneise der

Verwüstung hinterlassen. Ein Supertrawler kann bis zu 500 Tonnen Fisch in einem Fangzug aus dem Meer ziehen. Ganz abgesehen davon, ob man es ethisch vertretbar findet, dass die Fische unter der Last schlichtweg bei lebendigem Leibe zerquetscht werden. Fische sind zwar doof, aber bei der über viele Jahre vertretenen Ansicht, die würden gar nix merken, scheinen uns die Neurowissenschaftler einen Strich durch die ethische Rechnung zu machen: Fisch hat schmerzverarbeitende Rezeptoren, sogenannte Nozizeptoren und es gibt starke Evidenzen, dass sie diesen Schmerz auch neurologisch repräsentieren, also „fühlen" – hier würden wieder kleine Netze helfen, neben dem Vermeiden des Zerquetschens übrigens auch wegen des Druckausgleichs für die Schwimmblase, denn manch ein Fisch explodiert einfach während des viel zu schnellen Aufstiegs in den riesigen Netzen. Es bleibt auch das Problem des Beifanges ungelöst. Beim Krabbenfang entstehen bis zu 90 % Beifang, bei der Scholle mit herkömmlichen Methoden liegen die Zahlen bei etwa 80 %. Insgesamt schätzt man den jährlichen Beifang auf ca. 40 Mio. Tonnen pro Jahr. Essbarer Fisch, der einfach tot ins Meer zurückgeworfen wird. Die EU hat darum 2015 endlich auch Beifangquoten eingeführt, die Schritt für Schritt den „zurückgeworfenen" Beifang auf (immer noch viel zu hohe) 10 % in den nächsten Jahren senken sollen. Leider fehlen ausreichende Kontrollen. Und die Rechtsverdreher der Fischereiindustrie haben das nächste Loch im halbseidenen EU-Netz gefunden: Dann verarbeiten wir den Beifang einfach zu Fischmehl! (Siehe S. 182 Meyer.) Das Hauptproblem sind und bleiben die EU-subventionierten Monster der Fangflotten, die den Verbrauchern suggerieren, Fisch sei billige Massenware. Deren Interessen richten sich nicht nur gegen ökologisch vertretbare Fangmengen (statt Quoten, wär mal so'ne Anregung von mir), sondern sogar gegen ihre mittelständischen Kollegen. Denn mit den Quoten machen die dicken Fische – Verzeihung – Fischer immer noch genug Profit, für den kleinen Mittelständler aber reicht es hinten und vorne nicht mehr. Und wenn die Meere hier leer sind, dann weicht man einfach an die Küsten anderer Länder aus: Mit steuerfinanzierten Subventionen kaufen Regierungen sich Fangrechte in Drittweltländern: Allein an Mauretanien zahlte man 70 Mio. Euro, damit wir den Ärmsten der Armen den existenziellen Fisch vor der Nase wegfangen. Dazu kommt das Problem des illegalen Fangs, der gar nicht dokumentiert wird. Der WWF geht von 1/4 illegalem Fang weltweit aus, der dann auf europäischen Tellern landet, selbst innerhalb der EU sind die Zahlen bei knapp 10 %. Dafür erhalten die Reedereien auch noch weitere EU-Subventionen, die abhängig von den Fangzahlen sind – und wir reden hier von zig Millionen Euro jeweils für die größten Fischereiunternehmen (!) – blöder kann sich eine Regierung von den Lobbyisten kaum verarschen lassen.
Die Folgen der Überfischung sind noch nicht genau genug erforscht, das Meer ist ein hochkomplexes Biotop, und wenn Fressfeinde fehlen, dann breiten sich andere Arten schlagartig aus. Längst haben wir in vielen Gebieten ein starkes ökologisches Ungleichgewicht – manch ein Tourist durfte damit schon an spanischen Stränden Bekanntschaft in Form einer Feuerqualle machen…
Um dem ganzen Unappetitlichen noch mehr hinzuzufügen: Sklaven- und Kinderarbeit sind vor allem in der südostasiatischen Fischereiindustrie gang und gäbe: Der Präsident der Frozen Foods Association Thailand Dr. Panisuan Jamnarnwej macht daraus im Interview auch gar keinen Hehl, man brauche diese Kinder, und es wäre doch in Ordnung, wenn man die fair bezahlen würde. Da kann einem die Gamba schon mal im Halse stecken bleiben… vor allem wenn man weiß, dass viele Sklaven, ja ganze Familien u. a. aus Myanmar nach Thailand verschleppt werden.
Wenn man all dies vergleicht mit den Problemen, die man bei unserem heimischen Süßwasserfisch hat, freut man sich über jede Forelle auf dem Tisch. Zumindest wenn sie wild gefangen wurde. Mit einer einfachen Angel. Der Fischfang aus Binnengewässern incl. Süß/Mischwasserfischzucht spielt allerdings auch nur eine sehr untergeordnete Rolle: Es ist deutlich weniger als ein Zehntel des Fischertrages weltweit.
Zuchtfische: Anders sieht es dagegen mit Zuchtfischen aus – bei denen die Öko-Labels allerdings einen guten Wegweiser geben. Im Gegensatz zu Wildfangfisch kann Zuchtfisch nämlich eine gut nachvollziehbare Bio-Zertifizierungen erhalten, egal ob Süß- oder Meerwasser. Zuchtfische machen mit mittlerweile jährlich rund 50 Mio. Tonnen einen nicht unwesentlichen Teil der Fischindustrie aus. Das ist gut gegen Überfischung. Doch ansonsten haben wir neben haltungsethischen Fragen vor allem Probleme mit dem Einsatz von Medikamenten, vorneweg Antibiotika. Da man dem Fisch nicht einfach eine Pille in die Flosse drücken kann, werden die auf engstem Raum gehaltenen Fische mit hohen Dosen allerlei Antibiotika versorgt. Das reicht dann gleich auch für ein paar Fische aus der Nachbarschaft – Tetrazykline wurden schon in Wildlachs nachgewiesen, und der war bestimmt vorher nicht mit Bronchitis beim Arzt… Und da Lachs, gerade wenn er sich wenig bewegt, viel PCBs (die zwar schon seit den 80ern verboten sind, sich aber als ausgesprochen stabile Moleküle an dieses Verbot einfach nicht halten wollen) und Dioxin in seinem Fettgewebe anreichert, ist auch der Lachs aus Aquakultur vor Norwegens Fjorden & Co meistens alles andere als ein gesundes Schmankerl für den Frühstückstisch.
Den Verbrauchern bleibt nur eines: Ganz genau hinschauen, nervt Euren Händler, ruft bei den Großhändlern direkt an, fragt nach. Achtet auf Biolabels, informiert euch bei den anderen Labels, wie z. B. msc, ganz genau, woher der Fisch kommt – Greenpeace und Dr. Goodfish haben eine recht sinnvolle Positivliste erstellt (siehe Quellen S. 260). Am allerbesten: Kauft bei kleinen Fischern wie Jan Meyer direkt, dann könnt Ihr Euch mit eigenen Augen ein Bild machen!

Faktencheck
Fleisch

Der Konsum von Fleisch hat deutliche Konsequenzen für das Leben aller Menschen auf dem Planeten. Gerade bei den am weitesten verbreiteten Fleischarten wie Schwein, Rind, Huhn und Schaf wird schonmal reichlich Energie veratmet (bei Warmblütern sind das zwischen 80 % und 90 % in der Gesamtenergiebilanz) und damit CO_2 in die Atmosphäre abgegeben.

Kein anderes gängiges Nahrungsmittel erzeugt einen derartigen ökologischen Fußabdruck (rund 15 000 Liter Wasser pro Kilo Rind, oder 6000 Liter Trinkwasser für 1 kg Schweinefleisch). Besonders problematisch dabei: Die globale Fleischproduktion hat sich in den letzten 50 Jahren mehr als vervierfacht, 320 Mio. Tonnen 2014, was gemäß Adam Riese bei über 7 Mrd. Menschen etwas über 20 kg Fleisch pro Kopf bedeutet. Nur hat Adam Riese nicht eingerechnet, dass etliche, die eh schon nix zu essen haben in den Drittweltländern, kaum Fleisch konsumieren (Indien z. B. nur etwas mehr als 2 kg pro Nase), während die reichen Länder genau die von den Armen händeringend benötigten Grundnahrungsmittel entweder in den Tank füllen – unter dem schönen Namen Biosprit – oder aber als Nahrung für Rind und Schwein verschleudern, damit wir betuchten Länder fröhlich uns anschicken, die 50-kg-Marke zu knacken, was nicht nur den Amis sogar erfolgreich gelingt... Aus Amiland, genauer North Carolina, kommt auch ein besonders perfides Beispiel, wie scham- und moralbefreit die Fleischindustrie agiert, wenn man sie denn nur lässt: Der Schweinefleischgigant Smithfield Foods hat dort gigantische Schweinemastanlagen – leider liefen die Güllegruben voll und auch auf die Felder drum herum konnte man wegen der schon überschrittenen Grenzwerte die Schweinescheiße nicht entsorgen. Aber die Anwälte von Smithfields wussten schon bald eine Lösung, weil in den USA, im Gegensatz zu Europa, alles erlaubt ist, was nicht explizit verboten wurde: Es gab zwar Obergrenzen für Gewässer, Grundwasser und Landwirtschaftsflächen, aber nicht – tatäää – für die Luft!! Was machte man also? Man stellte gigantische Vernebelungsdüsen auf und jagte den ganzen Scheiß einfach in die Luft. Die Anwohner erkrankten, die Wäsche draußen wurde kackbraun und alles stank im wahrsten Sinne des Wortes beschissen. Ja, liebe Freunde, ich freu mich auch schon so richtig auf TTIP...
Mit der Gülle kommt – auch bei uns – nicht nur gefährliche Belastung durch Nitrate auf die erodierten Felder (und in dem Falle dann ins Grundwasser). Mit der Gülle kommen auch all die feinen, hochwertigen Antibiotika auf die Äcker, die in Schweineausscheidungen stecken, weil die töffeligen Bauern natürlich ihr Vieh damit vollstopfen müssen, damit bei der Enge in den Schweine-KZs nicht der ganze Bestand an jeder kleinen Infektion, die im Stall auftritt, krepiert. So entstand im Laufe der Jahre zwischen Bauern und Veterinären die gesunde Beziehung von Drogensüchtigen zu ihren Dealern, und weil die Dealer ja auch ordentlich Kasse machen wollen, hatten die natürlich kein großes Interesse daran, weniger Drogen zu verkaufen. Das Problem bei der Droge Antibiotikum: Sie geht wegen der Bildung multiresistenter Keime (MRK) uns alle an. Bauern sollten ja in den meisten Krankenhäusern gleich in Quarantäne, weil man bei denen von vorneherein MRKs vermutet – und tatsächlich liegt die Besiedelung auf der Haut bei Viehbauern je nach Tierart, Quellenlage und Region zwischen 25 % bis zu 100 % und damit exorbitant über dem Bevölkerungsquerschnitt. Merke: Gib nie einem Schweinebauern mit großem Schweine-KZ die Hand – nicht, weil er so ein Sackgesicht ist, nein, ganz rational – es kann für Dich gefährlich werden! Darum sollte man ja eigentlich annehmen, dass von unserer Regierung genauestens kontrolliert wird, was da so jährlich an „resistenzfördernden Maßnahmen" auf deutsches Vieh und von da auf die Felder geballert wird. Aber mitnichten! Kein Survey, keine Kontrolle. Erst 2013 kam man auf die Idee, mal genauer hinzusehen, einfach weil das Amt für Risikobewertung trotz fest verschlossener Ohren und Augen die eindringlichsten Warnungen führender Mediziner nicht mehr übersehen konnte. Und wen beauftragte man für eine bundesweite Studie? Na klar, die Dealerdachorganisation!! In diesem Fall also die Veterinärsabteilungen der Hochschulen Leipzig und Hannover. Und die fragten also dann die Dealer und die Drogenabhängigen, sie sollten doch mal angeben, ob und wieviel sie mit den gefährlichen Drogen zu tun hätten. Eine echte Superidee. Ich hab dann angerufen in Hannover, um höflich mal nachzufragen, ob die noch alle Tassen im Schrank hätten. Die fanden schon, ich finde nicht.
Neben den für den Menschen unangenehmen Konsequenzen, die sich aus dem hohen Fleischkonsum ergeben (Diabetis melitus II, Adipositas, Herz-Kreislauf-Erkrankungen und wie vor kurzem wissenschaftlich signifikant belegt auch bestimmte Krebsarten), kann man sich natürlich mal die Frage stellen, ob es denn zeitgemäß ist, bewusste Lebewesen mit Schmerzempfinden und einem ausgeprägt intelligenten wie auch sozio-emotionalen Verhalten unter den Bedingungen der Massentierställe zu halten. Neben für psychisch kranke Tiere symptomatische stereotype Verhaltensweisen, Stangenkauen etc. ist gerade die in Deutschland übliche Haltung z. B. von Schweinen auf Spaltböden (92 % aller Schweine) ein Problem bezüglich des Tierwohls. Viele Rinder sehen nie das Sonnenlicht außer auf dem Weg zum Schlachthof – und auch wenn die EU die Transportwege für das Schlachtvieh eingeschränkt hat – sie dürfen in Normaltransportern max. 8 Stunden transportiert werden – so sind 8 Stunden ohne Wasser, im Sommer bei mitunter drückender Hitze und mit panischer Angst, schlichtweg unzumutbar. Aber auch da gilt für die bürokratischen Sesselpfurzer: solange die nicht selber zur Schlachtbank müssen, ist denen das reichlich, ich sag mal, Latte macchiato. Die großen industriellen Fleischbetriebe machen Milliardenumsätze – allein Tönnies liegt bei knapp 5 Milliarden, die 5 größten deutschen erwirtschaften zusammen umgerechnet etwa 15 Milliarden Euro. Damit lässt sich in Berlin und Brüssel schon ganz gut Lobbyarbeit machen... Was man an den politischen Entscheidungen dieser Würstchen ja auch dann konsequent sieht. Es geht schließlich um die Wurst.

Faktencheck
Manipulation durch die Nahrungsmittelindustrie

Seit einiger Zeit bin ich Dozent an der Fachhochschule Münster bei den Oecotrophologen. Dort erkläre ich Studenten, wie sich Geschmack und Konsistenz von Nahrung naturwissenschaftlich erklären lassen und vor allem, wie man das bei der Herstellung von Nahrung umsetzen kann – im Grunde also kochen wir fröhlich miteinander...

Wir sind in Münster sehr an ökologischer und nachhaltiger Nahrungsmittelproduktion interessiert, denn unsere Studenten sollen später unter Umständen auf der Seite der Food-Industrie einmal arbeiten. Und dabei eben nicht mitmachen bei einer geradezu kriminellen Camouflage minderwertigen oder gar gefährlichen Essens.

Es gibt zwei Schrauben, an denen die Industrie drehen kann, um das zu erreichen, was die Geld-Junkies eines großen Unternehmens haben wollen: Nämlich Deine und meine Kohlen. Nichts anderes interessiert die.

Schraube eins sind die Kosten. Man ersetzt hochwertige, handwerklich komplexe Ware durch minderwertigen Dreck, den man lebensmitteltechnisch aufpimpt. Das geht einfach, ein paar Aromen hier, Natriumglutamat und Salz sowie Zucker da, ein paar Fette, Stärkekleber und Stabilisatoren und schon wird aus billigen Fleischresten ein edler Schinken. Oder aus Fettresten ein Käsebelag für die Pizza. Oder aus belastetem Fleisch, das man einfach mit unbelastetem mischt, bis die Grenzwerte eingehalten sind, und dessen Gammelaromen man mit genug Würzmittel überlagert, wieder essbares Gyros. Glaubt mir, diese Typen sind im wahrsten Sinne vor nichts fies. Legendär der Fall einer Biolimonade „Apfel und Birne" in der weder Apfel noch Birne drin sind! Keine Spur! Oder Schwarzwälder Schinken, der aus Massentierhaltungsanlagen aus ganz Europa aber nicht aus dem Schwarzwald angekarrt kommt. Erdbeerjoghurt, der mit Bakterien aromatisiert wird. Suppen, die zu 95 % aus Wasser, Glutamat und Salz bestehen, für die leider auch mancher Starkoch seinen Namen hergibt. Und und und. Ich habe ja nichts dagegen, wenn die Industrie das macht – sie sollte es nur auch so nennen müssen. Stattdessen aber haben die Bürokraten in Brüssel nichts Besseres zu tun, als eine Lebensmittelinformationsverordnung für Dez. 2014 zu verabschieden, die der Industrie weiterhin die Camouflage ermöglicht. Gut, es gibt nicht mehr den Trick „naturidentische Aromastoffe" draufzuschreiben. Man hat also ein paar Worte verändert. Aber ehrlicher wäre es, wenn man auf den Erdbeerjoghurt schreibt: x % Erdbeeren, ansonsten aromatisiert mit Bakterienscheiße. Begriffe wie „feinstes", „regional", „handgemacht", „fangfrisch" etc. müssten eigentlich geschützt werden. Sind sie aber nicht. Und was drin ist, sollte auch vorne draufstehen. Tut es aber nicht. Gerade bei sehr feinen, komplexen Aromen hat die Aromen-Verordnung schön die Ausnahme-Türen offengehalten: Natürliche Aromen dürfen zu 5 % aus völlig unnatürlichen Aromen bestehen! Bei Trüffeln hat das zur Folge, dass die beißenden und dominanten Abfallprodukte der Petrochemie Bismethylthiomethan oder Trithiaheptene dazugemischt werden und zack – stinkt's ordentlich nach Kunsttrüffel, steht aber „natürliches Aroma" drauf. Noch eine weitere Lücke im Gesetzeswerk hatte ich entdeckt – und vor über einem Jahr eine Anfrage diesbezüglich an das Europäische Parlament gestellt: Man kann ja das zu erntende Gut schon auf dem Feld mit künstlichen Aromen versetzen, ein Verdacht, der gerade bei teuren Produkten wie Trüffeln naheliegt, ob das denn so stimme und ob das auch gemacht würde? Tatsächlich könnte man nach derzeitiger Gesetzeslage wohl Erdbeeren mit Erdbeeraromabakterien besprühen und müsste das hinterher nicht mal auf der Verpackung erwähnen – Pre-proceeded Food also. Seit über einem Jahr bekomme ich im Monatstakt vom EU-Parlament eine freundliche Mail, man habe meine Anfrage wieder an einen anderen Experten weitergeleitet (das sind inzwischen 12 Experten gewesen...), weil das Thema ja sooo kompliziert wäre. Ist es natürlich nicht. Es wird für die Industrie nur kompliziert gemacht, und ich als Verbraucher komme mir vor wie einst Kafka vor dem Schloss.

Dann wundert man sich nicht mehr, dass sich die Lebensmittelfirmen in Deutschland die ganze Schönfärberei, man sagt dazu euphemistisch „Werbemaßnahmen", jährlich zwischen 3 und 4 Milliarden Euro kosten lassen! Und der Einfluss der von ihnen finanzierten Lobby, um Gesetze nach eigenem Gutdünken zu gestalten, ist in Berlin wie in Brüssel enorm. Eigentlich unabhängige Institutionen wie die Agentur EFSA (European Food Safety Authority), die die Sicherheit von Nahrungsmitteln einschätzen sollen, sind wie die ganze EU-Verwaltung massiv verquickt mit der Lebensmittelindustrie – siehe den Fall Mella Frewen, die ehemals bei Monsanto und dann als Cheflobbyistin der Fooddrink Europe, der Dachorganisation der Lebensmittel-Lobbyisten, gearbeitet hatte und nur unter massivem Protest in letzter Sekunde beim EFSA verhindert werden konnte. Man spricht von der „Brüsseler Drehtür", durch die Verwaltungsbeamten mit einem Schritt in die Industrie wechseln und genauso schnell wieder zurückkommen.

Die zweite Schraube, an der die Nahrungsmittelindustrie drehen kann, ist die Kundenbindung – am besten, man macht seine Kunden zu süchtigen Junkies. In meinem Pamphlet (siehe S. 12) hatte ich es ja schon gesagt: Man nutzt die evolutionäre Schwäche unserer Gehirne aus, um uns schlichtweg an die Drogen Zucker, Glutamat und Fett zu bringen. Glaubt Ihr nicht? Das ging den Kollegen vom Scripps Research Institute um Paul J. Kenny erst auch so: Man gab Ratten neben gesundem Rattenmischfutter als Alternative Kalorienbomben leicht zugänglicher Kohlenhydrate mit Wurst und Schokolade und Chips. Daraufhin fraßen die Ratten nur noch das Junkfood. Selbst als man dann den Ratten schwere Stromstöße gab, wenn sie sich an das Junkfood heranwagten, blieben Sie bei ihrer Wahl. Stromstoß? Scheißegal, Hauptsache Kalorien! Derartiges Verhalten kannte man schon von einem anderen Versuch des bekannten Neurowissenschaftlers Barry Everett: Allerdings waren die Ratten dort voll auf Kokain und Crack... Und tatsächlich fanden sich bei den gefräßigen Labortieren die gleichen hirnphysiologischen Veränderungen wie bei den richtigen Nager-Junkies. Gib der Zunge Umami, Fett und Zucker und leichtverdauliche Kohlenhydrate und unser evolutionär auf Nahrungsmangel gepoltes Hirn befiehlt: Fressen.

Und so verfettet die Gesellschaft mit all den schrecklichen Konsequenzen, und ich meine nicht den Mangel an Ästhetik so mancher „Köttelkiste", wir sprechen hier von krankheitsbedingten Todesfällen und etlichen, chronischen Krankheiten. Ach so, nur so als kleiner Hinweis: Die entstehenden Kosten übernimmt natürlich nicht der Verursacher. Die übernehmen wir alle, also Du und ich. Von dem Geld, das übrig geblieben ist nach dem Einkauf im Supermarkt, wo wir mit Körben voller Nestlé- und Unilever-Produkten rausgehen... Na, lieber Leser, geht da ein Licht auf...?

Faktencheck
Obstbau

Je nach Obstart werden Früchte mehr oder weniger importiert. Bei den Äpfeln, also dem deutschen Obst schlechthin, ist das immerhin immer noch etwa die Hälfte unseres Gesamtkonsums. Gleichzeitig finden immer mehr Bio-Äpfel aus Übersee ihren Weg in unsere Regale. Da darf durchaus die Frage gestellt werden, wie nachhaltig und biologisch das aufgrund der Umweltbelastungen noch sein kann.

Man muss deutlich unterscheiden zwischen Obst, dass zur weiteren Verarbeitung geerntet wird und Tafelobst. Wesentliches Problem im konventionellen Anbau ist die hohe Pestizidbelastung. Rund 3 % des Obstes sind sogar laut einer groß angelegten Untersuchung von Experten über den EU-Höchstwerten. Auch ist die Wirkung verschiedener Pestizide untereinander („Cocktail") hoch umstritten, man kann aber davon ausgehen, dass Kombinationseffekte durch Einzelbewertungen für Höchstbelastungen nicht erfasst werden.
Die Auswirkungen von Monokulturen sind beim Obstbau deutlich geringer als beim Getreidebau, allerdings sind die Ansprüche an die Früchte selber durch weltweiten Export standardisiert: lange und gute Lagerfähigkeit, ordentliches Nachreifen (weil das Zeugs vor allem in den Tropen ja völlig unreif geerntet wird) und unempfindliche Oberflächen. Und schon haben wir den (Frucht-)Salat: Dies sind keinesfalls die Eigenschaften, die guten Geschmack und hohe sensorische Qualität erzeugen. Will sagen: Wirklich schmackhafte Sorten sterben aus, weil die Europäer für 2 Euro eine große Dole-Ananas haben wollen.
Ein weiteres Problem stellen die Fruchtsäfte dar. Neben dem Druckrollverfahren bei Tetrapacks, bei dem unbekannte Mengen von Druckchemikalien auf der Innenseite der Verpackungen in den Saft geraten können (v. a. Benzophenon scheint dabei kanzerogen zu sein), sind es die Kennzeichnungstricks, die die EU zum Schutz der Interessen der Industrie ermöglicht, um den Verbraucher hinters Licht zu führen (man nennt das ja Verbraucher-Schutz, weil es vor dem Verbraucher schützt...): Direktsäfte dürfen dank einer neuen Regelung seit Mitte 2013 mit Aromastoffen versehen werden. Die größten 7 unter den Saftproduzenten (Pepsi Cola ist übrigens dabei) teilen sich die größten Teile des Marktes auf – und dank der hohen Technisierung ist die Gewinnmarge ja sensationell: Gerade einmal 2000 Mitarbeiter erwirtschaften beim Marktführer Refresco Gerber über eine halbe Milliarde Euro. Mit einem Saftladen. Muss man sich mal vorstellen...

Bezugsquellen

Alle Protagonisten, die ich in diesem Buch besucht habe, produzieren Ware und Essen von ausgesuchter und besonderer Qualität. Echte Perlen, oder Trüffel, nach denen man lange suchen muss.

Wer hervorragend essen gehen will bei unseren Köchen, findet Infos hier:
www.landhaus-st-urban.de
www.vieux-sinzig.com
www.cookiescream.com

Zum Teil bekommt man die Sachen meiner Protagonisten im Einzelhandel oder in entsprechenden Geschäften, zum Teil nur direkt bei diesen Leuten. Infos und Bezugsmöglichkeiten findet Ihr unter:
www.originalbeans.com
www.naturlandhof-buening.de
www.vannahmen.de
www.lakrids.de
www.tartufiponzio.com
www.fischvomkutter.de

Ansonsten kaufe ich seit langem einen Großteil meiner Waren im SuperBioMarkt im festen Sortiment, siehe www.superbiomarkt.com. Gibt's bestimmt auch in eurer Nähe! Ansonsten bitte nach einem ähnlich qualitätsorientierten Biohandel Ausschau halten...

Weitere Firmen, deren Produkte ich im Alltag ständig verwende:

Biomolkerei Söbbeke für Milchprodukte: www.soebbeke.de.

Oliven, am besten die Vita Verde Oliven – am Baum gereift! www.vitaverde.de

Arche – die asiatischen Sachen sind allesamt sehr super, aber auch alles andere hat hohe Qualität: www.arche-naturprodukte.de

Cosmoveda für parfümierte Lösungen: www.cosmoveda.de

Rapunzel – vor allem deren Nusscremes, aber auch viele andere Produkte, unter anderem Getreide: www.rapunzel.de

Ich schreibe oft von gutem weißen Balsamico. Eine preiswerte Variante, die bei mir im Regal steht: AgroDolce von Delizia Estense/ Azienda Sante Bertoni www.deliziaestense.it

Das beste Eis unter Fertigprodukten, wenn es mal schnell gehen muss, aber auch die übrigen Produkte aus seinem Sortiment sind klasse:
www.roggenkamp-organics.com

Das geilste Aufbackbrot der Welt stellt Biofournil her: „Mes pains à dorer"

Meine Nussöle hole ich fast immer von Rapunzel oder von Bio Planète:
www.rapunzel.de und www.bioplanete.com

Schwarzen Knofel beziehe ich über www.gewuerz-bazar.de

Wenn's schnell gehen soll: Oscar Fonds gibt es mittlerweile in Bioqualität. www.oscar.dk

Frischen Fisch, auch mit Blick auf Nachhaltigkeit in wirklich guter Qualität, verkaufen nach meiner Erfahrung die Kollegen vom Frische-Paradies. In Hamburg habe ich dazu gedreht und war völlig baff, wie weit die sich mit der Materie beschäftigt haben. Dort fand ich auch Hummer und Jakobsmuscheln nachhaltig produziert und in Spitzenqualität!
www.frischeparadies.de

Übrigens: Es gibt mittlerweile viele Angebote für Biokaviar – u. a. hier bei mir in der Nähe in Bocholt zu bestellen unter
www.genusshandwerker.de

Quellenangaben und Literatur zu den Themen

Kochbücher/Informationslektüre für den interessierten Hobbykoch und Schnabulierer:

Dieter Müller, Das Dieter Müller Kochbuch, Bassermann Verlag

Talent und Passion: Die Meisterschule, Gräfe und Unzer

Harald Rüssel, Die neue Landküche, Collection Rolf Heyne

Johannes van Dam, de dikke van Dam, Nijgh & van Ditmar

Margareta Schildt-Landgren, Die neue nordische Küche, AT Verlag

Thomas Ruhl, Joachim Wisslers Sterneküche, Dumont monte

Gaku Homma, The Folk Art of Japanese Cuisine – A Country Tour, North Atlantic Books

Lynne Rosetto Kasper, The Splendid Table, William Morrow & Company

John D. Keys, Japanese Cuisine, Charles E. Tuttle Company

Johan Bülow, Lakrids maden, Politikens Forlag

Christer Elfving, Wappaz, mo'media

Ingo Holland, Salz, Tre Torri

Thema Fleisch:

Keller M., Kretschmer J., Misereor 2012, Instrumente im Sinne einer nachhaltigen, klimafreundlichen Fleischproduktion

DSW Fleischatlas

Speciesism The movie

Focus online 20.1.15 US-Schweinefleisch aus North Carolina

Rinke van den Brink, Das Ende der Antibiotika, BoD, Original: de Geus

Statistisches Bundesamts – Agrarbericht

Deutsche Tierschutztransportverordnung

L. Rennings, C. von Münchhausen et al, 9.6.2013 VetCAb-Pilot: Repräsentative Verbrauchserfassung von Antibiotika in der Nutztierwirtschaft (kleine Anmerkung: Man muss die Autorenliste schonmal genauer lesen... wahahahaaa!)

Allgemeine Fleischerzeitung 38/12 Thema Tierschutz

Schweizer Bauer, 8.3.2014, Kaninchen und Schafe in Bioqualtät

DIE ZEIT 49/14 ff. – Serie „tödliche Keime"

Links:
Waterfoodprint assessment / manuals downloadbar unter http://waterfootprint.org/media/downloads/TheWaterFootprintAssessmentManual_2.pdf

http://www.weltagrarbericht.de/themen-des-weltagrarberichts/fleisch-und-futtermittel.html

Thema Fisch:

Mr. Goodfish – ein Einkaufsratgeber für nachhaltigen Fischkonsum

Greenpeace – Einkaufsratgeber Fisch

Supertrawler im Kreuzfeuer, Deutschlandfunk, Sendung vom 7. Juni 2013

Arte Doku „Bis zum letzten Fang – das Geschäft mit dem Fisch"

Finwatch Sklaverei Shrimp industrie/ Cosnier, Maira 2014: Baseline study on child migrant workers in Thai fishing industry. Plan Thailand/Cambodia/Sweden, July 20, 2014

Finnwatch 2013: Cheap has a High Price – Responsibility problems relating to international private label products and food production in Thailand

Fishwise 2014: Trafficked I+ II: An Updated Summary of Human Rights. Abuses in the Seafood Industry

Kinderarbeit in der Thai-Shrimp Industrie – Kinderarbeitsreport 2015-10-29

SOFIA Report (Weltfangbericht)

SPIEGEL 3.12.2014: Zwangsarbeit auf dem Sklavenschiff

GLOBAL SLAVERY INDEX 2014

Journal of Hazardous Materials Hansa Done und Dr. Rolf Halden Biodesign Instituts der Arizona State University

Link:
http://www.zentrum-der-gesundheit.de/fisch-aquakulturen-antibiotika-ia.html#ixzz3pwXSbz7R

Thema Foodindustry:

Das Standardwerk: Belitz, Grosch, Schieberle: Lehrbuch der Lebensmittelchemie, Springer Verlag

Im Reich der Sinne, Spektrum Verlag

Bettina Snowdon, Gutes Essen, Verlag Stiftung Warentest

Spektrum der Wissenschaft Nov 2013, Paul J Kenny: Süchtig nach Essen

Nature/Neuroscience: Johnson P.M., Kenny P.J.: Dopamine D2 receptors in Addictionlike reward dysfunction and compulsive eating

G.M. Shepherd, Neurogastronomy, Columbia University Press

Thilo Bode, „Die Essensfälscher", S. Fischer Verlag

Joanna Blythman, „Swallow this"

Journal culinaire, Edition Wurzer & Vilgis, insb. No. 7 und No. 20

Hirn und Geist, 4/2011, J. Niessing, Duft nach Maß

SZ, 20.1.2011, S. 2 Interview mit Sonnleitner und Ribbe „Wir wollen keine Amerikanisierung der Landwirtschaft"

Spiegel online 12.6.12 Thema Lebensmittel

05.09.2014 Die neue Lebensmittelinformationsverordnung (LMIV) 2014

Enviromental Microbiology, DOI 10/1111, Splivallo, Valdez, Kirchhoff et al, Bacteria associated with truffel-fruiting bodies contribute to truffel aroma

Spektrum der Wissenschaft, Jan 2014, Lawrence D. Rosenblum, Sinfonie der Sinne

Links:
http://www.spektrum.de/news/nicht-das-fett-macht-dicke-zuckerkrank/1014259

http://corporateeurope.org/sites/default/files/management_board_efsa_joint_letter_tbt_ceo_15_5_2012-1.pdf Der Fall Mella Frewen

www.git-labor.de/news/aus-der-wissenschaft/lebensmittelanalytik-dem-duft-der-trueffel-auf-der-spur

Thema Arbeitnehmer:

Frankfurter Rundschau, Wirtschaft 02.04.2014 Ausbeutung mit Werkverträgen

FAZ 2.11.2015 – Sklaverei in Thailand – Die Menschenfischer und ihre Köder

Thema Landwirtschaft:

Enviroment, developement and sustainability, No. 8 2006/Springer Verlag, David Pimentel: Soil erosion, a food and environmental thread

Lange, M. et al. (2015): Plant diversity increases soil microbial activity and soil carbon storage. In: Nature Communications, 6 (6707), (7. April 2015)

NRW Umweltministerium, Wasserqualitätsbericht – Grundwasser

Landwirtschaftskammer Niedersachsen, Gülleverordnung

Die Zeit Nr. 27/2014: Massentierhaltung: Das Wasser wird schlecht

UMWELTBUNDESAMT 2015: Ökologischer Landbau – Zahlen und Fakten

Bayerisches Landesamt für Umwelt: Insektizide Infobroschüre Pflanzenschutzmittel – Stoffgruppen und Anwendung, Publikation des Infozentrums UmweltWissen

D. Pimentel, N. Kounang: Ecology of Soil Erosion in Ecosystems. 1998.

Lachat, Thibault, Daniela Pauli u. Yves Gonseth: Der Wandel der Biodiversität in der Schweiz seit 1900: Ist die Talsohle erreicht? Haupt, 2010.

European Environment Agency (2013): The European Grassland Butterfly Indicator: 1990–2011. EEA Technical report No 11/2013.

TAZ 04.03.2014: Einheitsbrei führt zu Hungersnot

Süddeutsche 26. April 2014: Landwirtschaft – Das sind die größten Empfänger von EU-Agrarsubventionen

Links:
http://www.eea.europa.eu/highlights/populations-of-grassland-butterflies-decline

http://idw-online.de/de/news544833

http://berichte.bmelv-statistik.de/SJT-8020700-0000.pdf

http://ec.europa.eu/agriculture/cap-funding/beneficiaries/shared/index_de.htm

http://www.eu-koordination.de/umweltnews/news/landwirtschaft-gentechnik/3188-empfaenger-von-eu-agrarsubventionen-2014-online

Thema Obst:

26.03.2012 FAZ-net: Greenpeace-Untersuchung: Obst mit Pestiziden belastet

Ökotest, Jahrbuch 2013 – Saft

Autoren

Der Autor **Tobias Sudhoff** studierte Medizin und Philosophie. Vielen ist er als Musiker (u. a. mit dem ehemaligen Paul Kuhn Trio, Knut Kiesewetter, Charlie Mariano u.v.a.) und als Kabarettist bekannt („Flugversuche", „Glück"). Sein erstes Kochbuch („Das unverschämt geile Kochbuch") war schnell vergriffen und wurde begeistert von der überregionalen Presse als neues Genre gefeiert: Die kulinarische Belletristik. Seither ist Sudhoff auch als Gastrokritiker, Küchenkundiger und Kochexperte unterwegs. Seit zwei Jahren hat er einen Lehrauftrag für „Naturwissenschaften und Geschmack" an der Fachhochschule/Bereich Oecotrophologie in Münster. Ansonsten ist er als Festivalintendant, Wissenschaftler, Orchideen- und Spinnen- sowie Schmetterlingszüchter, Komponist, (meist) Dichter, Diversionist und artfreundlicher Misanthrop im Münsterland beheimatet.
www.tobiassudhoff.de

Hermann Willers wurde 1966 in Rheine geboren. Nach einer Ausbildung im Gartenbau leitete er 15 Jahre lang den Familienbetrieb. Die Photographie war dabei sein ständiger Begleiter. In seinem „zweiten Leben" wurde Hermann Willers dann endlich, was er schon immer war: Photograph. Nach einem Studium an der Akademie für Photographie in Hamburg und einer Assistenz in Osnabrück machte er sich als freier Photograph selbstständig. Heute lebt der Vater von Drillingen als freier Photograph in Steinfurt. Er veröffentlichte zahlreiche sehr erfolgreiche Bildbände – u. a. „Berlin". „Ich liebe meinen Beruf; er ist ein Teil meines Lebens: er hilft mir die Welt zu verstehen, aber auch, sie zu erklären."
www.hermann-fotodesign.de

Danke

...ein Kochbuch bedeutet natürlich unendlich viel Arbeit und viele viele Helferlein, die ihren für das Buch existenziellen Beitrag liefern. Und es bedeutet im privaten Umfeld, dass einige Menschen meine Launen und den Mangel an Zeit ertragen müssen.
Darum möchte ich mich für Unterstützung und Rat bei vielen Menschen bedanken. Allen voran natürlich bei meinem Freund und Photographen Hermann Willers, mit dem ich durch halb Europa reiste und der zwar schon früher gerne Essen photographierte, der aber nach diesem Buch jetzt auch genauso gerne isst. Hermann, Du bist 'ne Wucht in Tüten. Randvoll mit Talent, Hingabe und Handwerk. Ich freu mich auf das nächste gemeinsame Projekt.
Über ein gemeinsames Kunstprojekt mit dem Graphiker Cees Andriessen lernte ich einen der besten Buchdesigner und Text-Graphiker der Niederlande kennen – und nachdem ich mit anderen Graphikern gerade was Kochbücher angeht bisher nur Albträume erleben durfte, bin ich ob seiner Uneitelkeit, Perfektion, seinem Arbeitstempo mit unerhörtem Sachverstand für das Thema Essen und seinem außergewöhnlichen Auge völlig begeistert: Harald Slaterus, danke für Deinen unschätzbaren Beitrag zu unserem jetzt 2. Buch – ich freue mich auf die nächsten.
Mit Hermann und Harald habe ich mein Dreamteam zusammen, mit dem ich hoffentlich noch lange zusammenarbeiten werde. Aber was wäre so ein Buch ohne einen vernünftigen Verlag! Darum bin ich sehr froh beim Tecklenborg Verlag eine Heimat gefunden zu haben, die mir genug Vertrauen schenkt und mir völlig freie Hand lies. Danke für dieses Vertrauen und Danke für die tolle Zusammenarbeit.
Auch der adleräugigen Lektorin Diana Kirstein gebührt großer Dank.
Dank gebührt auch denen, die sich die Zeit genommen haben und in diesem Buch von mir porträtiert wurden: Harald Rüssel und Stephan Hentschel, die mir in der Zwischenzeit liebe Freunde geworden sind, der beeindruckende Philipp Kauffmann, sowie Maria Büning, Peter van Nahmen, Johan Bülow, die Familie Ponzio, Jan Meyer und Jean-Marie Dumaines. Und natürlich der einzigartige Falko Jüßen, der seit vielen Jahren mir als Freund fürs Leben nicht nur am Herd zur Seite steht.
Hier möchte ich auch unbedingt Stefan Quante gebührend danken, der nicht nur ein wundervolles Vorwort geschrieben hat, sondern mir auch als freundschaftlicher Ratgeber zur Seite steht, Du bist ein Riesentyp! Danke auch an die wunderbare Ute für das schöne Shooting im Mai!
Es gab noch viele andere Menschen, die mir für dieses Buch im Laufe der letzten Jahre wichtige Tipps und Hinweise gegeben haben: Andreas Schaffrath, Fred Packwitz, Bernd Ahlert, Hans Martin Wurzer Berger, Raimond Ahlhorn, Hendrik und Antje Eggert, Ebi, Kim Detloff, Hannah Thon, der verrückte Pitti Duyster, Erkan Ular, Isabela Gianicolo, Dirk Luttermann, undundund. Bestimmt habe ich viele vergessen – bitte verzeiht es mir.
Dank in den Himmel sende ich Ewald Hinterding nach. Einer wie er wird schmerzlich vermisst.
Viele Anregungen und engen Austausch über Produktqualitäten habe ich immer mit meinem lieben Freund Michael Radau vom SuperBioMarkt, die mein erstes „Das unverschämt geile Kochbuch" gesponsert hatten. Und natürlich seiner lieben Mary!
Passend zum Buch habe ich auch mit meinem neuen Trio, dem ehemaligen Paul Kuhn Trio, eine CD eingespielt und freue mich jedes mal, wenn wir zusammen unterwegs sind – weil es zwei echt total bekloppte Hunde sind: Danke, dass ich das mit Euch, Willy Ketzer und Paul G. Ulrich, erleben darf und ich hoffe, wir spielen in etlichen Sterne-Tempeln in der nächsten Zeit!! Dank geht auch an mein Management und den lieben Stefan.
Ein Dank gilt auch jenen, die durch meine Arbeit am Buch eher auf mich verzichten mussten und für die ich viel zu wenig Zeit hatte. Ich bedanke mich vor allem für deren Verständnis und hoffe jetzt bald alle zum Essen an meiner Tafel zu sehen: meiner Schwester Stephanie, Jörn, Klaus und Assi, Knut, meinen lieben wissenschaftlichen Ratgebern und engen Freunden Guido und Fritz, Adolf und Ingrid, HD und Heidrun, Norbert, Hamid, Martin und Lis, Ivo und meiner holländischen Familie mit Jacques und meiner Veggie-Challenge Lenette.
Der größte Dank geht aber an meine größten Schätze, die viel Geduld mit mir haben mussten und zur Seite standen: Moonya und Dagmar.
Danke.

In Gedenken an meinen Freund und Taubenjäger Albert

Impressum

Umwelthinweis:
Der Inhalt dieses Buches wurde auf Papier
mit chlorfrei gebleichtem Zellstoff gedruckt.
Das Einbandmaterial ist recyclebar.

Die Deutsche Bibliothek – CIP Einheitsaufnahme

Ein Herd und eine Seele
Tobias Sudhoff
Mit Fotos von Hermann Willers
Layout und Design: Harald Slaterus

Steinfurt; Tecklenborg Verlag
ISBN: 978-3-944327-33-4
1. Auflage 2016

Gesamtherstellung: Druckhaus Tecklenborg, Steinfurt

ISBN: 978-3-944327-33-4